AF356948

SUPPLÉMENT

A U

RÉPERTOIRE

UNIVERSEL ET RAISONNÉ

DE JURISPRUDENCE

CIVILE, CRIMINELLE,

CANONIQUE ET BÉNÉFICIALE;

OUVRAGE DE PLUSIEURS JURISCONSULTES,

Mis en ordre & publié par M. GUYOT, écuyer,
ancien magistrat.

TOME SEIZIÈME.

A PARIS,

Chez VISE, libraire, rue de la Harpe, près de la rue Serpente.
Et chez les principaux libraires des provinces de France.

M. DCC. LXXXXVI.

Avec approbation & privilége du Roi.

SUPPLÉMENT

A U

RÉPERTOIRE

UNIVERSEL ET RAISONNÉ

DE JURISPRUDENCE

CIVILE, CRIMINELLE,

CANONIQUE ET BÉNÉFICIALE.

P.

Suite de l'article Prescription.

Placez ici le dernier alinéa de la page 179 & ce qui suit, jusqu'au dernier alinéa de la page 181, exclusivement ; après quoi, lisez :

Maillard, sur l'article 73 de la coutume d'Artois, nombre 54, rapporte un arrêt du parlement de Paris du 6 septembre 1700, qui a jugé, sur l'appel d'une sentence du conseil provincial d'Arras,

que d'après le placard de 1549, un procureur de ce dernier tribunal devoit être « payé des salaires ac-
» quis par son prédécesseur, pour avoir occupé
» dans une affaire jugée au conseil d'Artois, le 22
» mars 1687, en partie définitivement & en par-
» tie interloquée ; quoique le prédécesseur ne fût
» décédé que le 26 septembre 1691, & que la
» demande en frais & salaires n'eût été formée
» que le 15 janvier 1694 ».

Placez ici le dernier alinéa de la page 181, *&
ce qui suit jusqu'au dernier alinéa de la page* 187,
exclusivement, après quoi, lisez :

Ce n'est pas le seul point dans lequel la jurisprudence du Hainaut s'écarte du placard de 1540.
Dans le commentaire manuscrit de M. K., que
nous avons déjà cité, il est dit que les gages des
domestiques ne se prescrivent que par douze ans ;
& la raison qu'on en donne est que ce sont des
dettes à connoître, c'est-à-dire, des dettes pour lesquelles il n'existe point d'actes, & dont nous parlerons ci-après, §. XIV.

Cette jurisprudence est d'autant plus singulière,
que la province de Hainaut a des lois qui fixent
même à un terme plus court que le placard de
1540, la prescription des gages de domestiques.
L'article 2 de l'ordonnance de la cour de Mons de
1488, porte que les domestiques ne peuvent plus
demander leurs salaires après un an.

Nous avons remarqué plus haut, §. 3, qu'il y
avoit des doutes, dans l'intérieur du royaume, sur
la question de savoir si la pension est sujette à la
Prescription d'un an. Il n'y a pas moins de difficulté
dans les Pays-Bas, relativement à l'effet que peut
produire à cet égard la Prescription biennale établie
par le placard de 1540.

Maillard, sur la coutume d'Artois, article 73 , nombre 61 , semble supposer que la pension est soumise à cette Prescription , puisqu'il dit que par un arrêt rendu à la grand'chambre du parlement de Paris le 31 mai 1702 , il a été décidé · que les deux » années ne devoient commencer que du dernier » jour de la pension fournie à un particulier , à sa » femme ou à sa fille ; & que pour constater cette » fourniture , le livre journal d'un cabaretier fai- » soit foi ».

Mais le parlement de Flandres a , jusqu'à pré- sent, *jugé le contraire.* M. Pollet, partie 3 , §. 81 , en rapporte un arrêt du 7 octobre 1702 , qui dé- cide que « la pension pour table n'est pas sujette à » la Prescription de deux ans ».

C'est ce que vient encore de juger un arrêt du 14 février 1784. L'espèce en est simple. Le sieur Piette, fermier à Villerspol , met son fils en pen- sion chez un sieur Bureau , maître d'école à Valen- ciennes. Quelque-temps après , voulant passer en secondes noces , il l'émancipe , & paye tous ses frais de nourriture, & d'instruction jusqu'à ce jour. Dans cet état , le sieur Piette fils continue de de- meurer chez le sieur Bureau , en qualité de pension- naire , & enfin il se marie. Trois ans se passent sans qu'on l'inquiète pour le payement de plusieurs an- nées de pension qu'il doit. Il meurt au bout de ce temps. Sa veuve accepte la communauté. Le sieur Bureau la fait assigner en condamnation de ce qui lui est dû. Elle oppose la Prescription biennale , & cependant met en cause le sieur Piette père , comme tenu , suivant elle , des alimens fournis à son fils avant le mariage de celui-ci. Le sieur Bureau laisse le beau-père & la bru disputer entr'eux à qui le payera , & il se borne à soutenir , en citant l'arrêt rapporté par M. Pollet, que *la pension pour table n'est pas sujette au placard de* 1540.

Là-dessus, sentence des prévôt, jurés & échevins de Valenciennes, qui condamne la veuve du sieur Piette fils, & décharge le sieur Piette père, de la demande en garantie qu'elle avoit formée contre lui.

Appel. L'arrêt cité, rendu à la première chambre, au rapport de M. de Francqueville, a confirmé la sentence avec amende & dépens.

§. VI. *Des Prescriptions de trois ans.*

1°. Régulièrement les instances civiles se périment par une cessation absolue de poursuites pendant trois ans. Voyez Péremption.

2°. Le payement des tailles, des impositions, des arrérages de rentes pendant trois années consécutives, établit une espèce de Prescription contre la demande qui pourroit être faite pour les années précédentes. Voyez Quittance.

On juge même au parlement de Grenoble que les arrérages de la *taille royale* se prescrivent, dans le vrai sens de ce terme, par le laps de trois ans; & c'est en quoi ils diffèrent des arrérages de la *taille négociale*, qui ne sont sujets qu'à la Prescription de trente ans. Mais si les deux tailles étoient portées dans le même rôle, la Prescription de trois ans cesseroit, même pour la taille royale, qui, dans ce cas, participant au privilége de la taille négociale, ne seroit, comme celle-ci, prescriptible que par trente années. C'est ce qu'a jugé un arrêt du 14 août 1670, rendu de l'avis des chambres, & rapporté par Chorier, page 113.

3°. Le terme de trois ans éteint la faculté que le

droit romain accorde à l'*héritier sien* de répudier la succession de son père, après l'avoir acceptée, même en majorité. Voyez HÉRITIER.

4°. La possession triennale est d'une grande ressource & d'un usage très fréquent dans les bénéfices. Voyez ci-après, section 3, & l'article POSSESSION.

5°. La coutume de Cambresis, titre 17, article 7, exige trois années pour la Prescription, qui, dans les autres provinces des Pays-Bas, est fixée à deux ans par le placard de Charles-Quint du 4 octobre 1540, rapporté dans le §. précédent (1). Et on ne peut pas dire qu'il y soit dérogé par ce placard, puisque, d'un côté, les lois de l'empereur Charles-Quint n'ont jamais été publiées dans le Cambresis, & que de l'autre, il s'est écoulé plus de trente ans entre l'émanation du placard & l'homologation de la coutume; d'où il suit que, s'il pouvoit être question en ceci de dérogation, ce seroit la coutume qui dérogeroit au placard, par la règle, *posteriores leges potiores sunt his quæ priores sunt* (2).

6°. La même Prescription a lieu, dans tous les endroits du royaume où il n'y a pas de loi contraire ou différente, pour les gages & salaires des domestiques. L'article 67 de l'édit du mois de juin 1510 l'a introduite, & l'usage l'a confirmée.

La coutume de l'évêché de Metz, titre 16, ar-

---

(1) Cet article est ainsi conçu : « Marchands vendant denrées à
» détail, médecins, avocats, procureurs, barbiers, orfévres, apo-
» thicaires, maçons, charpentiers, manouvriers, serviteurs, mes-
» chines & autres mercenaires, ne peuvent faire action de leurs
» denrées, services & salaires, après trois ans, s'il n'y a cédule,
» reconnoissance ou obligation, que le demandeur se veuille atten-
» dre à serment du défendeur : auquel cas, ledit défendeur sera tenu
» soi purger par serment ».

(2) Loi dernière, D. *de constitutionibus principum.*

ticle 9, dit que cette Prescription ne court contre les *serviteurs & servantes*, qu'après qu'ils sont *sortis du service de leurs maîtres.*

7°. Cette coutume comprend aussi dans cette Prescription « les deniers dûs pour nourriture & » instruction d'enfans & apprentissage de mé- » tiers ».

L'article 85 de la coutume de Marsal est, sur ce point comme sur le précédent, conforme à celle de l'évêché de Metz.

8ᵛ. Suivant le droit romain, la propriété des meubles corporels se prescrit par trois ans (1), même contre l'église (2), pourvu que le possesseur ait titre & bonne foi.

Cette Prescription, s'il faut en croire Dunod, *est communément reçue dans le royaume.* Mais c'est une erreur.

Nous convenons qu'elle a lieu dans la coutume du comté de Bourgogne, & cela parce que l'article 1 du titre *des Prescriptions*, déclare que « l'u- » sucapion de choses meuble demeure selon l'or- » donnance & disposition du droit écrit ».

Il paroît qu'elle est aussi admise dans le ressort du parlement de Dijon; c'est du moins l'avis de Raviot, question 345, nombre 35.

Elle l'est également en Provence (3).

Il y a même plusieurs coutumes qui l'adoptent

---

(1) Voyez la loi unique, C. *de usucapione, transformandâ;* & le paragraphe *jure civili*, aux instituts, *de usucapionibus.*

(2) Voyez l'authentique *quas actiones*, C. *de sacrosanctis eccle- is.*

(3) Cela résulte des lettres-patentes de François Iᵉ du 19 mai 1517, qui confirment une ordonnance des commissaires des états de Provence, portant que *l'exception de Prescription ci-après & pour l'advenir, aura lieu selon la forme & disposition du droit écrit, selon lequel ledit pays est régi & gouverné.*

en termes exprès. Telles font Melun, article 245;
Amiens, article 163; Anjou, article 444; Maine,
article 434; Sedan, article 324; Franc de Bruges,
article 183; Ecloo, titre 8, article 2; Bouchaute,
titre 15, article 3; Rouſſelare, titre 17, article 2;
Gand, rubrique 19, article 2; Courtrai, rubrique
11, article 4; Waës, rubrique 11, article 3; Luxembourg & Thionville, titre 15, article 2; Clermont, chapitre 14, article 8.

Mais il y a en revanche bien des provinces où
elle n'eſt pas en uſage.

La coutume de Berry, titre *des Preſcriptions*,
articles 1 & 10, & celle d'Audemarde, rubrique
15, article 2, la rejettent formellement, & n'admettent que la Preſcription trentenaire.

Elle eſt également proſcrite par les coutumes de
Bretagne & du chef-lieu de Valenciennes. Voyez
ci-après, §. VIII & XIII.

On ne la connoît pas non plus dans le reſſort du
parlement de Toulouſe. Il y faut, dit Serres dans
ſes inſtitutions au droit françois, livre 2, titre 6,
» il y faut le même temps pour la Preſcription des
» meubles, que pour la Preſcription des immeu-
» bles ». On trouve la même aſſertion dans les déciſions de Fromental, article *Preſcription*.

C'eſt auſſi la juriſprudence du parlement de
Bordeaux, ſuivant le témoignage de la Peyrere &
de ſon annonateur, lettre P, nombre 98.

Enfin, tel eſt le droit commun des pays coutumiers. C'eſt ce qu'atteſtent Imbert, dans ſon enchi-
ridion, article *uſucapion*, & dans ſes inſtitutes *jo-
renſes*, livre 1, chapitre 35, nombres 7 & 8. M.
Boyer (Boerius), déciſion 182, nombre 12, Bugnion, des lois abrogées, livre 1, chapitre 184;
Fontanon, ſur Maſuer, titre des Preſcriptions,

nombre 10 ; Ranchin fur le chapitre *Raynutius*, aux mots *quod obstabat*, nombre 22 ; & pour les Pays-Bas, Zypœus, *notitia juris belgici*, titre *de Præscriptionibus* ; Paul Christin, fur la coutume de Malines, titre 20, art. 1 ; François Libert-Christin, dans fon commentaire fur Bugnion, à l'endroit qui vient d'être cité.

Et c'est ce qu'a jugé un arrêt de la grand'chambre du parlement de Paris, du 11 juillet 1738. Voici le fait.

En 1718, le fieur de Montargis s'est rendu adjudicataire de la terre du Bouchet, qui étoit faifie réellement fur le fieur Bofc. Il y avoit dans le château de cette terre, une galerie où étoient douze buftes repréfentant les douze empereurs Romains : ils n'étoient point incorporés ni attachés au mur, mais on les avoit placés fur des piédeftaux fcellés à chaux & à ciment fur le plancher.

En 1736, la veuve du fieur Bofc a prétendu que ces buftes ne faifoient point partie de la terre du Bouchet, & les a fait faifir comme meubles, en vertu des créances qu'elle avoit fur la fucceffion de fon mari.

Sentence des requêtes du palais du 5 avril 1737, qui confirme cette faifie, & ordonne la vente des ftatues, pour les deniers en être appliqués au payement des créances de la dame Bofc.

Appel par le fieur de Montargis. Il foutenoit qu'en fuppofant ces ftatues de vrais meubles, ce qu'il nioit fortement, il fe trouveroit à l'abri dela demande de la dame Bofc, par une Prefcription fix fois réitérée, puifqu'il ne faut, difoit-il, que trois ans, parmi nous comme chez les Romains, pour prefcrire des effets mobiliers. C'est, ajoutoit-il, une maxime qui eft atteftée par Brodeau fur

la coutume de Paris, article 118, nombre 2 ; &
par Dupleffis, traité de la Prefcription, livre premier, chapitre 1.

La dame Bofc répondoit d'abord que les ftatues
étoient de véritables meubles, & elle le prouvoit par
la loi 245, D. *de verborum fignificatione.* Elle obfervoit enfuite (ce font les termes de Roulfeau
de la Combe, page 255 de fon recueil d'arrêts),
» qu'en France on ne fuit point le droit Ro-
» main, pour la Prefcription des meubles par trois
» ans. Dans les coutumes muettes (continuoit-
» elle), c'eft-à-dire, dans celles qui ne parlent
» point de la Prefcription de meubles, comme la
» coutume de Paris, les meubles ne fe prefcrivent
» que par trente ans ».

Sur ces moyens, par un premier arrêt du 5
juillet 1737, il a été ordonné qu'il en feroit
délibéré.

Et par l'arrêt définitif du 11 juillet 1738, rendu
fur ce délibéré, la fentence qui avoit rejetté la
Prefcription, a été confirmée.

9°. Il a été rendu pour les Pays - Bas d'anciens
édits ou placards, qui foumettent à la Prefcription
de trois ans, les arrérages de rentes conftituées.
Voyez l'addition à l'article RENTE.

Les articles 17 & 30 du titre 14 de la coutume
de Gorze, contiennent la même difpofition pour
les arrérages de toutes fortes de rentes & preftations réelles ou perfonnelles.

La coutume de Marfal, article 83, & celle de
l'évêché de Metz, tit. 16, art. 7, portent auffi que
les arrérages de cens fe prefcrivent par trois ans.

C'eft également la décifion de la coutume de
Sole, titre 28, article 4.

On rapportera ci-après, fection III, §. I., diftinction XI , d'autres dispositions semblables.

10°. Il y a un réglement du parlement de Rouen, par lequel les enchérisseurs, après trois ans , ne peuvent être poursuivis, en vertu des inventaires & ventes de meubles, à moins qu'il n'y ait de leur part cédule ou obligation; & par deux arrêts des 31 janvier 1660 & 21 mars 1662, insérés dans le commentaire de Basnage, article 534, il a été » jugé que cela ne devoit pas s'entendre de la si- » gnature des enchérisseurs sur le registre du ser- » gent , mais de cédules & obligations faites sé- » parément après la vente ». C'est ce que portent aussi les placités de 1666 , article 123.

11°. Par un arrêt de réglement du 21 novembre 1565, rapporté dans le recueil de le Vest , cha- pitre 226 , les conseillers au parlement , leurs veuves & leurs héritiers demeurent déchargés des procès après trois ans (1).

Brodeau, sur Louet, lettre S, §. 21 , dit que » le même a été jugé par arrêts au profit des veu- » ves & héritiers des sergens , & huissiers de la » cour , chargés de procès jugés ou indécis ».

L'article 102 de la coutume de Bretagne, dé- cide la même chose par rapport aux Procureurs.

On a demandé si cet article pouvoit être étendu aux sergens & huissiers? Un arrêt du parlement de Rennes du 23 mars 1689 , rapporté dans le commentaire de Poulain du Parcq , tome 1, page 380 , a jugé que l'action contre un sergent , pour lui faire représenter des pièces dont il a donné ré- cépissé , « dure trente ans , ou du moins si elle ne

---

(1) En Normandie , il faut cinq ans pour opérer cette décharge. Voyez ci-après, §. 8.

» dure que trois ans, à l'exemple de ce qui est
» statué dans cet article, à l'égard des procureurs,
» les trois ans ne commencent à courir que du
» jour du décès du sergent, ou qu'il s'est démis de
» sa charge ».

Il n'y a pas autant de doute relativement aux greffiers. Par un arrêt de réglement du 28 février 1602, le parlement de Bretagne a décidé que la Prescription de trois ans court au profit des greffiers, comme des procureurs, après les procès jugés ; & Devolant, lettre P, chapitre 85, rapporte un arrêt du 12 décembre 1680, qui, d'après ce réglement, a déchargé un greffier qu'on avoit poursuivi pour la représentation d'un procès jugé depuis plus de trois ans. Mais voyez ci-après, §. 8.

12°. La coutume de Béarn, titre *des Prescriptions*, article 11, déclare les honoraires des avocats prescrits par trois ans, à compter du jour que chaque procès a été jugé ou terminé par transaction.

L'article 102 de la coutume de Bretagne porte également que les procureurs « ne seront reçus
» après trois ans, à demander leurs salaires &
» mises ».

Cette fin de non-recevoir peut-elle être opposée à un procureur, lorsque muni des pièces & des procédures de sa partie, & assigné pour les rendre, il forme une demande reconventionnelle en payement de ses vacations? L'ancienne jurisprudence du parlement de Bretagne étoit bien déterminée pour la négative. Les auteurs des notes sur la coutume de cette province, recueillies par Poulain du Parcq, en citent trois arrêts des 21 novembre 1623, 4 septembre 1631, & 22 septembre 1659; & ils ajoûtent, « qu'il y a tant d'autres ar-

» rêts sur cette question, qu'elle ne reçoit plus de
» difficulté ».

Mais Poulain du Parcq nous avertit » que la
» maxime constante est aujourd'hui contraire à
» ces arrêts ; & que quoique la Prescription soit
» complette contre le procureur, on ne peut
» l'obliger de rendre les pièces qu'en lui payant
» ses avances & vacations ».

13°. L'article 48 de l'édit du mois de juin 1510
ordonne, « que désormais les greffiers ne pour-
» ront demander les salaires à eux dûs pour les
» procès par eux reçus, sinon qu'ils les demandent
» trois ans après lesdits procès finis ».

14°. Un arrêt de réglement du parlement de
Bretagne du 8 janvier 1629, « enjoint aux geoliers
» des prisons de cette province de marquer sur leurs
» papiers les sommes de deniers qu'ils reçoivent
» des prisonniers ou de leurs cautions & procu-
» reurs, pour leur dépense, & ordonne qu'ils in-
» tenteront leurs actions pour le payement de la
» dépense des prisonniers non payée, trois ans
» après que la charge desdits prisonniers aura été
» mise sur ledit papier, & à faute de ce faire,
» & ledit temps passé, qu'ils n'y seront plus re-
» cevables ».

Un autre arrêt de la même cour du mois d'octobre 1649, a jugé qu'un « geolier n'est recevable
» à demander la dépense après trois ans, & doit
» représenter la décharge pour savoir le temps ».

Ces deux arrêts sont rapportés dans le recueil
cité de Poulain du Parcq, tome premier, page
379.

15°. L'article 20 du titre 5 de l'ordonnance de
1673, soumet à la Prescription triennale l'obligation des *cautions données pour l'événement des let-*

tres de change : cela doit s'entendre, suivant Savary (1), tant des cautions données pour les lettres de change qui ont été perdues & adirées, que de celles des personnes qui y ont mis leur aval.

Au reste, cette disposition n'a pas lieu pour les billets à ordre, même entre marchands : c'est ce qui a été jugé formellement par arrêt du parlement de Flandres du 8 février 1764 : les parties étoient le nommé Bachelart, & la veuve Machelart.

16°. Par l'article 21 du titre 19 de l'ordonnance de 1667, « ceux qui auront fait établir un sé-
» questre, feront obligés de faire vider leurs dif-
» férends & les oppositions dans trois ans, à
» compter du jour de l'établissement du séquestre;
» autrement les séquestres demeureront déchargés
» de plein droit, sans qu'il soit besoin d'obtenir
» aucune décharge, si ce n'est que le séquestre
» fût continué par le juge en connoissance de
» cause ».

17°. Il y a une coutume qui établit une Prescription de trois ans & trois jours. C'est celle de Gorze. Elle porte, titre 14, article 45, que les pensions d'enfans, les frais d'apprentissage de métier, les salaires d'ouvriers, les gages des domestiques se prescrivent par trois ans & trois jours, à moins qu'il n'y ait cédule, obligation, promesse, arrêté de compte, reconnoissance, ou autre soumission de payer.

L'article 46 étend cette Prescription aux manœuvres, artisans, & marchands détailleurs. Ils *ne*

____

(1) Parfait négociant, partie 1, livre 2, chapitre 6.

peuvent entre préfens (dit la coutume), *intenter action* pour leurs ouvrages ou marchandifes, *après trois ans & trois jours,* « s'il n'en confte par écri-
» ture privée en livre rationnal, journal ou autre-
» ment ».

18°. Par les arrêts du conseil des 22 août 1719 & 15 novembre 1723, l'ancien fermier des droits de francs fiefs, d'amortiffement & de nouvel ac-quêt, n'a que trois ans après fon bail expiré, pour décerner fes contraintes & les faire fignifier, afin de fe conferver les droits échus pendant fon bail; faute de quoi, ils font dévolus au fermier fuc-ceffeur.

Un autre arrêt du confeil du 25 mars 1736, ordonne que, conformément à ceux dont nous ve-nons de parler, les fermiers dont les baux font finis au 31 décembre 1732, percevront à leur profit tous les droits d'amortiffement & francs-fiefs dont ils auront formé des demandes par des exploits en bonne forme, fur des contraintes vi-fées par les intendans, ou dont ils fe feront affuré le payement, foit pendant le cours de leurs baux, foit dans les trois années de délai après leur ex-piration, par des actes en bonne forme, paffés de-vant notaires. Et cela, fans diftinguer fi ces droits ont été ouverts & font échus pendant la durée de leurs baux, ou s'ils leur ont été dévolus, faute par les fermiers leurs prédéceffeurs, d'en avoir for-mé les demandes dans les délais prefcrits par les deux arrêts des 22 août 1719, & 15 novembre 1723.

Cette Prefcription ne peut être oppofée que de fermier à fermier. Les redevables d'un droit vé-ritablement exigible, ne peuvent ni objecter à l'an-cien fermier qu'il n'a pas fait les diligences néceffaires

faires pour fe le conferver , ni prétendre que le
fermier actuel eft non-recevable , parce que l'ancien a agi dans le temps utile. C'eft ce que porte
une décifion du confeil du 21 feptembre 1743 ,
rendue fur la demande en reftitution d'un droit
payé à Colombat , fermier en Bretagne , que la
partie foutenoit avoir été confervé par fon prédéceffeur.

§. VII. *Des Prefcriptions de quatre ans.*

Nous ne trouvons dans le droit romain & dans
nos coutumes , que quatre efpèces de Prefcriptions
quadriennales.

1°. Suivant les lois 2 & 3 , C. *de quadriennii
Præfcriptione* , lorfque l'empereur ou l'impératrice
avoit aliéné le bien d'autrui , celui qui l'avoit
reçu de bonne foi , le confervoit ; mais le propriétaire avoit fon recours contre le prince pour
fon dédommagement , & ce recours fe prefcrivoit par quatre ans.

Cette difpofition n'a pas lieu en France : c'étoit
un privilége fingulier que les empereurs s'étoient
attribué ; nos rois n'ont pas jugé à propos de s'en
faire l'application , & il n'y a pas d'exemple qu'il
ait été mis en pratique parmi nous. C'eft ce qu'atteftent Bacquet , du droit de deshérence , chapitre 7 , nombre 10 , ainfi que Mornac fur le tir.
cité , & fur la loi dernière , C. *fi adverfùs fifcum*.
Dunod dit la même chofe , partie 2 , chapitre 6

Celui ci croit pourtant qu' " on pourroit y ap-
» porter une exception , dans le cas des ventes
» folemnellement faites au nom du roi , & dire
» que les créanciers ou propriétaires qui ne s'y
» feroient pas oppofés , ne feroient pas receva-

» bles à les contester après quatre ans ». Bacquet établit la même doctrine, & cite un ancien arrêt qui semble la confirmer.

2°. Les biens vacans, lorsqu'ils étoient dénoncés, & que le fisc avoit négligé de s'en mettre en possession, pouvoient être prescrits, même sans titre, par quatre ans; mais s'il n'en avoit pas été fait de dénonciation, on ne pouvoit les prescrire que par dix ans avec titre, & par vingt ans sans titre (1).

La formalité de la dénonciation n'est plus en usage parmi nous. Le fisc est censé présent dans toutes les parties du royaume, parce que dans toutes il y a des préposés qui veillent à ses droits.

Mais est-ce à dire pour cela que la Prescription de quatre ans, dont nous parlons, doit avoir lieu en France? Les sentimens sont partagés là-dessus. Mornac, d'Argentré & Bacquet, aux endroits déjà cités, tiennent la négative. D'autres, tels que le Grand, sur l'article 128 de la coutume de Troyes, nombre 62, M. le Bret, de la Souveraineté, livre 3, chapitre 14; ont embrassé l'opinion contraire. Elle peut être fondée, dit Dunod, « sur ce que la cause du fisc n'est pas favorable; que puisqu'il profite de la loi romaine
» qui lui donne les biens vacans, il est juste qu'il
» souffre l'exception que cette même loi apporte en
» faveur du possesseur; que ce possesseur n'est pas
» en mauvaise foi, tandis que le fisc n'use pas
» de son droit, le bien vacant pouvant être re-

---

(1) Loi 1, C. de quadr. præscript. Loi 1, § 10, D. de jure fisci Loi 1, D. de Diversis temporab. except. D'Argentré, article 266, chapitre 19, nombre 14. Le Grand sur Troyes, article 118, nombre 62.

» gardé comme abandonné, & devant céder au
» premier qui l'occupe, qu'il y a des coutumes
» qui le décident ainſi ; & que la loi romaine
» donne pouvoir de s'entremettre dans les héri-
» tages qui ſont délaiſſés ſans culture pendant
» trois ans ».

On auroit de la peine, malgré ces raiſons, à faire admettre la Preſcription dont il s'agit, dans les provinces où le droit romain n'eſt conſidéré que comme raiſon écrite. Car de dire que, puiſque le fiſc profite de la loi romaine pour prendre les biens vacans, il eſt juſte qu'il ſouffre l'exception qu'elle met à ſon droit en faveur du poſſeſ-ſeur quadriennal, c'eſt partir d'un faux principe & ſuppoſer la choſe qui n'eſt pas. En effet, le fiſc n'a pas beſoin des lois romaines pour s'approprier les biens vacans : ſon droit à cet égard réſulte de la conſtitution même de l'ordre ſocial. Tout ce qui n'appartient point aux particuliers, appartient au public ; c'eſt une vérité évidente par elle même : & comme c'eſt le prince qui repréſente le public dans les monarchies, c'eſt à lui ſeul auſſi, ou aux ſeigneurs qui ſont à ſes droits, que doivent être déférés tous les biens vacans. Tels ſont ceux des bâtards après leur mort ; comme ils ne ſont dans le domaine privé de perſonne, ils ſe réuniſſent de plein droit à la ſeigneurie publique, faute de pro-priétaire particulier qui puiſſe les recueillir.

Ce n'eſt donc point par le droit romain que ces biens ſont acquis au fiſc ; c'eſt uniquement par voie de réunion & de réverſion, pour ainſi dire, à la puiſſance publique ; réunion & réverſion fon-dées ſur la mort de celui qui n'en avoit qu'une poſ-ſeſſion attachée à ſa perſonne, & non pas une pro-priété tranſmiſſible à ſes héritiers ; & c'eſt ce que

les docteurs ont très-bien exprimé par un terme
barbare, mais énergique, lorſqu'ils ont dit que le
fiſc occupoit les biens du bâtard, *per annihilationem
perſonæ*, c'eſt-à-dire, par l'anéantiſſement d'un poſſeſſeur, qui ne laiſſe aucun droit après lui, en ſorte
qu'il ne reſte pas même la moindre trace de ſa propriété particulière.

Ainſi s'écroule d'elle-même la raiſon fonda-
mentale du ſyſtême qui ſoumet à la Preſcription
de quatre ans les biens déférés au fiſc comme
vacans.

Ce ſyſtême ſembleroit devoir être moins accueilli dans la Franche-Comté qu'ailleurs, puiſque
la coutume de cette province étend expreſſément
à trente années toutes les Preſcriptions du droit
romain.

Cependant il a été adopté par le parlement de
Beſançon dans ſes arrêts de réglement des 28 août
1692 & 18 août 1707, faits pour les arpentages
généraux des territoires qu'on pratiquoit alors (1).
Il y eſt dit que « toute poſſeſſion moindre de quatre
» ans ne peut ſervir au poſſeſſeur, quand il s'agit
» de le déjeter ; & que s'il n'y a pas aſſez de ter-
» res dans le canton qui ſera arpenté, pour rem-
» plir les droits des propriétaires & des poſſeſſeurs,
» celui dont la poſſeſſion ne ſera ni précaire ni vio-
» lente, au-deſſus de quatre ans & au-deſſous de
» trente, ne pourra être déjeté que par celui qui
» aura un titre, ou qui aura été poſſeſſeur de plus
» de trente ans ».

Il ſuit de-là, dit Dunod, que les ſeigneurs
hauts-juſticiers ont été exclus du droit de ſe faire

____

(1) Voyez l'article ARPENTAGE.

adjuger comme terres vacantes & en deshérence, celles qui étoient poſſédées depuis plus de quatre ans. Les motifs de cette excluſion ſont ſimples. Lorſque la coutume de Franche-Comté dit que les héritages ne peuvent être preſcrits que par trente ans, elle ne doit être entendue que d'une propriété certaine & formée, & non d'un droit auſſi fragile que celui du fiſc aux biens vacans; droit qui eſt cenſé abandonné quand il n'eſt pas exercé dans ſon temps; droit qui doit céder à la poſſeſſion de quatre ans; droit enfin qu'on peut comparer aux actions de commiſe & autres peu favorables, que la coutume n'eſt pas cenſée avoir voulu proroger juſqu'à trente ans.

Mais n'étendons pas trop loin les conſéquences des arrêts cités. Il en réſulte bien qu'en Franche-Comté on preſcrit par quatre ans les biens vacans dont le domaine n'entre pas de plein droit dans le patrimoine du fiſc, & pour leſquels il faut que le prince ou les ſeigneurs ſe pourvoient par action. Mais il en eſt autrement lorſqu'ils ſont acquis au fiſc de plein droit, comme par aubaine, déshérence, bâtardiſe ou confiſcation : on ne peut pas dire en effet que les réglemens du parlement de Beſançon portent ſur cette dernière hypothèſe, & il y a tout lieu de croire qu'en pareil cas, cette cour n'admettroit contre le fiſc que la Preſcription de trente ans.

3°. Il y a encore dans le droit romain, une autre Preſcription de quatre ans. C'eſt celle qui court en matiere de reſtitution en entier. Nous en parlerons plus particulièrement à l'article RESCISION.

4°. Dans la coutume de Hainaut, il faut quatre ans pour périmer une inſtance civile. Voyez l'addition à l'article PÉREMPTION.

§. VIII. *Des Prescriptions de cinq ans.*

Nous avons parlé de plusieurs de ces Prescriptions, sous les mots ADULTÈRE, ARRÉRAGES, BAIL (partie 16), CHANGE, COMMISE, CONTUMACE, INJURE, INOFFICIOSITÉ, LÉGITIME, LÉGITIMITÉ, PROFESSION MONASTIQUE, RÉCLAMATION, RECORD DE LOI, SÉPARATION DE BIENS ENTRE L'HÉRITIER ET LES CRÉANCIERS, TENEMENT DE CINQ ANS , & VŒUX.

Il en reste encore huit autres sur lesquelles il est important de dire quelque chose.

1°. Suivant la loi 3 , C. *si major factus* , le mineur n'a que cinq ans, après sa majorité, pour se plaindre du défaut de décret du juge dans l'aliénation de son bien. Mais cette espèce de Prescription n'est plus reçue dans nos mœurs : il faut parmi nous un espace de trente ans pour opérer l'effet qu'elle produisoit chez les romains. Voyez NULLITÉ & RESCISION.

2°. Suivant les anciennes ordonnances de Franche-Comté , le défaut d'avoir interjeté un appel dans les dix jours, ne pouvoit être réparé que par des lettres de restitution obtenues dans les cinq ans , terme qui néanmoins ne couroit contre les mineurs, que du jour de leur majorité.

L'ordonnance de 1667 a prescrit sur cette matière d'autres délais auxquels on doit se conformer en Franche-Comté. Mais il reste une difficulté au sujet des décrets dans lesquels les tribunaux de cette province ont conservé leur ancienne procédure. Est-on encore assujetti, comme autrefois, au délai de cinq ans pour en appeler ; ou a-t-on, concernant cette matière, tout le temps que l'ordonnance

de 1667 accorde pour les appellations indistinctement ?

Dunod répond qu'il y a là-dessus des arrêts pour
& contre, mais que par le dernier, rendu à la
chambre des enquêtes du parlement de Besançon,
le 13 mai 1724, il a été prononcé sur l'appel d'un
décret *sans avoir égard à la fin de non-recevoir* qu'on
faisoit résulter de ce que cet appel n'avoit pas été
interjeté dans les cinq ans.

Cette jurisprudence (continue Dunod), « pa-
» roît la meilleure, parce que l'appel d'un décret
» n'est pas un acte du décret même : c'est un acte
» étranger pour lequel notre ancienne ordonnance
» ne nous avoit rien prescrit de particulier en ma-
» tière de décret. Il n'y a aucune raison qui doive
» restreindre les appellations dans cette matière à
» un temps moindre que celui qui est prescrit par
» l'ordonnance de 1667 : elle pourvoit sur les appe-
» lations en général, & ne nous manque point sur
» les appels des décrets, pour la procédure des-
» quels nous avons dû continuer à suivre nos an-
» ciennes ordonnances, qu'en tant que les nou-
» velles n'y ont pas pourvu ».

3°. L'ordonnance de Philippe II, roi d'Espagne,
donnée pour la Franche Comté en 1569, déclare
prescriptibles par cinq ans les actions des marchands & des apothicaires pour leurs fournitures,
& celles des domestiques pour leurs salaires.

Dunod, partie 2, chapitre 7, prétend que cette
Prescription doit être réduite à six mois & à un an,
conformément aux articles 7 & 8 du titre premier
de l'ordonnance de 1673, « parce que, dit-il, elle
» déroge aux lois & coutumes contraires ». Mais
on a vu plus haut, §. 3, que cette dérogation
n'est rien moins que réelle ; & nous ne compre-

nons pas pourquoi l'ordonnance de 1673 auroit en Franche-Comté une vertu dérogatoire qu'elle n'a ni dans la coutume d'Orléans, ni dans les provinces de Flandres, d'Arrois & de Hainaut (1), ni enfin dans la coutume de Cambrefis (2).

Du reste, les principes, qui dans l'intérieur du royaume régiffent la Prefcription de fix mois ou d'un an, gouvernent pareillement en Franche-Comté la Prefcription de cinq ans. Ainfi, de même que, comme nous l'avons remarqué ci-deffus, §. 3, la Prefcription de fix mois ou d'un an, dans l'intérieur du royaume, n'a pas lieu de marchand à marchand; de même, en Franche-Comté, un marchand ne peut pas prefcrire contre un autre marchand, par le feul terme de cinq années, la libération du payement des livraifons que lui a faites celui-ci à titre de commerce réciproque. Le parlement de Befançon l'a ainfi jugé par arrêt rendu à la grand'chambre le 3 janvier 1726 : les parties étoient d'une part, les héritiers du nommé Labondance, & de l'autre, la veüve Jobard.

Dunod, qui rapporte cet arrêt, nous apprend encore que, fuivant la jurifprudence de la même cour, la continuation des fervices des domeftiques interrompt la Prefcription à leur égard.

40. Il y a en Franche-Comté une ordonnance de 1612 qui déclare prefcrits les honoraires d'avocats & les falaires de procureurs qui n'ont pas été demandés dans les cinq ans après que le procès dans lequel ils ont plaidé, écrit ou occupé, a été jugé ou eft tombé en interruption,

---

(1) Voyez ci-devant, §. 5,
(2) Voyez ci-devant, §. 6,

La précaution que cette loi prend de faire courir la Prescription dont il s'agit du moment où chaque affaire est, soit jugée, soit interrompue, est remarquable : il en résulte clairement que le travail que font les avocats & les procureurs dans d'autres affaires, n'interrompt pas cette Prescription.

Dunod, qui fait cette observation, ajoute que » Fontanella témoigne qu'on le pratique de la sorte » en Catalogne, où il y a une ordonnance semblable à celle de Franche-Comté ».

Mais Dunod se trompe. L'auteur qu'il cite (1) ne dit rien de précis sur la question. Il rapporte seulement deux arrêts du sénat de Barcelone, qui se croisent & se contredisent absolument à cet égard. Par le premier, dont on ne connoît point la date, il a été jugé que la continuation de service, quoiqu'en d'autres affaires, interrompoit la Prescription en faveur des avocats (2).

Fontanella nous avertit cependant qu'il ne peut pas garantir la vérité de cette décision, parce qu'il ne la connoît que par ouï-dire (3).

Le second arrêt, qui est intervenu le 7 juin 1607, a donné dans l'extrémité opposée : il a décidé que quoiqu'une affaire eût été continuée très longtemps, l'avocat qui l'avoit instruite ne pouvoit demander que les honoraires de son travail pendant les cinq dernières années.

---

(1) Fontanella, *de pactis nuptialibus, clausula* 4, *glossa* 18, *pars* 5, *n.* 33, *& seq.*

(2) A die enim cessationis & non anteà consuit senatus computandum esse tempus, taliter quòd si per mille annos durasset, & continuatum esset servitium, millæ annatæ deberentur procul dubio.

(3) Decisionem hanc ego non vidi, sed ita decisum fuisse extitit mihi relatum.

De ces deux jugemens, Fontanella paroît d'a-
bord préférer le fecond au premier (1). Mais il
finit par laiffer fon lecteur dans l'irréfolution : *tu
cogita, &, fi eft poffibile, in favorem ordinis &
profeffionis refolve.*

Voyez au furplus ce qu'on a dit ci-devant,
§. 5.

5°. Il eft de règle dans prefque tous les tribunaux du royaume, que les procureurs ne peuvent plus être inquiétés après cinq ans, pour les
procès jugés, & après dix ans, pour ceux qui font
indécis.

A l'égard de leurs héritiers, on ne diftingue pas
fi les procès font jugés ou non ; & ils n'ont befoin que de cinq ans pour être pleinement déchargés.

Voyez à ce fujet l'article PROCUREUR.

La loi qui a établi cette Prefcription, n'a pas
été publiée dans le comté de Bourgogne. Cependant Dunod croit qu'elle doit y avoir lieu. « Dans
» le cas, dit-il, où les avocats & les procureurs
» ne font plus recevables à demander leur paye-
» ment, il paroît jufte qu'on ne puiffe pas non
» plus les rechercher pour la reftitution des pièces
» qui leur ont été confiées. Car fi le laps de temps
» fait préfumer qu'ils ont été payés, il doit faire
» préfumer auffi qu'ils ont rendu les pièces ».

---

(1) Nefcio, *dit-il*, an pro hac opinione faceret confiderare quod
illud idem quod Advocatos & procuratores allegare oportet, & pro-
bare ut interuptionem præfcriptionis ftatutariæ probent, continua-
tionem felicis litis, eft quod eis magis nocere poteft, non enim eft
verifimile quòd tanto tempore fervierint fine falario : negligentia
enim & incuria in petendo folùm videtur confiderati poft litem fini-
tam, vel cùm ea derelinquitur ut nihil in eâ dicatur : quia tunc cùm
advocati & procuratores non videant principalem, non habent occa-
fionem petendi. Sed quandò currit negotium, vix eft ea negligentia
verifimilis.

Nous avons remarqué plus haut, §. 6, que la coutume de Bretagne a introduit pour les mêmes objets une Prescription plus courte, & que la jurisprudence du parlement de cette province l'a étendue aux greffiers.

Le parlement de Bordeaux en a jugé autrement par rapport à la Prescription dont il s'agit ici. La Peyrere, lettre P, nombre 160, après avoir dit que les avocats & les procureurs sont déchargés de la restitution des pièces de procès jugés, après cinq ans, observe que cette « décision n'a pas lieu » pour les greffiers, parce qu'ils sont dépositaires » publics : ainsi (continue-t-il), ils ne peuvent » jamais prescrire »; & c'est ce qu'ont jugé deux arrêts, l'un du mois de juillet 1679, contre le greffier de Bazas auquel on demandoit un compte qui lui avoit été remis depuis plus de trente ans ; & l'autre du mois d'août 1687, contre les héritiers d'un autre greffier, qui furent condamnés après quarante ans, à représenter l'original d'un acte.

En Normandie, il faut cinq ans pour décharger un rapporteur des pièces d'un procès jugé; & à cet égard la condition des magistrats est la même que celle des avocats & des procureurs; cela est ainsi réglé par l'arrêt du parlement de Rouen du 28 février 1704.

6°. Par l'article 184 de la coutume de Bretagne, les choses mobilières sont prescrites après cinq ans, à moins qu'il n'y ait « obligation, lettre, ou » promesse par écrit ».

7°. Suivant l'article 288 de la même coutume, l'action pour crime, lorsqu'elle n'a été suivie ni de plainte, ni d'information, se prescrit par cinq ans, tant contre la partie publique, que contre les parties privées. Voyez ci-après, §. 13.

8°. L'article 4 du titre commun des fermes de l'ordonnance du 22 juillet 1681 , porte que les droits des fermiers généraux feront prescrits par cinq ans, à compter du jour de l'expiration de leurs baux. Mais cette Prescription n'a pas lieu quand le roi lui même eſt partie, comme exerçant les droits des fermiers , ſes débiteurs.

L'article ſuivant ajoute, que ce qui eſt ordonné des fermiers généraux aux ſous-fermiers, aura auſſi lieu des fermiers & ſous-fermiers à leurs commis.

§. IX. *Des Preſcriptions de ſix ans.*

Ces Preſcriptions ſont en petit nombre.

1°. L'aticle 3 du chapitre 21 des chartres générales du Hainaut , déclare qu'on preſcrit par ſix ans l'action en *approuvandement de pleine affolure.* Voyez AFFOLURE.

2°. L'article premier du chapitre 87 des mêmes lois , décide que ce laps de temps éteint toute procuration générale, qui n'a pour objet, que de défendre à une demande formée en juſtice.

3°. Elles veulent encore, par l'article 14 du chapitre 107 , que l'action en redreſſement de compte , pour raiſon des excès , erreurs ou omiſſions qui s'y ſont gliſſés , ſoit intentée dans les ſix ans.

4°. Et par l'article 15 du même chapitre , elles donnent ſix ans à l'abſent, après ſon retour, pour faire judiciairement la demande des ſucceſſions & actions mobiliaires qui lui ſont échues pendant ſon abſence.

5°. La Preſcription la plus remarquable qu'il y ait dans ce court eſpace de temps, eſt celle qui a lieu dans le chef-lieu de Mons.

Il fut un temps, où dans cette partie du Hainaut, une année fuffifoit pour prefcrire les mainfermes. Enfuite la coutume, rédigée en 1533, fixa le terme de trois ans.

Mais fur les repréfentations des échevins de Mons, que ce terme étoit trop court, les archiducs Albert & Ifabelle, ont porté, le 20 mars 1606, un décret dont l'article 2 déclare que « d'ici » en avant perfonne ne fe.... pourra vanter de » Prefcription, s'il n'a joui & poffédé à jufte titre » & de bonne foi, par l'efpace & terme de fix » ans continuels entre préfens contre perfonne » puiffante de fourfaire & aliéner pour tou-» jours ».

6°. On a vu plus haut que la jurifprudence du parlement de Paris limite à deux ans l'action des procureurs pour leurs frais & falaires, & fait courir ce terme du jour que les parties font décédées, ou que les procureurs ont ceffé d'occuper, foit par révocation ou autrement ; mais quand il ne fe rencontre aucune de ces circonftances, la Prefcription biennale fait place à celle de fix ans. Un arrêt du 7 feptembre 1634, « ordonne que les » procureurs feront à l'avenir arrêter leurs frais, » falaires & vacations, par leurs parties, dans les » fix ans, du jour qu'ils auront commencé d'oc-» cuper, ou qu'ils auront fait arrêter les comptes » de leurs frais & falaires, ou du jour qu'ils au-» ront intenté action à cet effet, nonobftant qu'ils » euffent continué d'occuper pour les mêmes par-» ties ; autrement & à faute de ce faire, ils ne fe-» ront point recevables à prétendre aucun rem-» bourfement ».

Ce réglement a été renouvelé par un autre du 19 juin 1674, rapporté au journal des audiences,

& par l'arrêt de 1692, tranfcrit ci-devant, §. 5.

On a demandé fi les honoraires des avocats étoient fujets à cette Prefcription ? Deux arrêts du parlement de Grenoble, des 7 feptembre 1666 & 13 juin 1668, rapportés par Baffet, tome 2, livre 2, titre 4, chapitre 3, ont jugé qu'ils ne fe prefcrivoient que par trente ans. On a remarqué plus haut, §. 5, que c'eft auffi la jurifprudence du confeil fouverain de Mons, quoique la coutume de Hainaut, à laquelle ce tribunal eft foumis, décide formellement le contraire.

§. X. *Des Prefcriptions de fept ans.*

1°. Par l'article premier du chapitre 10 des chartes générales de Hainaut, le droit de demander le record d'un acte, fe prefcrit par fept ans. Voyez RECORD DE LOI.

2°. La coutume de Bayonne admet, en plufieurs cas, une Prefcription femblable.

L'article premier du titre 13 porte, que le tiers-poffeffeur prefcrit par fept ans l'action hypothécaire contre le créancier, & la demande en revendication contre le propriétaire.

L'article 5 déclare qu'on acquiert par la même Prefcription, le droit de bâtir, de planter des vignes, des arbres, ou de faire toute autre chofe fur le terrein d'autrui.

L'article 7 ajoute qu'au bout de fept ans, le tenancier de *prinfief* qui a été interpellé chaque année par fon feigneur, de payer le devoir, & n'en a rien fait, perd le domaine utile, & que le feigneur peut en faire la réunion à fa table.

§. XI. *De la Prescription de huit ans.*

L'article 241 de la coutume de Cassel, est peut-être la seule loi qui parle de cette Prescription. Il porte que, « les arrérages de rentes, soit rache-
» tables ou non rachetables, foncières ou autres,
» de loyers de baux de fiefs, d'héritages rotures &
» à cens, au-dessus de sept ans, sont tenus pour
» prescrits & acquittés, de telle manière, que si
» on n'en a point fait la demande en justice dans
» la huitième année, après qu'ils sont échus, on
» n'en aura plus d'action ».

§. XII. *De la Prescription de neuf ans.*

Par l'article 11 du titre 6 de la coutume de la ville de Lille, « tous *marcqs*, (c'est-à-dire, arréra-
» ges) de rente, se peuvent prescrire par le terme
» de neuf ans ».

§. XIII. *De la Prescription de dix ans.*

Il faut, sur cette matière, distinguer les actions réelles, d'avec les personnelles ou mixtes.

10. Régulièrement, les actions réelles, c'est-à-dire, celles qui ont pour objet la revendication d'un immeuble, ou la maintenue dans un droit de servitude, se prescrivent par dix années *entre présens*.

Cette Prescription qui exige juste titre & bonne foi, est établie par la loi unique. C. *de usucapione transformandâ*, par la loi, 2, C. *de Præscriptione longi temporis*, & par la novelle 119.

Elle n'est pourtant pas observée dans tous les

pays de droit écrit, quoique Dunod, partie 2,
chapitre 8, assure le contraire.

Chorier, dans sa jurisprudence de Guy-Pape,
page 333, dit que le parlement de Grenoble ne
reconnoît que les Prescriptions de trente ans & de
quarante ans.

Et il ne faut pas croire, sur la parole de Bretonnier (1), que cette cour soit la seule qui juge
ainsi. Serres, dans ses institutions au droit françois,
livre 2, titre 6, dit que « dans les pays de droit
» écrit (il ne veut sans doute parler que du ressort
du parlement de Toulouse pour lequel il écrit spécialement), « on n'a conservé l'usage de la Pres-
» cription de dix ou de vingt ans, qu'à l'égard
» des hypothèques des créanciers, dont il est parlé
» dans le titre du code, *si adversùs creditorem*
» *Præscriptio opponatur* », & à l'article HYPO-
THEQUE.

Un peu plus haut, le même auteur avoit dit :
» Dans les pays de droit écrit, on ne peut ac-
» quérir les immeubles non plus que les meubles,
» que par une Prescription de trente ans, qui est
» appelée en droit *Præscriptio longissimi temporis*,
» parce qu'on a cru que la novelle 119, chap. 7,
» d'où a été tirée l'authentique *malæ fidei*, exi-
» geoit encore, indépendamment du titre & de la
» bonne foi du possesseur, que le véritable pro-
» priétaire eût connu le droit qu'il avoit sur la
» chose, ce qui ne se présume jamais ». Voyez ci-
devant, section 1, §. 5.

Nous trouvons la même doctrine établie au par-

---

(1) Question alphabétique, *verb.* PRESCRIPTION, au commencement.

lemen

lement de Bordeaux. « Il faut remarquer (dit l'an-
» notateur de la Peyrere, lettre P , nombre 83) ,
» que bien que par le droit , la Prescription de dix
» ans ou vingt ans avoit lieu , tant contre le pro-
» priétaire que contre le créancier, néanmoins dans
» ce parlement , il faut trente ans contre le pro-
» priétaire , suivant la remarque de Bechet. Voyez
» la novelle 119 , chapitre 7 , où il est fait des dis-
» tinctions que nous ne suivons pas ».

Il y a plus. M Julien, dans son commentaire sur
les statuts de Provence , tome 2, page 516 , assure
presque la même chose , par rapport au parlement
d'Aix. Il cite , à la vérité, un arrêt du 27 juin 1673,
» par lequel il fut jugé que la revendication étoit
» prescrite par dix ans, parce que le possesseur
» étoit en bonne-foi , & le propriétaire présumé
» avoir su l'aliénation ».

Mais voici ce qu'il ajoute aussitôt :

« Duperrier, dans ses maximes, titre de la Pres-
» cription de dix ans , observe que presque jamais
» la Prescription de dix ou vingt ans ne suffit au
» possesseur contre la revendication. Mais il paroît
» adopter la Prescription de dix & de vingt ans ,
» lorsqu'il s'agit d'un second acquéreur , qui a ac-
» quis de bonne-foi d'un premier acquéreur. — Le
» sentiment qui n'admet pour la Prescription du
» domaine & de la propriété des choses que celle de
» trente ans , soit que les possesseurs ayent été en
» bonne ou mauvaise foi , paroît plus conforme à
» nos usages & à nos maximes. Duperrier, au lieu
» cité , dit que la Prescription de dix ans est pres-
» que inutile, à la réserve de l'action hypothé-
» caire & du regrès ».

M. Julien cite encore , à l'appui de ce sentiment,
l'ouvrage manuscrit d'un célèbre jurisconsulte de

même nom que lui. « M. Julien , dit-il, obferve
» dans fes mémoires , titre *Præfcriptio*, qu'indif-
» tinctement la revendication ne fe prefcrit que par
» trente ans ».

On voit bien par là que Bretonnier & Dunod fe
font trompés , quand ils ont avancé que la Prefcription de dix ans entre préfens & de vingt ans
entre abfens, s'obfervoit dans les pays de droit écrit.

A l'égard des pays coutumiers , il en eft où on
ne connoît pas d'autre Prefcription, en matière
réelle , que celle de trente ans. Voyez ci-après ,
§. 19.

Il en eft d'autres où les coutumes admettent expreffément la Prefcription de dix ans entre préfens & de vingt ans entre abfens. Telles font Paris, article 113 ; Calais , article 205 ; Meaux ,
article 80 ; Baffigny, article 171 ; Verdun, titre
13 , article 1 ; Blois, article 191 ; Grand Perche ,
article 209 ; Auxerre, article 188 ; Vitry-le-Fran-
çois, article 134 ; Mantes, article 108 ; Montfort,
article 61 ; Melun, article 170 ; Etampes, article
63 ; Vermandois, article 141 , &c. Il feroit auffi
long qu'inutile de pouffer plus loin cette énumé-
ration.

Mais ce qui n'eft pas auffi inutile d'examiner,
c'eft de favoir fi, lorfqu'une coutume admet cette
Prefcription , fans fpécifier fi c'eft contre le droit
de propriété ou contre celui d'hypothèque qu'elle
la fait opérer , on doit croire qu'elle les y affujétit
également l'un & l'autre ? L'affirmative a été prononcée au parlement de Bordeaux , par arrêt du
25 février 1655 , rendu pour la coutume de Saint-
Jean d'Angély , & rapporté dans le recueil de la
Peyrere , lettre P. , nombre 83. Deux raifons, dit
cet auteur , ont déterminé la cour à juger de la

forte : la première, que la loi ne diftinguant pas, ce n'eft pas au juge à le faire : la feconde, que la difpofition de la coutume feroit inutile, fi on ne l'entendoit pas de la Prefcription de la propriété, puifque par le droit romain & par l'ufage général du royaume, il eft affez notoire que l'hypothèque fe prefcrit par dix ou vingt ans.

Enfin, il y a des coutumes qui admettent la Prefcription de dix ans pour les rotures, & ne reconnoiffent pour les fiefs que celle de trente ans. C'eft notamment la difpofition expreffe de la coutume de Bailleul, rubrique 21, article 1.

II. Paffons maintenant aux actions perfonnelles ou mixtes.

1°. Nous avons déjà dit que le tiers détenteur prefcrivoit contre l'action hypothécaire, par dix ans entre préfens & par vingt ans entre abfens; mais fur ce point voyez l'article HYPOTHEQUE.

2°. Les actions refcifoires fe prefcrivent par dix ans indiftinctement. C'eft ce que décident pour l'intérieur du royaume l'édit de Louis XII de 1510, article 46, & celui de François premier de 1539, article 134; pour la Provence, l'édit de François premier de 1535, titre *de la manière qu'on doit procéder*, article 30; pour les Pays-Bas, l'article 29 de l'édit perpétuel des archiducs Albert & Ifabelle de 1611, & pour la Franche-Comté, l'édit de Louis XIV du mois de juillet 1707. Voyez NULLITÉ & RESCISION.

3°. Il y a des auteurs qui prétendent & des tribunaux qui jugent que la promeffe de la dot fe prefcrit par dix ans. Voyez à ce fujet l'article DOT.

4°. Par l'article 31 du réglement des criées de Bourgogne, les chofes promifes par contrat de mariage, ou léguées par teftament, ne peuvent, après dix ans, être demandées au préjudice des créanciers sur les biens qui se discutent ; mais cette Prescription n'a pas lieu en faveur des débiteurs.

5°. La plupart des docteurs qui ont commenté la loi *si major*, au code *communi dividendo*, soutiennent que le partage doit être présumé entre cohéritiers, lorsqu'ils ont joui divisément pendant dix années consécutives. Cette opinion n'est pas régulière : l'action en partage est mixte ; ainsi elle ne peut être prescrite que par trente ans. Le seul effet que peut opérer la jouissance divisée pendant dix ans, est de rendre les juges moins rigoureux sur la preuve du partage ; mais pour cela, il faut que les portions soient à-peu-près égales.

Du reste, on conçoit aisément que, dans ce cas, la présomption du partage est plus facilement admise entre villageois, artisans & gens du commun, qui ne font ordinairement ni actes ni écrits pour partager leurs biens, qu'entre tous autres (1).

La coutume de Bar le-Duc contient une disposition sur cette matière : si aucuns héritiers, (dit-elle, article 19), divisent ensemble l'hérédité à eux échue de leurs parens, sans en rien passer par écrit, & chacun tient son lot & part & divis par dix ans continuels, on ne peut après demander nouveau partage ».

6°. La loi 6, D. *de usuris*, établit que le payement des intérêts d'une somme, continué *longo tempore*, c'est à-dire, pendant dix ans (2), fait présumer la dette de cette somme même.

---

(1) Voyez le Brun, des successions, livre 4. chap. I.
(2) Dans le droit romain, *longum tempus* s'entend presque toujours de dix années. Voyez l'article PUISSANCE PATER-NELLE.

C'est ce qui résulte encore de la loi *litibus*, C.
de agricolis & censitis.

De-là, Dumoulin, *de usuris*, question 20, nombre 206, infère que la prestation des arrérages
d'une rente pendant dix années consécutives, suffit,
même au pétitoire, pour obliger celui qui les a
acquittés à en continuer le payement, à moins qu'il
ne prouve n'en être pas tenu (1).

Pothier, dans son traité du contrat de constitution, nombre 157, dit que cette décision *souffre
difficulté* parmi nous, parce que, d'une part, les
lois sur lesquelles on la fonde, ne forment qu'un
droit arbitraire, & que de l'autre, nous ne recon-
noissons dans les lois romaines, d'autre autorité
que celle qu'elles tirent de la raison naturelle.

Dunod, partie 2, chapitre 8, tient à-peu près
le même langage, quoiqu'il écrive pour la coutume de Franche-Comté, à laquelle le droit romain sert de supplément : cette opinion, (ce sont
» ses termes), ne peut convenir qu'aux pays qui
» admettent la Prescription de dix ans, & les titres
» présumés. Nous en exigeons de vrais & de véri-
» tables, ou tout le temps que notre coutume de-
» mande pour prescrire sans titres ».

Voyez ci-après, section III, §. 2.

7°. La coutume de Bailleul en Flandres, titre 21,
article 5, porte que si un créancier, après la mort
de son débiteur, laisse passer dix ans, à compter
du jour qu'il en a eu connoissance, sans agir contre

---

(1) *Voici les termes de Dumoulin :* Constito de præstationibus
causatis, sufficiunt decem continuorum annorum præstationes ....
adverte tamen diligenter .... quòd nullus est hoc casu præscrip-
tioni locus contrà ipsum debitorem, sed benè contrà tertium creditorem ; sed est hoc casu legalis duntaxat præsumptio tituli quæ veritati cedit, si probetur.

les héritiers, il doit être déclaré non-recevable.
C'est ce que décide aussi l'article 48 de la coutume
de la Gorgue.

Quelques auteurs, qui très - probablement ne
connoissoient pas ces coutumes, ont avancé quelque
chose de semblable à leur disposition. Ils ont
écrit que dix ans de silence après la mort d'un débiteur, font présumer le payement de la dette; &
il est vrai qu'il y a des cas où cette circonstance,
jointe à d'autres adminicules, peut suffire pour
faire rejeter la demande du créancier (1). Mais si
elle opère cet effet, ce n'est point par Prescription :
elle n'éteint point la dette, elle en fait seulement
présumer l'extinction, & cette présomption céde-
roit sans difficulté à la moindre preuve du contraire.

A plus forte raison, n'y auroit-il point de Prescription, ni même de présomption de payement,
si le débiteur & le créancier vivoient encore, &
qu'il n'existât de l'un à l'autre ni acte ni fait avoué
ou prouvé qui pût tenir lieu de quittance.

C'est ce qui a été jugé au parlement de Flandres
par un arrêt du 24 novembre 1780, dont voici
l'espèce.

En 1764, le sieur le Cocq, négociant à Lille,
avoit reconnu, par un billet sous seing-privé, que
le sieur Wacrenier & la demoiselle de Bellequint,
frère & sœur, lui avoient fait l'avance d'une somme
de 1800 livres pour leur mise dans une société en
commandite qui avoit pour objet l'envoi d'une
caisse de bougies dans l'isle de Saint-Domingue.

Le 17 mars 1769, le sieur le Cocq avoit déli-

---

(1) Voyez l'article INDICE.

vré au sieur Wacrenier & à la demoiselle de Bellequint , un compte duquel il résultoit que l'entre-
prise n'avoit pas été heureuse ; & qu'il ne devoit
leur revenir que 996 livres.

Au bas de ce compte, qui n'étoit signé que de
lui , le sieur le Cocq avoit écrit que le même jour
les 996 livres avoient été remises au sieur Wacrenier
& à la demoiselle de Bellequint. Soit par inatten-
tion , soit parce qu'ils étoient alors étroitement liés
avec le sieur le Cocq, ceux-ci ont reçu ce compte
sans protester contre l'énonciation qui y étoit faite
du payement de leur créance , & ils l'ont conservé
pendant plus de dix ans, sans faire , au moins judiciairement, la demande de la somme qu'il énon-
çoit être payée.

Enfin, le 28 février 1780, ils ont fait assigner le
sieur le Cocq à la juridiction consulaire de Lille ,
pour voir dire qu'il seroit tenu d'acquitter le *solde*
du compte qui leur avoit été délivré en 1769.

Le sieur le Cocq a opposé, 1°. le laps de temps ;
2°. le silence du sieur Wacrenier & de la demoiselle
de Bellequint , pendant qu'ils avoient sous les yeux
& dans les mains , un compte qui le déclaroit
quitte envers eux ; 3°. son registre journal qui faisoit mention du payement.

Nonobstant ces moyens, sentence du 3 octobre
1780, qui condamne le sieur le Cocq au payement
de 996 livres.

Appel. La cause portée à l'audience , je disois
pour établir le bien jugé de la sentence , 1°. que le
laps de temps étoit insuffisant pour libérer le sieur
le Cocq, puisque, dans la coutume de Lille , on ne
prescrit les actions personnelles que par trente ans ;
2°. que le silence du sieur Wacrenier & de la demoiselle de Bellequint n'avoit eu d'autre cause que

leur intime liaison avec le sieur le Cocq, & la certitude dans laquelle ils avoient toujours été qu'une énonciation non signée d'eux ne pouvoit pas leur préjudicier ; 3°. que le registre dont se prévaloit le sieur le Cocq n'étoit point *journal*, qu'il ne contenoit pas la date du payement prétendu fait, & qu'il étoit rempli d'inexactitudes qui lui ôtoient toute croyance.

Sur ces raisons, l'arrêt cité a mis l'appellation au néant, & a condamné le sieur le Cocq à l'amende & aux dépens.

8°. Dans l'ancien droit romain, les testamens périssoient & devenoient inutiles par l'écoulement de dix années après leur date. Mais cette espèce de Prescription a été abolie par Justinien. Voyez la loi 27, C. *de testamentis*, & l'article RÉVOCATION DE TESTAMENT.

9°. On voit à l'article CAUTION, que, suivant la jurisprudence la plus commune, un fidéjusseur peut, après dix ans, obliger celui qu'il a cautionné de lui rapporter sa décharge.

10°. Brodeau sur l'article 127 de la coutume de Paris, & Ferriere sur la même coutume, titre *des Prescriptions*, § 2, nombre 96, disent qu'après dix ans les architectes sont déchargés envers les particuliers de la garantie des gros ouvrages. Le premier de ces auteurs assure que telle est la pratique du châtelet, & il cite d'après Pithou un ancien arrêt qui l'a ainsi jugé.

On ne trouve, dans le corps de droit, aucune trace de cette Prescription. Cependant il est vraisemblable qu'elle nous vient de quelqu'un des empereurs qui ont précédé ou suivi Justinien : car il en est parlé dans l'abrégé d'Harmenopule, livre 3, titre 8, §. dernier.

Voyez ci-après, §. 15.

11°. Le fils de famille prescrit contre la puissance paternelle, ou, ce qui est la même chose, acquiert l'émancipation tacite par une habitation séparée pendant dix ans. Voyez ÉMANCIPATION & PUISSANCE PATERNELLE.

120. Après dix ans, les comptes des deniers publics qui ont été clos & arrêtés, ne sont plus sujets à révision contre les héritiers des comptables. C'est ce que décide la loi 13. §. 1, *ae diversis temporalibus præscriptionibus.*

13°. Suivant la coutume de Bourgogne, titre de la main-morte, article 11, le seigneur a droit de jouir de l'héritage main-mortable dont le possesseur est absent, & pour la culture duquel il n'a laissé personne ; & si cette jouissance est continuée pendant dix ans, le fonds est acquis au seigneur.

Il y a quelque chose de semblable dans la coutume de Hainaut.

Par l'article 7 du chapitre 130 de cette loi, l'action pour retirer des mains du seigneur les biens vacans, ou les épaves qu'il s'est appropriées, ne dure que dix ans.

Et suivant l'article 22 du même chapitre, le seigneur haut-justicier prescrit par dix ans les meubles dont il s'est emparé après la mort d'un passant décédé dans sa seigneurie.

14°. L'article 19 du chapitre 107 de la même coutume, déclare les délits & les crimes prescrits par le laps de dix ans; mais il y met une exception dont il sera parlé ci-après, §. 17.

La coutume de Bretagne, article 288, contient la même disposition pour les crimes contre lesquels il a été rendu plainte & informé.

Lorsque la plainte n'a point été suivie d'une information, il ne faut que cinq ans pour prescrire. C'eſt, comme on l'a vu ci-devant, §. 8, la déciſion expreſſe du même article.

Un monitoire obtenu & fulminé ne peut pas tenir lieu, dans cette matière, d'une information proprement dite; & il n'empêche pas la Preſcription de cinq ans. C'eſt ce qui a été jugé par arrêt du parlement de Bretagne du 21 février 1652, que rapporte Sauvageau, livre 1, chapitre 9.

Le même auteur, livre 1, chapitre 88, fait mention d'un arrêt du 19 mai 1662, par lequel il a été décidé que la Preſcription de dix ans, lorſqu'il y a information & décret, commence du jour du délit commis, & non pas ſeulement du jour que le décret a été porté.

Faut-il donc dire, que ſi le décret étoit donné le dernier jour des dix ans, l'action criminelle ſeroit preſcrite de plein droit? Point du tout. En ce cas, l'action ayant le caractère d'un jugement interlocutoire, en auroit auſſi les effets, & il prolongeroit l'action pendant trois ans.

C'eſt l'avis de Poulain du Parcq, ſur l'art. 288 de la coutume de Bretagne, note *h*.

« Je penſe (ajoute cet auteur) qu'il en eſt de
» même de la ſentence de proviſion dont l'effet
» ceſſe par la Preſcription du crime, ſuivant l'ar-
» rêt du 20 mars 1665, rapporté dans le recueil
» de Sauvageau, livre 1, chapitre 123 ».

Voyez au ſurplus le §. 8 de la ſection 3 de cet article.

15°. Le placard du 4 octobre 1540, a introduit dans les Pays-Bas une Preſcription de dix ans, dont il a été parlé ci-deſſus, §. 5.

16°. On a auſſi vu dans le §. 8 de cette ſection, à l'article PROCUREUR, l'exemple d'une autre

Prefcription de dix ans, qui a pour objet la re-
mife des facs de procès indécis.

En Normandie, cette Prefcription eft auffi néceffaire aux rapporteurs. L'arrêt de réglement du
parlement de Rouen du 28 février 1704, y eft
formel.

17°. Dans la même province, après dix ans,
l'action pour faire révoquer les donations faites
contre la coutume, eft prefcrite : mais ce terme
ne fe compte que du jour de la majorité, quand
ceux à qui l'action eft déférée font mineurs. C'eft
ce que porte l'article 435 de la coutume. Voyez
RÉSERVES COUTUMIERES & SUBSTITUTION FIDÉI-
COMMISSAIRE.

18°. Dans la coutume de Valenciennes, les
meubles fe prefcrivent par dix ans. C'eft la difpofition expreffe de l'article 94 de cette loi municipale.

19°. Il y a quelques coutumes de nantiffement,
dans lefquelles dix ans de poffeffion réelle équi-
pollent aux formalités de veft & déveft, faifine
& deffaifine, déshéritance & adhéritance. Voyez
NANTISSEMENT.

§. XIV. *De la Prefcription de onze ans.*

Par l'article 4 de la rubrique 2 de la coutume
de Bailleul, le débiteur d'une rente qui a paffé
onze années fans en payer les arrérages, en a
prefcrit une ; en forte que, « nul ne peut (dans
» cette coutume), demander les arrérages de
» rentes pour plus de dix années dernières. . . .
» & le débiteur eft tenu quitte de tous les arréra-
» ges antérieurs, *fauf la bonne-foi* ».

Ces termes, *fauf la bonne-foi*, prouvent qu'on

ne doit pas affimiler cette Prefcription à celle de cinq ans, dont nous avons parlé fous le mot Ar-rérages.

§. XV. *De la Prefcription de douze ans.*

Il y a dans la coutume générale de Hainaut plu-fieurs efpèces de cette Prefcription.

1°. L'article 14 du chapitre 107 porte, que l'action en reddition de compte fe prefcrit par le laps de douze ans, depuis la geftion expirée (1).

2°. Par l'article 15 du même chapitre, celui qui prétend avoir droit à une fucceffion mobilière, eft tenu d'agir dans le terme de douze ans depuis la mort de la perfonne à qui il s'agit de fuccéder. Ce terme ne court point contre les mineurs & les abfens ; & ces derniers ont un délai de fix ans, après leur retour, pour intenter leur action.

3°. Suivant l'article 4, toute obfervation qui ne réfulte pas d'un acte paffé devant notaires, ou fous feing-privé, fe prefcrit par le laps de douze ans.

Mais cette Prefcription n'a pas lieu contre les mineurs, ni au profit des abfens qui n'ont, dans la province, aucun bien fur lequel les créanciers puiffent exercer une faifie. C'eft ce que décident l'article cité, & l'article 12 du chapitre 53.

---

(1) C'eft de cette difpofition que dérive celle du chapitre 39 de la coutume du chef-lieu de Mons : « quiconque voudroit pourfuivre » lefdites perfonnes de loi pour avoir compte & paiement defdits » biens, parçons & gouvernemens héritiers & meubliers d'iceux » orphelins & pupilles, faire le pourront, & devront dedans douze » ans enfuivans, eux venus à leur âge, & homme francq », c'eft-à-dire, émancipé.

On voit bien qu'il s'agit là de comptes de tutelle que les mayeur & échevins des villes & villages du Hainaut doivent rendre aux mineurs dont ils font *chefs-tuteurs*. Voyez TUTEURS EN CHEF.

Par arrêt du souverain chef-lieu de Mons du 17 octobre 1644, il a été jugé, d'après l'article 4, que l'action en payement d'un droit de lods & vente échu & ouvert, se prescrit par douze ans.

Un autre arrêt, rendu au conseil souverain de la même ville, le 22 mai 1720, a jugé qu'il ne faut pareillement que douze années pour prescrire les vingtièmes, maltotes & autres semblables dettes, à compter du jour de leur échéance. L'auteur du manuscrit d'où j'ai extrait cet arrêt, remarque que la même chose avoit été jugée précédemment à l'échevinage de Mons, entre Jean Graveau & Louis le Gros. Voyez encore ce qu'on a dit ci-dessus, §. 5, sur la Prescription des gages des domestiques.

§. XVI. *De la Prescription de quinze ans.*

1°. La Prescription de quinze ans a lieu en faveur des architectes & des entrepreneurs de bâtimens; & son effet est de les décharger de la garantie des ouvrages qu'ils font, non pas pour les particuliers (car ils ne sont tenus envers ceux-ci que pendant dix ans), mais pour le public.

Elle a été introduite par la loi 8, au code, *de operibus publicis* (1).

2°. La coutume de Bretagne admet une autre Prescription de quinze ans, dont il est parlé à l'article APPROPRIANCE.

---

(1) *Voici les termes de cette loi :*
Omnes quibus vel cura mandata fuerit operum publicorum, vel pecunia ad extructionem solito more credita, usque ad annos quindecim ab opere perfecto cùm suis heredibus teneantur obnoxii : ita ut si quid vitii in ædificatione intrà præstitutum tempus pervenerit, de eorum patrimonio (exceptis tamen his casibus qui sunt fortuiti) reformetur.

§. XVII. *Des Prescriptions de vingt ans.*

1°. On a déjà vu que par les lois romaines, abrogées à cet égard dans plusieurs de nos provinces, mais adoptées dans beaucoup d'autres, la possession de vingt ans, accompagnée de titre & de bonne-foi, opère, entre absens, une pleine & entière Prescription, tant contre la revendication des immeubles, que contre toute autre action réelle ou hypothécaire.

2°. Il y a plusieurs coutumes qui exigent, pour prescrire entre présens, le même espace de temps que celui qui est requis par le droit romain, dans le cas d'absence.

Telles sont Cambresis, titre 17, article 1, & Valenciennes, article 93.

Ce qu'il y a de remarquable dans ces coutumes, relativement à cette Prescription, c'est qu'elles la font résulter de la seule possession paisible & de bonne-foi, soit qu'il y ait titre ou non (1).

3°. La coutume de Ponthieu, article 115, n'exige pareillement que vingt ans pour prescrire les actions réelles & foncières, & elle ne demande pas non plus de titre. Mais elle diffère des coutumes de Cambresis & de Valenciennes, en ce qu'elle fait opérer cette Prescription contre les absens, aussi bien que contre les présens, & qu'elle ne parle pas de la bonne-foi.

---

(1) Voici ce que porte la première de ces coutumes: « Celui qui
» jouit d'un héritage, rente ou autre droit réel paisiblement & de
» bonne-foi, à titre ou sans titre, ou demeure paisible d'aucune
» charge ou redevance annuelle & réelle par l'espace de vingt ans
» continuels & accomplis entre personnes présentes & non privilé-
» giées, il a acquis par ladite possession & jouissance la propriété &
» droit de la chose ainsi par lui possédée

4°. Dans d'autres coutumes, la Prefcription de vingt ans a le même effet que celle de trente ans dans le droit romain, c'eft-à-dire, qu'elle y éteint non-feulement les actions réelles, mais même les perfonnelles. Telles font Artois, art. 72; Douai, chap. 9, art. 1, gouvernance de Douai, chap. 14, art. 1; Orchies, chap. 8, art. 1; Boulonnois, article 120.

Il paroît que dans la première de ces coutumes, cette Prefcription eft très-ancienne. On la voit atteftée comme notoire, dans une enquête par turbes, faite à Arras le 10 mars 1491, au fujet de la mouvance de la châtellenie d'Oify.

5°. La loi 12, C. *ad legem Corneliam de falfis*, & le chapitre 6, aux décrétales, *de exceptionibus*, décident que les crimes fe prefcrivent par vingt ans. Voyez ci-après, fection 3, §. 8.

6°. On a vu plus haut, §. 7, que le droit romain affujétit encore à la Prefcription de 20 ans, les biens vacans qui ont été poffédés fans titre, fans avoir été préalablement dénoncés au fifc.

7°. Suivant les coutumes de Bourgogne & de Franche-Comté, lorfque les propriétaires du plain qui touche une forêt bannale, y ont laiffé croître du bois pendant vingt ans, & qu'il n'eft pas féparé de cette forêt par des bornes, des foffés ou d'autres marques apparentes, ce plain accroît à la forêt, & appartient dès-lors au maître de celle-ci.

Cette manière d'acquérir, comme le remarque Dunod, eft injufte & contraire à tous les principes (1).

___

(2) Si on dit (ce font les termes de ces auteur) qu'elle « vient

8°. Les fermiers des domaines du roi ne peuvent faire remonter au-delà de vingt ans, la recherche des droits de contrôle, d'infinuation, de centième denier, de petit fcel, d'amortiffement & franc-fief. Après ce terme, les redevables font quittes envers eux, mais ils demeurent obligés envers le roi, contre lequel ces droits, quoique cafuels, ne fe prefcrivent pas. C'eft ce que portent les articles 529 & 535 du bail de Forceville du 16 feptembre 1738 ; l'article 3 des lettres patentes du 22 août 1766, portant bail à Henriet, & l'article 5 du réfultat du confeil du 30 décembre 1761, pour le bail de Prevôt.

Les droits dûs pour les actes fous fignature privée, ne font point compris dans les limites de cette époque de vingt ans. C'eft ce qui réfulte de deux décifions du confeil des 17 novembre 1757, & 14 décembre 1758.

Le fieur Dufour avoit vendu en 1728, par acte devant notaires, des biens qui lui étoient échus quelque temps auparavant par un partage fait fous feing-privé. Dans les vingt ans de cette vente, mais plus de vingt ans après le partage, le fermier lui demande les droits de ce dernier acte. Ordonnance de M. l'Intendant de la Rochelle, qui décharge le fieur Dufour. Appel par le fermier. La déci-

---

» de ce que les racines & la femence des arbres de la forêt bannale,
» fe font étendues dans les fonds voifins, & y ont produit de nou-
» veaux arbres; ils doivent, fuivant les principes, céder au fonds
» dans lequel ils font crûs, bien loin de l'acquérir au maître de
» celui dont ils viennent. Ce n'eft pas non plus une alluvion, qui fe
» fait infenfiblement d'une terre dont on ne peut pas connoître le
» maître, & qui forme à la fuite un fonds acceffoire & adjacent.
» C'eft un de ces droits que les feigneurs hauts-jufticiers fe font attri-
» bués, dont on ne peut découvrir une jufte caufe, ni donner une
» bonne raifon »

fion

fion réforme l'ordonnance, & condamne le fieur
Dufour au payement des droits; « attendu, y est-
» il dit, que le partage est énoncé dans la vente,
» & que les droits en ont été demandés avant les
» vingt années du jour de cette vente ».

La feconde décifion condamne la dame du Mou-
chet, veuve du fieur Rofnivinen de Chamboy,
à repréfenter le partage fait entr'elle & les cohéritiers des biens de la fucceffion de fon père,
mort en 1715, & à en payer les droits. Elle difoit que c'étoit une ancienne recherche, prohibée
par les réglemens; mais elle n'a pas été plus écou-
tée que ne l'avoit été le fieur Dufour l'année précédente.

90. Il y a deux coutumes qui admettant, à l'e-
xemple de celles d'Artois & de Douai, la Prefcription de vingt ans contre les actions réelles &
perfonnelles, exigent vingt jours de plus pour la
completter : ce font Metz & Gorze (1).

Mais un point dans lequel ces deux coutumes

---

(1) *Voici les termes de ces coutumes :*
« Celui qui a poffédé héritages, rentes ou autres immeubles de bonne
» foi, tant par lui que par fes prédéceffeurs, ou ceux qu'il repré-
» fente, par l'efpace de vingt ans vingt jours entre préfens ou abfens,
» âgés & non privilégiés, paifiblement & fans trouble, acquiert
» l'héritage ou rente par Prefcription ». Coutume de Metz, titre 14,
» article 3.

« Ce qui eft prefcriptible fe prefcrit entre féculiers par l'efpace de
» vingt ans vingt jours. — Partant, fi quelqu'un a poffédé de bonne
» foi par lui, fes auteurs, prédéceffeurs ou autres qu'il repréfente, ou
» defquels il a le droit, rentes, héritages ou autres immeubles, de
» l'efpace de temps paifiblement & fans trouble, entre préfens ou
» abfens, âgés & non privilégiés, au vu & fu de tous, il acquiert
» Prefcription ». Coutume de Gorze, titre 14, articles 1 & 2.

« Toutes actions perfonnelles, réelles ou mixtes font prefcrites &
» éteintes par vingt ans vingt jours, s'il n'y a pourfuite fuffifante
» pour interrompre la Prefcription ». Coutume de Metz, titre 18,
article 8. L'article 31 du titre 14 de la Coutume de Gorze eft conçu
dans les mêmes termes.

différent encore des trois autres, c'est qu'elles font
valoir cette Prescription même contre les absens;
& en cela elles se rapprochent de la coutume de
Ponthiéu.

§. XVII. *De la Prescription de vingt-un ans.*

Cette Prescription n'est connue que dans deux
de nos coutumes, celle de Hainaut & celle d'E-
pinal.

10. Les chartes générales de Hainaut contiennent
à cet égard plusieurs dispositions remarquables.

L'article 13 du chapitre 8 porte que pour acquérir l'exemption de dîmes laïcales, il faut une possession de ne point payer pendant vingt-un ans,
& qu'elle soit précédée d'un refus. Voyez DIXMES.

L'article 2 du chapitre 9 exige le même terme
pour l'assujettissement d'une terre labourable au
droit de champart ou terrage. Voyez CHAMPART.

Aux termes de l'article 10 du chapitre 98, un
parent prescrit par vingt-un ans *contre tous autres
parens résidens au pays*, la succession d'une personne décédée, ou dont l'absence a été déclarée
judiciairement.

L'article 1 du chapitre 107 déclare que tous les
immeubles & droits réels se prescrivent par vingt
ans entre séculiers habiles *à forfaire*, c'est à-dire,
capables d'aliéner les biens qu'ils laissent perdre par
la Prescription.

L'article 4 du même chapitre ajoute qu'il faut
le même terme pour prescrire les actions personnelles qui sont fondées sur contrats authentiques
ou sous seing-privé.

L'article 10 porte qu'un seigneur prescrit contre
un autre seigneur la mouvance & le tenement d'un

fief, moyennant une poſſeſſion de vingt-un ans & trois reliefs.

L'article 19 demande vingt-un ans pour la Preſcription des crimes *énormes*, c'eſt à-dire, des crimes pour leſquels les habitans du pays ne jouiſſent pas du bénéfice de la loi. Voyez AMENER A LOI & MISE EN LOI.

Le réſultat de toutes ces diſpoſitions eſt que la Preſcription de vingt-un ans tient lieu de ce qu'on appelle ailleurs la Preſcription ordinaire, & même de la Preſcription de trente ans, ou, comme parlent les docteurs, de la Preſcription *longiſſimi temporis*.

2°. Quant à la coutume d'Epinal, elle porte, titre 11, article 3, que la Preſcription de vingt-un ans eſt de « telle force, que quiconque aura poſ- » ſédé paiſiblement & de bonne héritage.. par ledit » temps, il en aura acquis la propriété, encore » qu'il n'ait titre, & feront dorénavant toutes » actions, tant réelles que perſonnelles, indiſtinc- » tement preſcrites par ledit temps de vingt-un » ans ».

Au ſurplus, cette Preſcription n'a lieu ni en Hainaut, ni à Epinal, contre l'égliſe. Voyez ci-après, ſection 3.

§. XVIII. *De la Preſcription de vingt-deux ans.*

Nous ne connoiſſons qu'une coutume dans laquelle cette Preſcription eſt admiſe. C'eſt celle de Namur, qui fait loi dans quelques cantons du reſſort du parlement de Flandres.

Elle porte, article 33, qu'après avoir poſſédé quelques *biens réels*, pendant vingt-deux ans, *entre préſens & habiles à agir*, on a *acquis par Preſcription le droit en la choſe.*

L'article 34 déclare que dans les actions personnelles il n'y a point de Prescription , *s'il n'y a possession de trente ans.*

Cependant l'article 37 répute nulles & de nulle valeur *les lettres & titres dont on a usé par l'espace de vingt-deux ans* ; & il en donne pour exemple les *lettres de rente sur quelque héritage*, qui sont, dit-il, *tenues pour nulles* , si on ne fait apparoir du payement de quelques termes échus depuis les vingt-deux années précédentes.

§. XIX. *De la Prescription de trente ans.*

Dans le droit romain, la Prescription de trente ans a deux effets , l'un par rapport aux actions personnelles, & l'autre par rapport aux actions réelles.

D'abord, elle éteint les actions personnelles : *personales actionales ultrà triginta annorum spatium minimè protendantur* ; ce sont les termes de la loi 32, au code, *de præscriptione 30 vel 40 annorum.*

Il en est de même des actions mixtes , c'est-à-dire , des demandes en partage ou bornage , & de la pétition d'hérédité. Voyez les articles Hérédité & Succession.

Ce qu'il faut bien remarquer par rapport à cette Prescription, c'est qu'elle est régulièrement la seule qu'on puisse opposer en matière de dettes & de droits passifs, & par cette raison elle est d'une nécessité indispensable pour tous les cas où des lois expresses n'en ont pas introduit une plus courte.

C'est en quoi ce premier effet qu'elle produit, diffère du second.

Car dans les actions réelles, on peut se passer de la Prescription de trente ans. Celle de dix ou de vingt ans suffit toutes les fois qu'il se rencontre juste titre, bonne foi dans le prescrivant, bonne foi dans son auteur, ou, au lieu de cette dernière condition, connoissance dans le propriétaire de l'aliénation qui a été faite par l'auteur du prescrivant.

Ce n'est que lorsqu'une de ces conditions manque, que la Prescription de trente ans est nécessaire pour prescrire. Voyez ci-devant, section 1, §. 5, & le §. 13 de la section présente.

À l'égard de nos coutumes, elles ont pris, par rapport à la Prescription trentenaire, des partis fort différens les uns des autres.

On a vu plus haut, §. 16 & 17, qu'il y en a plusieurs dans lesquelles elle est remplacée, relativement aux actions personnelles, par la Prescription de vingt ou de vingt-un ans.

On a également remarqué, section 1, §. 5, qu'il y en a d'autres dans lesquelles elle n'a lieu, même en matière personnelle, que lorsqu'elle est accompagnée de bonne foi.

Mais dans presque toutes les autres, elle a conservé, contre les actions personnelles, la même force, les mêmes effets que dans le droit romain ; & il n'y peut être suppléé par des Prescriptions plus courtes, que dans les cas qu'ont exprimés formellement des lois particulières.

En matière réelle, il y a plus de variation.

Un grand nombre de coutumes, à la tête desquelles est celle de Paris, admettent à la fois la Prescription de dix ou vingt ans, & la Prescription trentenaire ; savoir, la première, quand il y a titre & bonne foi ; & la seconde, quand le possesseur ne peut faire apparoir d'aucun titre.

Voici ce que portent à ce sujet les articles 113 & 118 de la coutume de Paris.

« Si aucun a joui & possédé héritage ou rente à

» *jufte titre & de bonne foi...* par dix ans entre pré-
» fens & vingt ans entre abfens, âgés & non pri-
» vilégiés, il acquiert Prefc ription dudit héritage
» ou rente.

» Si aucun a joui, ufé & poffédé d'un héritage
» ou rente, ou autre ch ofe prefcriptible *par l'ef-*
» *pace de trente ans* cont inuellement.. *fuppofé qu'il*
» *ne faffe apparoir de titre*, il a acquis Prefcrip-
» tion entre âgés & non privilégiés ».

Ainfi, dans cette c laffe de coutumes, comme dans
le droit romain, le feul laps de trente ans fait préfumer que la poffeffi on procède d'un jufte titre dont
on a perdu la mém oire, & dont l'acte s'eft égaré.
Mais que feroit-ce fi le titre étoit produit, & qu'il
fût vicieux? Voyez ci-devant, fection 1, §. 5.

D'autres coutu mes ont rejeté la Prefcription de
dix ou vingt ans, & y ont fubftitué celle de trente.
Mais elles ne s'accordent pas toutes fur fes conditions ni fur fes effets.

Les unes, telles que la châtellenie de Lille, chapitre 17, article 1, & la ville de Lille, chapitre 6,
article 1, n'admettent cette Prefcription *qu'entre*
préfens. Mais voyez ce que nous avons dit là-deffus
à l'article ABSENT.

Les autres, qui forment le droit commun de cette
claffe de lois municipales, ne mettent dans cette
matière aucune différence entre les abfens & les
préfens. Telle eft celle de Lorraine, titre 18,
article 1.

Il en eft qui difent fimplement que "toutes Pref-
» criptions pour acquérir le bien d'autrui ou con-
» ferver le fien, font réduites à trente ans ». Ainfi
s'exprime la coutume de Saint-Mibiel, titre 10,
article 1; &, comme on voit, elle ne parle ni de
titre, ni de préfence; ce qui eft fûrement une mar-

que qu'elle s'en rapporte fur ces deux points au droit commun.

Il faut ranger fur la même ligne la coutume de Bourbonnois, article 23; Nivernois, chapitre 36, article 1; Berry, titre 12, article 1.

Il y en a quelques-unes qui déclarent formellement qu'il ne faut point de titre pour cette Prefcription; mais elles y requièrent la bonne foi. Telle eft celle de Lorraine, titre 18, article 1.

D'autres ne parlent point de bonne foi, & difent fimplement qu'il ne faut point de titre. De cette claffe font Montargis, titre 17, articles 1 & 4; Orléans, article 261.

Enfin, il y en a quelques-unes dans lefquelles on ne prefcrit pas même par trente ans, fans le concours de la bonne foi & du jufte titre. Voyez la coutume de Bruxelles, titre *des Prefcriptions*, article premier, & le ftatut fait pour la même ville le 31 avril 1432.

On peut voir à l'article TENEUR, quelles font fur cette matière les difpofitions de la coutume de Caffel.

§. XX. *De la Prefcription de quarante ans.*

La Prefcription de trente ans qui avoit été introduite par le grand Théodofe, n'exerçant pas fon activité fur toutes les actions, l'empereur Anaftafe crut devoir faire une loi, par laquelle il ordonna que tout ce qui ne fe trouvoit pas foumis aux Prefcriptions fixées par les conftitutions précédentes, feroit prefcriptible par quarante ans; & cela fans diftinction des droits qui appartiennent au public, de ceux qui regardent les particuliers; fans avoir égard à la caufe ni à l'origine des actions; enfin fans confidérer la qualité des perfonnes , fût-il même queſtion de leur état (1).

Si on veut ſavoir quels ſont les droits & les ac- tions qui ne ſont paſſibles que de cette eſpèce de Preſcription, il faut conſulter l'article HYPOTHE- QUE , & la ſection 3 de celui ci.

Il y a d'ailleurs trois coutumes qui ne reconnoiſ- ſent pas d'autre Preſcription que celle de quarante ans. Ce ſont celles de Liège (2) , de Luxembourg (3) & de Thionville.

Il faut y joindre celle de Bretagne , mais par rapport aux actions réelles ſeulement. Voyez l'ar- ticle APPROPRIANCE, §. 10, n. VII.

§. XXI. *De la Preſcription de quarante-un ans.*

De toutes les coutumes de France, celle de So- les eſt la ſeule où cette Preſcription ſoit connue. Elle déclare, titre 18, article premier, que qui- conque a poſſédé dans le pays qu'elle gouverne un bien papoal ou conquêt, pendant quarante-un ans, avec titre ou ſans titre, paiſiblement, en a telle- ment acquis la Preſcription , qu'il n'en peut plus être inquiété.

---

(1) Cette loi eſt la quatrième , au code , *de Præſcriptione* 30 vel 40 *annorum.*

(2) Voici ce que porte cette Coutume, chap. 9 , art. 1 & 3.

« Pour acquérir par Preſcription quelque bien immeuble , convient » l'avoir poſſédé à titre de bonne foi , l'eſpace de quarante ans entre » gens capables & idoines.

» Si par le laps de quarante ans la rente n'étoit payée par aucuns , » elle eſt abſolument preſcrite avec bonne foi , & entre gens capables » & idoines ».

(3) Cette Coutume & celle de Thionville portent , titre 15 , arti- cle premier , « qu'en Preſcription de biens immeubles , ſoit féodaux » ou autres , eſt requiſe poſſeſſion de quarante ans, ſans préjudice » toutefois des reliefs , reſtitutions en entier , ou autre ſemblable » bénéfice de droit dépendant de l'autorité du prince ».

Le même article ajoute que dans le pays de Soles, il n'y a, en matière réelle, aucune Prescription moindre de quarante-un ans.

Enfin (conclut la coutume), cette Prescription ne court pas contre ceux qui ne peuvent pas agir en jugement.

§. XXII. *De la Prescription de soixante ans.*

La coutume d'Orléans soumet à cette Prescription l'action qu'a le seigneur pour obliger les gens de main-morte de mettre hors de leurs mains les héritages qu'ils ont acquis dans sa seigneurie.

§. XXIII. *De la Prescription centenaire.*

De toutes les Prescriptions qui ont un terme certain, dit Dunod, la plus longue est celle de cent ans.

C'est la faveur des personnes contre lesquelles elle court, qui la fait porter à un si long terme.

Les objets qui peuvent être prescrits par cent ans, & qui ne peuvent l'être par un terme moindre, sont,

1°. Les biens appartenans à l'église de Rome ; voyez ci-après, section 3, §. 1.

2°. La loi 23, au code, *de sacro sanctis ecclesiis*, met sur la même ligne l'action pour exiger ce qui a été donné ou légué à l'effet de racheter des captifs ; & Cujas (1) prétend que cette disposition n'ayant pas été nommément révoquée par les lois postérieures de Justinien, elle doit encore avoir tout son effet.

____

(1) De Præscript. & term. cap. 34, & observ. 5, lib. 5.

3ᵉ. Juſtinien a auſſi prorogé à cent ans la Preſ-cription des choſes laiſſées à titre d'hérédité , de donation , de legs & de vente , aux communautés d'habitans des cités , *civitatibus*.

Là-deſſus, deux queſtions. La première, ſi l'in-tention de Juſtinien a été d'étendre ce privilége non-ſeulement à toutes les villes, mais même aux bourgs & aux villages ; & il n'y a preſque pas un auteur qui n'adopte l'affirmative.

La ſeconde queſtion eſt de ſavoir ſi ce privilége ſubſiſte encore. Quelques-uns ſoutiennent qu'oui, & ſe fondent ſur ce qu'il n'en a point été fait de révocation expreſſe (1).

D'autres eſtiment qu'il eſt révoqué, quoique l'empereur ne l'ait pas dit, parce qu'il y avoit moins de cauſe pour le conſerver aux villes , qu'aux égliſes auxquelles il l'a ôté par ſes novelles 111 & 131 ; & que la raiſon qui l'a déterminé à le faire, milite auſſi-bien contre les villes que contre les égliſes.

« Il me paroît, dit Dunod, que nous avons em-braſſé cette dernière opinion dans l'uſage ».

Sur les autres effets de la Preſcription cente-naire, voyez le §. ſuivant & la ſection 3.

§. XXIV. *De la Preſcription immémoriale.*

Y a-t-il de la différence entre la Preſcription cen-tenaire dont nous venons de parler , & la Preſcrip-tion immémoriale ?

Les auteurs ſont partagés ſur cette queſtion. Les uns confondent l'une & l'autre Preſcription : d'au-tres les diſtinguent.

---

(1) Loſœus de jure univ. part. 3. cap. 17, n. 12 & ſeq.

Pour nous, voici en peu de mots ce que nous penfons à cet égard.

Quand une loi exige cent ans pour prefcrire, il eft clair qu'on ne peut pas être cenfé avoir prefcrit, fi on n'a poffédé pendant cent années complettes. En matière de Prefcription, tout eft de rigueur : il faut entendre les expreffions des lois dans leur fens naturel & littéral ; & il ne peut y avoir ni approximation ni équipollence, dans la manière de remplir les conditions dont elles font dépendre la Prefcription.

Mais par la même raifon, quand une loi parle de poffeffion immémoriale, on ne peut pas dire qu'elle exige un efpace de cent ans, ni même qu'elle s'en contente.

Qu'eft-ce en effet que la Prefcription immémoriale ? « On peut la définir, dit Dunod, une
» Prefcription dont aucun homme en vie n'a vu
» le commencement, dont il tient déjà l'exiftence
» de fes anciens, & dont il n'a rien appris de
» contraire, de quelqu'un qui l'ait vu, ou entendu
» dire de ceux qui l'auroient vu ».

La Prefcription immémoriale n'a donc pas de temps déterminé par la loi. Ainfi. il n'eft pas néceffaire qu'elle foit précifément de cent années ; elle peut être d'un plus grand ou d'un moindre efpace, fuivant les circonftances.

Peut-on qualifier d'immémoriale, une poffeffion qui eft prouvée par des bornes, par des infcriptions, par des actes, par d'anciennes énonciations, mais dont le commencement eft fixé par ces monumens mêmes ?

« Oui, répond Dunod, parce que toute pof-
» feffion a un commencement, & que pour être
» immémoriale, il fuffit que ce commencement

» excède la mémoire des vivans, foit par rapport
» à ce qu'ils ont pu voir eux-mêmes, foit par rap-
» port à ce qu'ils ont appris de leurs ancêtres ».

» Mais je crois (ajoute le même auteur) qu'en
» ce cas, il faudroit que ce commencement fût
» au moins de cent années, & que s'il n'étoit pas
» fi ancien, la poffeffion ne devroit pas être ré-
» putée immémoriale ; car il pourroit facilement
» fe trouver des perfonnes qui auroient ouï dire
» à d'autres, qu'elles en auroient vu ou appris l'o-
» rigine ». C'eft auffi ce qu'enfeigne Molina, *de
prima genitura*, chap. 6.

On voit affez par-là de quelle manière peut
être prouvée une poffeffion immémoriale, & c'eft
ce que la loi 28, au digefte, *de probationibus*, détermine avec encore plus de précifion : « lorfqu'un
» arbitre, dit-elle, eft dans le cas de juger fi un
» ouvrage exifte depuis un temps immémorial,
» faut-il qu'il s'informe fi quelqu'un fe fouvient du
» temps où cet ouvrage a été fait ? Non. Son uni-
» que foin doit être de conftater que perfonne
» ne fait, ni pour l'avoir vu, ni pour l'avoir ouï
» dire, quelle eft l'époque de ce temps, & qu'il
» n'en a été inftruit d'aucun autre qui l'ait vu ou
» ouï dire.

La glofe du chapitre 1, *de præfcriptionibus in 60.*
dit à peu-près la même chofe : « Pour prouver une
» poffeffion immémoriale, les témoins doivent
» dépofer qu'ils ont vu ou ouï dire que les chofes
» étoient fur le pied où elles font ; que l'opinion
» commune eft, & a toujours été telle ; qu'il
» n'exifte point de mémoire du contraire, ni du
» commencement de la poffeffion. Et fi la partie
» adverfe veut détruire cette preuve, il faut que
» fes témoins difent qu'en tel temps ils ont vu

» des actes contraires, ou qu'ils ont appris de
» leurs ancêtres qu'il en a été fait autrefois. Dans
» le concours des deux preuves, on préfère celle
» qui est appuyée sur des témoins plus irrépro-
» chables, & dont les dépositions sont plus per-
» tinentes. Ainsi, les témoins qui assureront avoir
» vu, l'emporteront sur ceux qui n'attesteront
» qu'une simple négative ».

Covarruvias donne une idée encore plus précise de cette preuve. Suivant lui, il faut 1o, que
les témoins soient âgés de cinquante quatre ans
au moins, pour qu'ils puissent déposer de ce qu'ils
ont vu depuis quarante ans ; 2o, qu'ils disent avoir
ouï dire de leurs ancêtres ce qu'ils attestent ; 3o,
qu'on puisse juger par leurs dépositions, que c'est
une opinion ancienne & commune ; 4o. que leurs
ancêtres n'aient ni vu, ni ouï dire le contraire (1).

Dunod tient la même doctrine. Voici ses termes,
partie 2, chapitre 14 : « il faut, pour établir la
» Prescription par un temps immémorial, prouver
» une possession de quarante ans, par des témoins
» qui l'aient vu, & que déjà auparavant, l'on di-
» soit communément que la chose étoit telle, sans
» avoir rien appris de contraire de ceux qui l'au-
» roient vu ».

Nous trouvons dans les observations de Vedel,
sur M. de Catellan, livre 1, chapitre 38, un arrêt
du parlement de Toulouse, du 3 juillet 1715, qui
juge, conformément à ces principes, que, « pour
» la preuve par témoins de la possession immé-
» moriale, il faut que les témoins déposent *de*

---

(1) Covarruvias, *ad cap. possess.* part. 2, §. 3, n. 7. Voyez encore Mynsyngere, centurie 1, observ. 30. Balbus, *de Præscriptionibus*
2, part. 3, quæst. 6.

» *vifu* pendant quarante ans, & avoir appris de
» leurs ancêtres la poffeffion antérieure ».

Voilà la nature de la poffeffion immémoriale bien
déterminée. Maintenant confidérons-en les effets.

Il y a dans le corps du droit civil différens
textes qui s'accordent à dire qu'elle tient lieu, non-
feulement de titre, mais de loi même.

Vetuftas femper pro lege habetur : ce font les
termes de la loi première & de la loi 2, au digefte,
de aquá pluviá arcendá.

*Ductus aquæ cujus origo memoriam exceffit, jure
conftituti loco habetur.* (Le cours d'eau dont l'origine excède la mémoire des hommes, eft regardé comme fondé en titre) c'eft ainfi que s'exprime la loi 3, §. 4, au digefte, *de aquá quo-
tidianá.*

Le droit canonique nous offre des décifions femblables (1).

Et on les retrouve dans le droit coutumier. La
coutume de Bouillon, chapitre 23, article 5, dit
que « poffeffion de fi long-temps qu'il n'y a mé-
» moire au contraire, a force de titre ».

C'eft auffi la doctrine des plus célèbres inter-
prêtes. Ils vont même jufqu'à dire que la poffeffion immémoriale n'eft jamais cenfée exclue par
la loi qui rejette toute Prefcription, fi elle ne

---

(1) Ubi jus commune eft contrarium, vel habetur præfumptio
contraria, bona fides non fufficit; fed eft neceffarius titulus, qui pof-
feffori tribuat caufam præfcribendi; nifi tanti temporis allegetur Pref-
criptio, cujus contrarii memoria non exiftat. *Chapitre* 1 de Præfcriptionibus, in-6°.

Præterea cùm pedagia, guidagia, falinarias, tibi legatus inter-
dixerit, ducimus declarandum illa effe quæ apparent imperatorum
vel regum, vel lateranenfis concilii largitione conceffâ, vel ex con-
fuetudine cujus non extat memoria. *Chapitre* 26, *aux décrétales*, de
verborum fignificatione.

l'eſt nommément, ou s'il n'y a pour l'exclure la
même raiſon que pour rejeter la Preſcription d'un
temps plus court (1).

Nos livres ſont remplis d'arrêts qui juſtifient
cette doctrine.

L'ancienne coutume de Paris portoit ſimplement
que les ſervitudes ne pouvoient être acquiſes ſans
titre ; & parce qu'elle n'excluoit pas expreſſément
la poſſeſſion immémoriale, on jugeoit, avant la
réformation de 1580, qu'on y pouvoit preſcrire
les ſervitudes par un temps excédent la mémoire
des hommes.

C'eſt ce qu'a encore jugé dans la coutume de
Creſpy, un arrêt du 11 février 1658, rapporté
par Brillon, au mot *Preſcription*, nombre 102.

La coutume de la châtellenie de Lille, décide
qu'on ne peut pas preſcrire contre la *faculté de
racheter mort-gage* ; & parce qu'elle ne rejette pas
nommément la Preſcription immémoriale, il a
été jugé par arrêt du parlement de Flandres, du
7 mai 1604, confirmé en réviſion le 14 avril
1707, que cette Preſcription n'eſt pas exclue,
relativement à l'eſpèce de mort-gage, qui eſt tranſ-
lative de propriété, & qu'on ne peut pas, comme
on l'a prouvé ailleurs (2), qualifier de ſimple en-
gagement (3).

En un mot, « lorſque la poſſeſſion immémo-

---

(1) *Undè nunquam cenſetur excluſa, etiam per legem prohibitivam, & per univerſalia, negativa & geminata verba, omnem quem-
cumque Præſcriptionem excludentia, niſi eadem ſit ratio excluſionit.*
Dumoulin, ſur Paris, §. 12, gloſe 12, au mot *Preſcription*, nombre
14. Code *Faber*, livre 7, titre 13, définition 7. Le Grand ſur Troyes,
article 61, gloſe 5. Stockmans, déciſions 86 & 88. Duperrier en
ſes déciſions, livre 1, n. 78.

(2) Voyez l'article MORT-GAGE.

(3) Arrêts de M. Pollet, partie 2, §. 39.

» riale , dit M. d'Aguesseau , est assez longue pour
» faire présumer un juste titre , ce n'est plus , à
» proprement parler , en vertu de la Prescription ,
» que le possesseur peut se promettre une vic-
» toire assurée; c'est en vertu du titre que la pos-
» session fait présumer ; & dès le moment que
» la présomption du titre est une fois reçue, toutes
» les difficultés qu'on veut agiter sur la Prescrip-
» tion , tombent & s'évanouissent d'elles-mêmes,
» pour céder à un titre justement présumé ».

Voyez encore sur la Prescription immémoriale,
les articles CORVÉES , DROITS HONORIFIQUES ,
MOULIN & POSSESSION.

SECTION III.

Des principaux objets sur lesquels roulent les ques-
tions de prescriptibilité & de Prescription.

Plusieurs de ces objets sont discutés sur les mots
BANNALITÉ, CORVEES, DICAGE, DIXME, EAU,
EXEMPTION, FONDATION, FOUR, GARANTIE,
HEREDITE, HYPOTHÈQUE, INDEMNITÉ, LODS &
VENTES, MALTHE, MOULIN, RESCISION, SERVI-
TUDE, SUBSTITUTION FIDÉICOMMISSAIRE, SUC-
CESSION, WATERINGUE, &c.

Nous avons aussi traité dans le cours des deux
premières sections de cet article , quantité de questions qui pourroient trouver ici place, mais sur
lesquelles nous croyons inutile de revenir.

Il nous reste à parler ici, 1°. de la Prescription
des droits de fief, de cens, de seigneurie & de
justice.

2°. De la Prescription des prestations & redevances annuelles.

3°. De

30. De la Prescription entre associés, co-héritiers ou autres communiers : ⸺ entre l'héritier & le légitimaire ou légataire : ⸺ entre le donateur & le donataire.

4º. De la Prescription des biens d'église.

5º. De la Prescription en matière bénéficiale.

6º. De la Prescription contre les communautés laïques.

7º. De la Prescription de noblesse, de nom & d'armes.

8º. De la Prescription des crimes.

9º. De la Prescription d'instance.

10º. Des Prescriptions & des fins de non-recevoir en matière de commerce maritime.

§. I. *De la Prescription des droits de fief, de cens, de seigneurie & de justice.*

La matière de ce paragraphe est très-étendue. Nous tâcherons de la développer le plus clairement qu'il sera possible ; & pour y parvenir, nous la partagerons en treize distinctions. Voici l'ordre dans lequel nous nous proposons de les ranger.

I. Idée générale de la Prescription en matière féodale.

II. Le vassal peut-il prescrire contre le seigneur ?

III. Le seigneur peut-il prescrire contre son vassal ?

IV. Dans les coutumes allodiales, le vassal ou censitaire peut-il, par la seule cessation du payement du cens ou de la Prescription de la foi-hommage, prescrire la libération de la directe ou de la mouvance, & convertir son héritage en aleu ?

V. Des coutumes qui portent que le cens se prescrit par le laps de trente ans. Examen de cette diſpoſition. — Diſcuſſion particulière concernant les rentes ſeigneuriales dûes ſur des mains-fermes, régis par la coutume du chef-lieu de Valenciennes.

VI. De la Preſcription de la ſolidité du cens.

VII. De la Preſcription de la quotité du cens de la part du cenſitaire.

VIII. De la Preſcription de la quotité du cens de la part du cenſitaire.

IX. De la Preſcription de l'eſpèce du cens.

X. De la Preſcription de l'obligation de porter le cens.

XI. De la Preſcription des arrérages du cens.

XII. De la Preſcription de ſeigneur à ſeigneur.

XIII. De la Preſcription de la juſtice.

DISTINCTION I. *Idée générale de la Preſcription en matière féodale.*

Placez ici le dernier alinéa de la page 98, & ce qui ſuit, juſqu'à la fin de la page 108, incluſivement, après quoi liſez :

L'égliſe n'eſt pas plus privilégiée en cette matière, que les particuliers. C'eſt ce que juſtifient différens arrêts rapportés à l'article FRANCHE-AUMÔNE.

Auſſi a-t-il été jugé par arrêt du parlement de Flandres, rendu en 1770, au rapport de M. l'Abbé de Calonne, que les chapelains de la coilégiale de Saint-Pierre de Douai, étoient tenus de porter la foi & de payer le relief au marquis de Traiſnel, pour un fief qu'ils poſsèdent dans ſa mouvance à Monchecourt, quoi qu'il y eût plus de deux ſiècles qu'ils n'euſſent pas rempli ces devoirs.

La même choſe a été jugée, & à-peu-près dans

les mêmes circonftances , par un autre arrêt du 13
avril 1776. Il s'agiffoit encore d'un fief renu du
marquis de Traifnel : les prevôt, doyen & chanoines de la collégiale de Saint-Pierre de Douai, étoient
depuis long-temps en poffeffion de ne pas remplir
envers le feigneur, les devoirs de vaffalité que
leur impofoit ce fief. Le marquis de Traifnel le fit
faifir faute de foi-hommage ; & par l'arrêt cité ,
fa faifie fut décrétée avec dépens.

Il y a pourtant une coutume qui femble s'écarter
de cette jurifprudence ; c'eft celle de la châtellenie
de Lille : « Un feigneur , à caufe de fa feigneurie
» (dit-elle, titre premier, article 75), ne peut pref-
» crire contre fon homme féodal ou rentier ; mais
» au contraire, un vaffal ou rentier peut prefcrire
» contre tel feigneur ».

On dira, fans doute, que le fecond membre de
cette difpofition, ne peut être entendu que des profits de fief qui font échus, & qu'on ne doit pas l'appliquer au fond même des droits féodaux, encore
moins à la mouvance ou tenure, foit féodale, foit
cenfuelle.

Cette interprétation paroît en effet d'autant plus
naturelle, que le décret d'homologation de la coutume de la châtellenie de Lille , veut expreffément
qu'elle foit expliquée, & qu'il y foit fuppléé par le
droit commun.

Mais, d'un autre côté , fi vous confidérez que
par l'article 74 du même titre , la coutume permet
au vaffal de s'affranchir du cens par la Prefcription
de foixante ans, il paroîtra bien difficile de réduire
à de fimples arrérages, & à des profits échus, la faculté que l'article 75 accorde au vaffal de prefcrire
contre fon feigneur. Le premier de ces deux articles femble découvrir l'efprit de la coutume ; &

puifqu'il y eft queftion du fond d'un droit qu'il dé-clare prefcriptible, on ne voit pas trop comment il pourroit ne pas réfulter la même prefcriptibilité des termes employés par le fecond.

L'auteur anonyme des notes fur le premier titre de cette coutume, imprimées à Lille en 1774, ne paroît pas avoir beaucoup réfléchi à ces difficultés. Cependant il propofe une diftinction qui, fans remettre au niveau du droit commun la difpofition dont il s'agit, en affoiblit beaucoup le fens littéral. Voici comment il s'explique :

« Le vaffal ou rentier, peut, en vertu de cet ar-
» ticle, prefcrire *tous les droits utiles* qu'il doit à fon
» feigneur pour raifon de fon héritage. Ces droits
» peuvent être remis par un feigneur ; pourquoi ne
» pourroient-ils pas l'être par la Prefcription ? On
» peut être feigneur d'un héritage fans lods & ven-
» tes, fans relief, &c = Entre les droits féodaux,
» il en eft qui ne confiftent qu'en profits, & la foi-
» hommage, le rapport ou dénombrement, & le
» fervice en cour, qui font tous droits révéren-
» tiels, effentiellement attachés à la feigneurie, &
» qui en marquent la fupériorité ; ces droits font im-
» prefcriptibles ; & ce feroit détruire la feigneurie,
» que de les féparer, parce qu'il n'en refteroit au-
» cune marque. = Mais quant aux profits féodaux
» qui peuvent être féparés de la feigneurie fans la
» détruire, on peut d'autant plus facilement les
» prefcrire, que fuivant nos mœurs, ils ne font
» pas de l'effence du fief ».

Un peu plus bas, l'auteur ajoute : « C'eft d'après
» ces principes, que les droits utiles dus au fei-
» gneur de Templeuve, ont été déclarés prefcrits
» par fentence du bailliage de Lille, du 22 décem-
» bre 1759, entre le feigneur de Templeuve-en-

» Doſſemer , & les dame abbeſſe & religieuſes de
» Sainte-Elizabeth de la ville du Queſnoy ».

On ne voit pas dans ce paſſage , quelle étoit
l'eſpèce de la ſentence qui y eſt citée ; mais des recherches particulières nous en ont inſtruits ; & nous
ſavons qu'elle a adopté dans ſes deux points la doctrine de l'auteur cité ; c'eſt à dire, qu'elle a jugé
des *profits* de fief preſcriptibles , même pour le
fond des droits ; mais qu'à l'égard des attributs *ré-*
vérentiels , elle a maintenu l'impreſcriptibilité établie par le droit commun.

Il s'agiſſoit du fief de Landas , acquis depuis très-
long-temps par les religieuſes de Sainte-Elizabeth ,
& amorti ſous la condition qu'elles le poſſéderoient
avec toutes ſes charges.

Depuis un eſpace de temps plus que ſuffiſant pour
preſcrire un droit ordinaire, les religieuſes n'avoient
ni prêté foi & hommage , ni fait le ſervice des
plaids (1) , ni délivré de dénombrement , ni fourni
d'homme vivant & mourant , ni payé de relief , ni
enfin acquitté le droit d'indemnité.

Le ſieur des Maiſieres , ſeigneur de Templeuve-
en-Doſſemer , & en cette qualité , dominant du fief
de Landas , l'a fait ſaiſir par plainte à loi , pour
obliger les religieuſes à ſatisfaire ces différens
droits.

Celles-ci ont allégué la Preſcription ; & le bailliage de Lille a prononcé en ces termes :

« Nous , ſur ce conjurés de notre conjureur or-
»dinaire , tout conſidéré , avons déclaré les oppo-
» ſantes ſoumiſes aux foi & hommage , rapport &
» dénombrement demandés par ledit ſeigneur de

---

(1) Voyez HOMME DE FIEF.

» Templeuve, à caufe de leur fief de Landas :
» leur ordonnons de dénommer à cet effet feule-
» ment un homme vivant & mourant, & un *ref-*
» *ponfible* (1) pour fervir à la cour dudit feigneur ;
» décrétons, fuivant ce, lefdites plaintes & fai-
» fies ; & pour le furplus des demandes, avons
» déclaré le fieur Defmaifieres non fondé dans les
» droits d'indemnité & relief par lui prétendus :
» révoquons à cet égard lefdites plaintes & faifies.
» Condamnons les oppofantes à trois cinquièmes
» des dépens, & ledit fieur Defmaifieres aux deux
» autres ».

Ainfi, le bailliage de Lille a jugé que les droits effentiellement récognitifs de la vaffalité, ne pouvoient pas être prefcrits, mais que le relief & l'indemnité étoient prefcriptibles.

En prenant cette décifion pour règle, l'auteur des notes fur le titre premier de la coutume de la châtellenie de Lille, a donc eu raifon de propofer, pour l'interprétation de l'article 75, la diftinction rappelée ci-deffus.

Cependant, pourquoi diftinguer quand la coutume ne le fait pas ; & fi on fait tant que de vouloir diftinguer, pourquoi ne pas le faire conformément aux principes du droit commun ?

Ainfi, de deux chofes l'une : ou il faut dire que la coutume de la châtellenie de Lille permet de prefcrire jufqu'à la foi-hommage, ce qui ne paroît pas même propofable, ou qu'elle n'admet ni la Prefcription du relief, ni celle des lods & ventes, & que fa difpofition doit être reftreinte aux profits échus, aux droits cafuels & aux arrérages.

---

(1) Ce mot eft encore expliqué à l'article HOMME DE FIEF.

C'eft en effet ce qui a été décidé dans l'affaire du
feigneur de Templeuve-en-Doffemer & de l'abbaye de Sainte-Elizabeth. Car (& c'eft une circonftance qui n'auroit pas dû échapper à l'anonyme
cité) , le feigneur de Templeuve ne s'en eft pas
tenu à la fentence du bailliage de Lille ; il en a
interjeté appel au parlement de Flandres , & voici
l'arrêt qui y eft intervenu le 16 décembre 1763 ,
au rapport de M. de Francqueville.

» La cour a mis & met l'appellation & la fen-
» tence dont a été appelé au néant, en ce que par
» icelle ledit Defmaifieres a été débouté du droit
» du relief du fief de Landas dont s'agit au procès ;
» émendant quant à ce , déclare lefdites abbeffe
» & religieufes fujettes au droit de relief toutes les
» fois qu'elles le feront à la foi & hommage en-
» vers le feigneur de Templeuve pour raifon dudit
» fief de Landas , ladite fentence au réfidu fortif-
» fant effet. Condamne ledit Defmaifieres en cinq
» fixièmes des dépens de la caufe d'appel ».

Ainfi , il eft décidé que dans la coutume de la
châtellenie de Lille , la foi-hommage & le relief
font auffi imprefcriptibles l'une que l'autre ; mais
que l'indemnité peut s'y prefcrire. Voyez fur ce
dernier point , l'article INDEMNITÉ.

Voilà donc la coutume de la châtellenie de Lille
replacée fur la ligne du droit commun ; tant il eft
vrai de dire qu'il n'y a point de maxime à laquelle
nous tenons davantage que celle qui empêche le
vaffal de prefcrire contre fon feigneur.

De l'explication que nous avons donnée de cette
maxime , il réfulte clairement qu'on ne peut pas
en inférer qu'un feigneur eft en droit de revendiquer, comme appartenant à fon domaine , ce qui,
dans les poffeffions de fes vaffaux, excède depuis un

temps suffisant pour prescrire, la quantité de terres déterminée par leurs titres.

Mais ce droit en est-il pour cela moins réel ? Ne peut-il pas être justifié par d'autres principes que la règle dont il s'agit ? Voyez là-dessus l'article TERRIER.

A l'égard des droits extraordinaires que les seigneurs ont imposés à leurs vassaux ou censitaires dans les baux à fief ou à cens, il n'est pas douteux qu'ils ne participent au privilége de l'imprescriptibilité, lorsqu'ils ont pour objet la reconnoissance de la mouvance ou de la directe.

Sur ce fondement, dit la Peyrere, lettre P, nombre 88, il a été jugé au parlement de Bordeaux, par arrêt du 19 août 1680, qu'un droit de corvée stipulé par un bail à fief ne pouvoit pas être prescrit même par cent ans. « La cour se fonda sur » cette raison, que la corvée étoit établie sur le » titre, & par conséquent de l'essence du bail à » fief, contre lequel le tenancier ne peut prescrire, » lui étant commun avec le seigneur ».

Le même principe a dicté un autre arrêt du 10 juin 1644, que la Peyrere nous retrace sous le nombre 100 de la lettre citée. En 1421, le seigneur du Breuil avoit inféodé à ses habitans divers héritages plantés de bois, sous la réserve d'un droit de chauffage pour lui & les siens à perpétuité. Ses successeurs avoient négligé ce droit; le sieur Dupuy voulut en jouir. On lui opposa la Prescription immémoriale; mais par l'arrêt dont il s'agit, « il fut » jugé que la réserve du droit de chauffage étoit de » l'essence du bail à fief, & conséquemment im- » prescriptible.

Lorsqu'un seigneur a aliéné, soit par vente, soit par donation, le droit qui formoit dans sa main le figne recognitif de la mouvance ou de la directe, peut-on le prefcrire contre fon acheteur ou fon donataire ? Oui, parce qu'alors ce droit n'eft plus un acceffoire de la feigneurie, & fe trouve réduit à la qualité de fimple redevance foncière. On a pu le transférer fans le domaine direct, il peut donc auffi s'éteindre fans lui.

C'eft l'avis de Cancerius, *variarum refolutionum*, livre 1, chapitre 12, nombre 15; de Dunod, traité des Prefcriptions, part. 3, chapitre 10, pag. 366, & d'Hévin, dans fa confulation 4.

C'eft ce qu'établit auffi Poulain du Parcq fur la coutume de Bretagne, article 294, note f : « on ne » peut pas dire (ce font fes termes) que la mou- » vance foit divifée (par l'aliénation que fait le fei- » gneur d'une rente féodale). Le feigneur n'au- » roit pas même eu le droit de faire cette divifion, » fuivant l'article 348 de la coutume. La preftation » a été feulement féparée de la féodalité, qui eft » demeurée entière au feigneur : de forte qu'il n'y » a aucun lien de foi entre fon vaffal & le proprié- » taire de la rente.

» Cette maxime (ajoute-t-il) a été confirmée par » arrêt du mois de juin 1742, au rapport de M. » d'Eftreans, doyen du parlement (de Bretagne), » entre le fieur le Coniac de la Longrais & le fieur » Drouet de la Noë Seiche. Le procès avoit été » partagé à la grand'chambre. Il fut départi à la » feconde des enquêtes, & la Prefcription fut ju- » gée contre la rente comme foncière ».

DISTINCTION III. *De la Prefcription du feigneur contre fon vaffal, cenfitaire ou emphytéote.*

Placez ici la ligne 3 de la page 109, & ce qui

suit, jusqu'à la dernière ligne de la page 122, inclusivement : venez ensuite à la page 117, & à tout ce qui la suit, jusqu'à la ligne 7 de la page 122, inclusivement, après quoi lisez :

Nous avons dit ci devant, distinction 1, que Dumoulin, sur l'ancienne coutume de Paris, n'alloit pas aussi loin, & que suivant lui, la possession centenaire suffisoit pour mettre le vassal ou le censitaire en pleine liberté. C'est, en effet, ce qu'il établit sur le §. 12, au mot *Prescription*, nombre 14 (1). Telle est aussi la décision de François Duaren (2), & Cujas l'a adoptée dans sa consultation 54.

Elle a même été reçue dans une de nos provinces, le Dauphiné. M. Expilly, avocat-général au parlement de Grenoble, établit dans son plaidoyer 27, nombres 10 & 21, que la jurisprudence de cette cour a admis la Prescription centenaire en faveur du vassal contre son seigneur. M. de Salvaing, chapitre 13, atteste aussi cet usage, & après l'avoir prouvé par une transaction du 17 juillet 1526, par un arrêt d'expédient du 8 août 1570, & par un autre rendu contradictoirement le

---

(1) *Voici ses termes :*

Tertiò limito textum nostrum (& hæc est sola propria & adæquata limitatio, cæteræ potiùs sunt declarationes), ut non procedat in Præscriptione centum annorum sive temporis immemorialis ; siquidem hujusmodi Præscriptio habet vim constituti (*l. hoc jure, §. ductus aquæ,* **D.** *de aquâ quotidianâ*). Undè nunquam censetur exclusa etiam per legem prohibitivam, & per universalia negativa & geminata verba omnem quamcumque Præscriptionem excludentia.

(2) In consuetudines feudales, cap. 16. *Voici ses termes :* Prætereà, nec loquimur de Præscriptione centum annorum, quæ possessio est immemorabilis, cùm inter vassallum & dominum Prescriptionem vetari dicimus ; neque hæc Præscriptio unquam excluditur his verbis, *Præscriptione nonobstante.* . . . talis enim consuetudo habetur pro pacto, & pactum valeret si convenisset inter dominum & vassallum, ùt hoc jure non uterentur.

premier février 1634 ; il répond à quelques arrêts modernes dont certains novateurs vouloient mal-à-propos se prévaloir pour renverser cette juris-prudence.

Dans le chapitre suivant, le même magistrat assure encore, comme une maxime constante en Dauphiné, « que l'emphitéote prescrit contre le sei-» gneur direct, par l'espace de cent ans ; en sorte » que le fond emphitéotique reprend sa condi-» tion naturelle, sans être sujet au droit de cens » & lods, tant pour l'avenir que pour le passé ». C'est, ajoute-t-il, ce qui a été jugé par arrêt du 4 août 1633, nonobstant « la faveur de l'église, l'é-» dit de Melun, & la preuve de l'enlèvement & » incendie des papiers, pendant les troubles de la » religion ».

M. Expilly, chapitre 183, rapporte six autres arrêts du même parlement, « par lesquels, dit-il, » les seigneurs directs ont été déboutés de leur » demande tendante à reconnoître, payer les lods » & arrérages, & à continuer à l'avenir, & ce par » fin de non-recevoir résultante de la Prescription » centenaire ». Le premier de ces arrêts est du 5 fé-vrier 1616 ; le second du 23 septembre 1621 ; le troisième, du 9 juillet 1622 ; le quatrième, du 20 décembre 1623 ; le cinquième est rapporté sans date : le dernier a été rendu le 28 mai 1630.

Mais cette jurisprudence est absolument particu-lière au parlement du Dauphiné. Par-tout ailleurs où le franc-aleu se présume sans titre, on tient pour maxime que la Prescription ne produit pas, en cette matière, plus d'effet que celle de trente ans.

Voici d'abord quelques arrêts qui établissent cette maxime relativement aux fiefs.

M. de Catellan, livre 3, chapitre 29, en rapporte deux du parlement de Toulouse des 19 juillet 1655 & 20 décembre 1675. Dans l'espece qu'ils ont jugée, il y avoit une possession de plus de deux siècles en faveur du vassal contre son suzerain ; néanmoins le fermier a été condamné à rendre au second la foi & hommage.

Dunod, partie 3, chapitre 9, dit que par arrêt du parlement de Besançon, du 22 mars 1709, « le » seigneur de Marigna fut admis au droit de retrait » féodal, contre la dame de Chambérie, sur une » acquisition par elle faite, de fonds qui étoient » du fief de la terre de Marigna, mais pour lesquels on n'avoit point fait de devoirs depuis » l'an 1423. La Prescription ayant été l'exception » de cette Dame, il n'y a pas lieu de douter que » la question n'ait été décidée ».

La question a été jugée plus souvent pour la directe censuelle.

On verra ci-après, qu'un arrêt du parlement de Toulouse du 10 février 1694, a condamné un censitaire à reconnoître son seigneur, quoiqu'il se prévalût d'une possession de franchise continuée pendant plus de cent ans.

La Peyrere, lettre P, nombre 55, atteste que c'est aussi la jurisprudence du-parlement de Bordeaux.

Duperrier, qui a écrit dans le ressort de celui de Provence, dit qu'on n'en doute plus ni à l'école ni au palais.

Dunod, partie 3, chapitre 1, rend le même témoignage des maximes suivies dans la Franche-Comté ; après avoir développé toutes les raisons qui lui paroissoient s'opposer à la Prescription, il en conclut « que le cens en directe emphitéotique

» ou feigneuriale, eft imprefcriptible dans le com-
» té de Bourgogne, par celui qui l'a conftitué ou
» reconnu, ou auquel il a été dénoncé dans l'acqui-
» fition qu'il a faite de l'héritage, & par leurs hé-
» ritiers. Auffi, continue-t-il, eft-ce l'opinion com-
» mune de notre barreau, & je ne vois plus per-
» fonne qui la révoque en doute ».

Le parlement de Dijon juge également que le *cens feigneurial* eft imprefcriptible, même par cent ans. C'eft une vérité dont nous nous convaincrons aifément en parcourant les auteurs qui ont écrit dans le reffort de cette cour.

Bouvot, tome 2, au mot *cens*, queftion 9, rapporte une efpèce dans laquelle il étoit queftion de favoir « fi la *cenfe* qui n'a ni juftice ni juridiction,
» pourroit être prefcrite, du moins par cent ans ;
» ou fi portant lods, & la propriété directe étant
» retenue, on ne la pourroit prefcrire ». Il obferve enfuite dans le fait du procès, que le cens « étoit
» tenu en fief, démembré de la juftice : c'eft pour-
» quoi le ténementier, nonobftant la Prefcription
» alléguée, fut condamné à payer ladite cenfe, par
» arrêt du 29 janvier 1607 ».

Menelet, cité par l'auteur des notes fur les obfervations ajoutées par Raviot, aux arrêts de Perrier (1), dit, en citant le regiftre des délibérations fecrettes du parlement de Dijon, que « le 22 août
» 1662, la cour attefta qu'un cens étant en juf-
» tice eccléfiaftique ou féculière, eft imprefcriptible
» par quelque laps de temps que ce foit ».

Les favans & judicieux cenfeurs (2) qui ont accompagné de leurs obfervations critiques le com-

---

(1) Tome 2, *fupplément aux notes*, page 20, col. 1, n°. 16.
(2) M. l'avocat général Durand, M. Jehannin & M. Morifot, avocats.

mentaire de Taïſand ſur la coutume de Bourgogne, donné au public en 1698, s'expriment
ainſi à la page 818 : « il eſt important de remar-
» quer qu'en Bourgogne un cens dépendant d'un
» fief ſans juſtice, eſt jugé ſeigneurial & impreſ-
» criptible ».

L'auteur des notes ſur Raviot (1) cite encore
» pour l'impreſcriptibilité, un arrêt de 1611, au
» profit de l'abbaye de la Ferté, & un autre de
» ·675. Ils ſont, dit il, dans le cas d'un cens noble
» dépendant de fief émané de la juſtice ».

Il ajoute « qu'un autre arrêt rendu le 18 août
» 1771, pour l'abbaye de Lanchaze de Charon,
» au rapport de M. de Cottin de Joncy, a jugé
» l'impreſcriptibilité...... d'un cens noble & en
» fief, réputé de la dotation même de l'abbaye, par
» les anciens comtes de Charolois, ſouverains du
» pays ».

Mais cette juriſprudence a-t-elle lieu pour le
cens emphitéotique non ſeigneurial ?

On a pu remarquer dans tout ce qui précède,
que ni les auteurs, ni les arrêts ne font, là deſſus,
aucune diſtinction ; &, en effet, il paroît par la
loi, *cùm notiſſimi*, §. 6, au code *de Præſcriptione
30 vel 40 annorum*, que le cens purement emphitéotique étoit même chez les romains à l'abri de
la preſcription ſoit de 40 ans, ſoit d'un plus long
terme.

C'eſt auſſi la juriſprudence conſtante des pays
de cenſive : « le cens emphitéotique, dit un au-
» teur déjà cité (2), y eſt impreſcriptible : on le

---

(1) *Loc. cit.* page 21, col 1, n°. 25.
(2) Notes ſur Raviot, tome 2, à la fin, ſuite du ſupplément,
page 18, col. 2. n°. 4.

» répute émané du seigneur qui a la justice dans
» le territoire ; c'est pourquoi il en conserve les
» prérogatives ».

On a jugé de même dans tous les pays de franc-
aleu (excepté ceux qui ressortissent au parlement de
Bourgogne) ; mais par une autre raison , c'est-à-
dire , d'après la loi romaine que nous venons d'indiquer.

M. le président Favre s'est élevé contre cette
jurisprudence. Ce qu'il en dit dans son code , liv.
7, titre 13, définition 19, mérite d'être lû d'un
bout à l'autre. On ne doit, suivant lui, & suivant
l'annotateur de Raviot, appliquer la loi *cùm notiffimi*, avec le privilége d'imprescriptibilité , qu'au
cens public dû au souverain : comme les droits seigneuriaux, continue-t-il, émanent de cette source,
nous raisonnons de même à l'égard du cens en
fief. Mais le cens *privé* n'est que le prix d'une
vente d'héritage de particulier ; la séparation de
la propriété directe & de la propriété utile , qui
fait le motif du doute, n'est que l'effet d'une convention entre le vendeur & l'acquéreur, & toute
convention entre particuliers est régulièrement
prescriptible. La prescription ordinaire devroit
même suffire ici. Mais par une espèce de *passe-
droit*, fondé sur la considération de cette propriété
directe retenue, on peut la proroger jusqu'à cent
ans, terme de l'imprescriptibilité imparfaite ; &
c'est ainsi qu'on le juge au sénat de Chambéry.

Les pays de Bresse, de Bugey, de Gex & de
Valromey qui ont été détachés de la Savoye , sous
Henri IV , ont conservé sur ce point les maximes
que les arrêts de ce sénat y avoient introduites.

On prétendit , vers le milieu du dernier siècle ,

que cet ufage étoit changé, & que la Prefcription centenaire n'y étoit plus admife contre le cens emphitéotique. On offrit même d'en faire preuve. Le parlement de Dijon ne s'arrêta point à cette offre : par arrêt du 2 mars 1676, il déchargea un fieur Alabe d'un cens emphitéotique, « par le motif de » la prefcription centenaire (1) ».

Cet arrêt fut caffé au confeil, le 6 mars 1678, & « il fut ordonné de fuivre l'ancien ufage pour » la Breffe, fuivant lequel le cens emphitéotique » étoit imprefcriptible (2) ».

La queftion fe repréfenta au parlement de Dijon en 1679 par arrêt du 24 juillet, la cour, en fuivant l'efprit de l'arrêt rendu au confeil l'année précédente, ordonna, avant faire droit, qu'il feroit fait preuve de l'ufage de la Breffe, touchant la prefcriptibilité ou l'imprefcriptibilité *du cens emphitéotique non feigneurial.*

On ignore fi cette preuve fut faite. Mais le 16 mai 1691, il intervint, au confeil même, un arrêt par lequel fa majefté reçut les fyndics des pays de Breffe & de Bugey oppofans à l'arrêt du confeil du 6 mai 1678, & ordonna l'exécution de l'arrêt du parlement de Dijon du 2 mars 1676.

Par-là les anciens ufages de Savoye ont été affermis, & pour ainfi dire, confacrés dans la Breffe & le Bugey.

On a fait plus. On a étendu cet ufage à tout le duché de Bourgogne.

---

(1) Taifand fur la coutume de Bourgogne, titre 11, article 1, note 1. Raviot, fur Pernier, queftion 338.

(2) *Ibid.*

A

A la vérité, l'article 113 des *cahiers* dreſſé en 1569 pour la réformation de la coutume de cette province, portent que *la cenſe emphitéotique ou ſeigneuriale ne ſe peut preſcrire.* Mais il y a toute apparence qu'on a voulu dire *emphitéotique* & *ſeigneuriale :* la disjonctive s'employe ſouvent pour la conjonctive. D'ailleurs le doute eſt levé par M. le préſident Bégat, l'un des principaux rédacteurs des cahiers : ce magiſtrat ne reconnoit de cens imprefcriptible, qu'autant qu'il eſt annexé à la juſtice ſur le territoire (1).

Auſſi Bouvot, dans ſon commentaire ſur la coutume, page 529, après avoir obſervé que la *cenſe ſeigneuriale* ne peut ſe preſcrire, ſinon du jour de la contradiction, finit en ces termes : « Par arrêt donné » au parlement de Dijon le 24 février 1582, il » fut dit que la cenſe en emphytéoſe, eſt preſcrite » par le laps de cent ans ».

Bernard Martin, avocat célèbre du parlement de Dijon, mort en 1639, s'explique à-peu-près de même dans les mémoires manuſcrits qu'il a laiſſés ſur la juriſprudence de cette cour ; & il cite un arrêt rendu de ſon temps en faveur de la même opinion (2).

---

(1) *Si cenſus debetur in recognitionem ſuperioritatis, hoc eſt.... domino juriſdictionis.... non poteſt uſucapi.* Voyez l'édition de la coutume de Bourgogne de 1717, pag. 477.

(2) *Voici ſes termes.*

« Encore fait-on trois divers degrés au palais, entre les » cenſes : ſavoir, celles dues en juſtice & ſeigneurie ; celles » dues à titre d'emphytéoſe, & les ſimples cenſes des rentes » foncières : pour dire que les premières ne ſont nullement

Raviot fur Perier, queſtion 338, nombre 21, rapporte un arrêt du 21 mai 1653, par lequel, avant faire droit fur l'appel d'une ſentence de la chancellerie d'Autun, qui condamnoit proviſoirement un particulier au payement d'un cens emphitéotique en roture, le parlement de Dijon a ordonné que l'intimé feroit preuve, « tant par titres » que par témoins, que depuis cent ans juſqu'alors, » la redevance avoit été payée »....

Dans le vu de l'arrêt du conſeil, rendu pour la Breſſe & le Bugey, le 16 mai 1691, on remarque une « production nouvelle de deux arrêts du par- » lement de Dijon, des 8 août 1668, & 15 mai » 1675, ſervant à juſtifier qu'il a fait diſtinction des » cens qui ſont unis aux juſtices, & de ceux qui » n'y ſont pas unis, non-ſeulement dans le pays » de Breſſe, mais encore dans l'Autunois, &c. »

En 1692, il parut une déclaration du roi, concernant le franc-aleu. Les remontrances que les états de Bourgogne firent à ce ſujet, & que Taiſand nous a conſervées dans ſon commentaire, page 150, confirment la maxime établie par les arrêts dont on vient de rendre compte : « Si tous les hé- » ritages (y eſt-il dit), devoient reconnoître une » directe, ce droit feroit impreſcriptible, parce » qu'on ne peut jamais preſcrire contre le droit

---

» preſcriptibles, parce que *debentur in ſignum ſuperio-* » *ritatis & reverentiæ.* Les autres ſont preſcriptibles, » mais non par un moindre temps de cent ans ; parce que » *debentur in recognitionem domini directi.* Ainſi jugé » au rapport de feu M. Milières. Les autres preſcriptibles » par trente ou quarante ans, *etiam quoad jus ipſum* » *cenſus, ſeu reditùs fundiarii.* »

» commun ». Le rédacteur cite l'exemple de la
main-morte ; puis il continue ainsi : « On juge
» tout différemment la question sur la Prescription
» de la directe : on a décidé par les arrêts du par-
» lement de Dijon, que par la Prescription de cent
» ans, le cens s'éteignoit, & que les assignaux re-
» prenoient, après un si long silence, leur liberté
» naturelle ; ce qui suppose nécessairement que le
» franc-aleu est reçu en Bourgogne ».

On trouve la même doctrine dans les institutes
coutumières qui parurent en 1697, avec des notes
de M. l'avocat-général Durand (1).

Ce magistrat, & les deux jurisconsultes nommés
avec lui en 1698 pour reviser le commentaire de
Taisand, assurent, à l'endroit cité plus haut, que
« les cens emphitéotiques, qui ne dépendent ni de
» fief ni de justice, sont jugés prescriptibles, au
» duché de Bourgogne, par cent ans ».

Davot, qui est mort en 1743, après avoir été
long-temps chargé des plus grandes affaires de cette
province, enseigne absolument la même chose
dans son traité des cens, articles 3 & 53, tome 3,
pages 2 & 30.

L'auteur des notes sur Raviot, cite encore pour
cette opinion, les manuscrits de Menelet. Il fait
voir ensuite qu'elle a été pleinement adoptée par
M. le président Bouhier ; & il finit en citant trois
arrêts du parlement de Dijon, des 16 avril 1715,
13 mai 1746, & 22 avril 1750, par lesquels il a
encore été jugé en faveur de la prescriptibilité du
cens purement emphitéotique. Il remarque sur le

____

(1) Page 361, édit. de 1735.

dernier de ces arréts, que certains critiques l'a-
voient prétendu étranger à la queſtion, ſous prétexte qu'il ne s'y agiſſoit que d'une *rente foncière ;*
mais, dit-il, « j'ai vérifié ſur les regiſtres qu'il
» s'agiſſoit effectivement d'un cens portant lods;
» je m'en ſuis auſſi convaincu par les écritures de
» l'avocat de l'une des parties ».

Cet arrét d'ailleurs eſt encore rapporté par Davot,
tome 3, page 530.

Tel eſt donc, en dernière analyſe, l'état de
notre juriſprudence ſur la Preſcription de la mouvance, de la foi-hommage, de la directe & du cens.
Cette Preſcription n'eſt admiſe de la part des premiers vaſſaux ou preneurs & de leurs héritiers,
que dans deux parlemens, celui de Grenoble &
celui de Dijon; mais à Grenoble, on preſcrit la
mouvance féodale & la directe ſeigneuriale comme
la directe emphitéotique & le cens qui la carac-
tériſe; au lieu qu'à Dijon, la Preſcription de cent
ans n'a de priſe que ſur ces deux derniers objets.

II. A l'égard des tiers qui ne ſont pas les héritiers
du premier preneur, qui ne le repréſentent pas à
titre univerſel, qui ont acquis franchement, librement, & pour poſſéder en aleu, différens auteurs
penſent qu'ils peuvent preſcrire la libération du
cens par laps de trente ans. Cela doit être, dit-on,
puiſque leur poſſeſſion n'a rien de commun avec
celle de leur vendeur; que le contrat d'acquiſition
fait leur titre; que ce titre leur dit que l'héritage
qu'ils acquièrent eſt allodial; & que la coutume ter-
ritoriale confirme cette aſſertion.

Dunod, partie 3, chapitre 10, la met dans un
nouveau jour.

Elle eſt fondée, dit-il, ſur la loi dernière, *de*

fundis patrimonialibus, & fur la loi dernière, *de fundis rei privatæ*, au code, «qui décident qu'en-
» core que les fonds du prince ne doivent pas
» être tenus exempts du cens, fi néanmoins il font
» acquis avec cette exemption, l'acquéreur en fera
» quitte après quarante ans.

» Les raifons qui empêchent le cenfitaire de
» prefcrire lui-même, ceffent dans le cas du tiers-
» acquéreur. La caufe de la poffeffion eft changée
» par fon titre, & celle du Seigneur eft intervertie
» par la nouvelle acquifition, *re alteri venditâ, &*
» *traditâ, intervertitur poffeffio*. Le plein domaine
» eft vendu, le tiers-acquéreur a intention de le
» poffëder, & il le pofsède en effet, puifqu'il ne
» le reconnoît pas dans un autre; il peut par con-
» féquent le prefcrire. Celui qui vend le bien d'au-
» trui, met l'acheteur en état de l'acquérir par
» la Prefcription. Le cenfitaire peut donner à plus
» forte raifon cet avantage, puifque plufieurs
» auteur prétendent que la poffeffion du maître
» lui étant confiée, comme au fermier, au fils de
» famille & à l'efclave, il peut en difpofer. Enfin,
» le feigneur doit s'imputer de n'avoir pas agi dans
» le cas d'un changement de main, qu'il n'a pas
» probablement ignoré, & qui donnoit ouverture
» aux droits de lods & de retenue en fa faveur : fa
» négligence eft auffi puniffable que celle de tout
» autre propriétaire ».

Voilà ce qu'enfeignent Dunod & quelques
autre auteurs. Voyons ce que décident les coutumes, & à leur défaut, les arrêts.

La coutume de Berry, titre 12, article 14,
répute le tiers-acquéreur habile à prefcrire; elle
n'exige pas pour cet effet, qu'il commence par

contredire le droit & en refufer le payement ; mais elle veut, ou que le feigneur foit averti du changement de main, ou que le vendeur, fon premier cenfitaire, ait ceffé de lui payer les arrérages courans. Du refte, il eft indifférent que le feigneur ait fu ou ignoré que le tiers-acquéreur n'étoit point chargé du cens par fon contrat d'acquifition (1).

Le parlement de Provence n'exige pas les mêmes conditions, & il juge, du moins à l'égard des feigneurs qui n'ont que des directes particulières, que le cens eft prefcriptible par trente ans, de la part du tiers-acquéreur auquel l'héritage a été tranfporté comme libre & allodial. Boniface, tome 4, livre 9, titre 1, chapitre 5, nombre 4, cite trois arrêts de 1624, 1649 & 1651, qui l'ont ainfi décidé.

Mais l'ancienne jurifprudence de cette cour étoit différente. Quand un tiers, dit Duperrier, tome 1, livre 2, queftion 7, acquéroit comme franc, un fonds fujet à une directe & à une cenfive, l'inter-

---

(1) *Voici les termes de la coutume.*

« Le nouvel acquéreur d'aucun héritage chargé de cens
» ou rente foncière, ne prefcrit ledit cens ou rente à l'encontre du feigneur auquel il eft dû, tant qu'icelui feigneur eft payé de fon cens ou rente par l'ancien feigneur utile de l'héritage qui a icelui aliéné : mais feulement commencera la Prefcription du jour que l'ancien feigneur utile dudit héritage chargé de rente ou cens, qui a icelui aliéné, aura ceffé de faire & continuer le payement defdits cens ou rente : fi ce n'eft qu'au précédent, le feigneur cenfier eût été dûment averti de ladite aliénation & poffeffion de l'acquéreur ; auquel cas commencera la Prefcription de liberté, à courir du temps de la fcience du feigneur. »

verſion ne pouvoit être faite par l'emphytéote en l'abſence du ſeigneur.

Le même auteur, en parlant de la nouvelle juriſprudence, paroît pencher pour l'ancienne, comme plus équitable, & fondée ſur les vrais principes. « Le Parlement de ce pays, dit-il, par ſes derniers » arrêts, ſemble avoir autoriſé cette erreur, » contre la doctrine des arrêts anciens, qui avoient » toujours rejeté l'interverſion faite par l'emphy- » téote en l'abſence du ſeigneur direct, qui n'en » avoit point eu connoiſſance, & même par arrêt » donné au rapport de M. de Guérin, & par un » autre rendu à l'audience où j'étois préſent »....

A l'égard des ſeigneurs qui ont une directe univerſelle, le parlement de Provence exige, pour former une interverſion véritable en faveur du tiers-acquéreur du fonds cenſuel ou emphytéotique, qu'ils aient eu connoiſſance de la ſtipulation de franchiſe inſérée dans le contrat de celui-ci. C'eſt ce que nous apprend un acte de notoriété, donné au parquet d'Aix le 17 juillet 1698. Il eſt conçu en ces termes : « Atteſtons que, ſelon l'uſage, les » actes paſſés par un vaſſal en l'abſence du ſeigneur » fondé en toute juſtice haute, moyenne & baſſe, » & toute directe univerſelle, ne donnent cours à » aucune interverſion ni Preſcription des droits » ſeigneuriaux, de juſtice ou directe univerſelle, ſi » le vaſſal ou l'emphytéote ne prouve que le ſei- » gneur a eu connoiſſance des actes, & que depuis » la notice, il ne ſe ſoit paſſé un temps capable » pour acquérir la Preſcription contre le ſeigneur » deſdits droits directs & autres droits ſeigneu- » riaux ».

Au ſurplus, le parlement de Provence n'admet

point d'interverfion fans déclaration expreffe de franchife : lorfqu'il n'y a dans le contrat du tiers-acquéreur, qu'une réticence fur l'affujétiffement à la mouvance, l'interverfion n'a pas lieu. C'eft l'efpèce & la décifion d'un arrêt du 30 juin 1675, rapporté par Boniface, tome 4, livre 9, titre 1, chapitre 1.

Par la même raifon, la claufe *franc, fi franc, fervite, fi fervite*, ou autres femblables, qui laiffent l'acquéreur dans l'incertitude de la franchife, eft incapable d'opérer l'interverfion. C'eft ce qu'a jugé un arrêt du 19 novembre 1644, cité par Paftour dans fon traité *de feudis*, livre 2, titre 17, nombre 2.

Le parlement de Dijon diftingue tout différemment; & l'on a vu plus haut les principaux fondemens de la diftinction qu'il fait.

Suivant les maximes de cette cour, ou le cens eft fimplement emphytéotique, ou il eft fpécial avec juftice, ou il eft fpécial fans juftice.

Lorfqu'il eft fimplement emphytéotique, il n'y a nul doute qu'il ne foit prefcriptible de la part d'un tiers-acquéreur, puifque le premier preneur lui-même, & fes héritiers, peuvent le prefcrire par le laps de cent ans.

La feule difficulté qu'il puiffe y avoir à cet égard, eft fur l'efpace de temps que doit embraffer la poffeffion du tiers-acquéreur pour opérer fa libération. L'ancienne jurifprudence n'exigeoit que trente ans. Chevannes, page 485 de fon commentaire, rapporte deux arrêts des 8 janvier 1615, & 11 mars 1627, par lefquels il fut jugé que *la cenfe fans juftice, quoiqu'emphitéotique, & portant lods, fe prefcrit par le tiers-acquéreur par trente ans.* Mais de-

puis, on a jugé conftamment qu'il falloit une poffeffion centenaire : en cela, dit l'auteur des notes
fur Raviot (1), « On crut devoir ufer de quelque
» tempérament, ou fi l'on veut, de quelque in-
» dulgence, en faveur de la propriété directe que
» retenoit le vendeur, quoiqu'elle fût purement
» privée, & que ce fût feulement le prix d'une
» vente entre particuliers ».

Lorfque le cens eft à-la-fois fpécial, & que le
feigneur à qui il appartient a la juftice fur le fonds,
le parlement de Bourgogne n'admet aucune Prefcription en faveur du tiers-acquéreur.

Mais s'il eft fpécial fans juftice, on diftingue les
pays de Breffe & Bugey, d'avec le duché de Bourgogne. Ecoutons là-deffus les trois cenfeurs du commentaire de Taifand, à l'endroit déjà cité : « Le
» parlement de Dijon a jugé, à l'égard de la Breffe,
» que les cens emphytéotiques qui dépendent d'un
» fief fans juftice, font prefcriptibes par cent ans,
» par un tiers-acquéreur. Mais il eft important de
» remarquer qu'en Bourgogne, un cens dépendant
» d'un fief fans juftice, eft jugé feigneurial & im-
» prefcriptible, même par un tiers-acquéreur. Il
» n'y a que les cens emphytéotiques qui ne dé-
» pendent ni de fief ni de juftice, qu'on juge pref-
» criptibles au duché de Bourgogne, par cent ans,
» par un tiers-acquéreur ».

L'affertion de ces jurifconfultes, par rapport à la
Breffe, mérite que nous nous y arrêtions un inftant.
Ils l'appuyent fur la jurifprudence du parlement de
Dijon ; & en effet, nous trouvons dans le com-

---

(1) Tom. 2, à la fin, pag. 19, n°. 13.

mentaire de Taifand, titre 11, article 1, note 1, un arrêt du 23 mars 1672, qui le décide ainfi for-mellement (1).

Il eft vrai que cet arrêt a été caffé au confeil le 25 juillet 1676; mais le 16 mai 1691, fur les re-préfentations des fyndics des pays de Breffe & de Bugey, le confeil a rétracté le jugement de caf-fation, & a ordonné que l'arrêt du parlement de Dijon feroit exécuté felon fa forme & teneur.

Au parlement de Franche-Comté, on fait moins de diftinctions : on y juge en général, que le tiers-acquéreur auquel le cens n'a pas été dénoncé, & qui n'en a pas eu connoiffance, en prefcrit l'exemp-tion par la poffeffion paifible de quarante ans.

Plufieurs particuliers avoient acheté des héritages chargés d'un cens indirect, portant lods, amende & droit de retenue; mais on ne leur avoit pas dé-noncé cette charge. Quelques - uns d'entr'eux l'avoient reconnue & payée, tantôt en totalité, tantôt en partie. Les autres n'avoient ni reconnu ni payé, & on avoit laiffé paffer quarante ans fans les inquiéter; après ce temps, ceux-ci affignés pour payer & reconnoître, propoférent la Pref-

______

(1) *Voici le difpofitif de cet arrêt.*

« La cour a mis & met l'appellation & ce dont eft appel
» au néant, & par nouveau jugement, fans s'arrêter à la
» preuve rapportée par l'intimé de l'ufance par lui alléguée
» qu'en Breffe les *cens emphytéotiques & dépendans des*
» *fiefs fans juftice* ne font fujets à la Prefcription de
» cent ans, même par les tiers-acquéreurs, a déclaré &
» déclare les héritages poffédés par les appelans, dont eux
» ni leurs auteurs n'ont rien payé depuis cent ans, dé-
» chargés des fervis prétendus par l'intimé. »

cription du droit, & par arrêt du 27 octobre 1607, ils gagnèrent leur caufe (1).

Il eft vrai que le cens n'étoit pas feigneurial & tenu en fief; mais cette circonftance eft indifférente pour la Prefcription, parce qu'on ne fait à cet égard aucune diftinction entre le cens feigneurial & le cens emphytéotique. *Cenfus nofter*, dit encore M. Grivel, *nihil ferè diftat ab emphyteufi; quo fit ut cùm nulli contractui magis accedat, omnes ferè queftiones quæ in noftro cenfu cadere poffunt, determinantur per leges juris emphyteutici.* On juge en effet dans le comté de Bourgogne, que le tiers-acquéreur de bonne foi, prefcrit indiftinctement, par quarante années, l'exemption du cens emphytéotique & du cens feigneurial. C'eft ce qu'ont attefté l'ordre des avocats & enfuite le parquet de Befançon, par deux actes de notoriété des 6 février & 24 mars 1714.

Il a été auffi jugé par arrêt de la même cour du 21 mars 1720, que le tiers-acquéreur d'un fief qualifié d'allodialité, peut en prefcrire la féodalité, & le convertir en véritable aleu, fans dénégation, fans contradiction, & fans autre interverfion de titre que fon contrat.

Mais ni cette jurifprudence, ni celle du parlement d'Aix, ne font fuivies dans les autres pays de droit écrit.

M. de Salvaing, chapitre 14, dit que « l'ufage » du Dauphiné ne met point de diftinction pour

____

(1) Judicavit fenatus (*dit M. Grivel, décif.* 141), non tantùm *liberationem* ab annuo ifto cenfu effe præfcriptam, fed & jus ipfum directi dominii.

» ce regard, entre l'héritier du reconnoiſſant &
» le tiers-poſſeſſeur ». Ce n'eſt pas que le tiers-
poſſéſſeur, dans cette province, ne puiſſe jamais
preſcrire; mais il ne le fait que de la manière dont
pourroit le faire le cenſitaire primitif & ſes héritiers,
c'eſt-à-dire, comme on l'a vu plus haut, par le laps
de cent ans.

Au parlement de Touloufe, l'exemption de la
directe & du cens, ne peut être preſcrite en aucun
temps par le tiers-poſſeſſeur, quoiqu'il ait acquis
l'héritage comme franc, & qu'il en ait joui ſous
cette qualité.

M. de Catellan, livre 3, chapitre 29, nous retrace un arrêt du 19 juillet 1655, confirmé par un
autre rendu à ſon rapport, le 20 décembre 1675,
qui a jugé que « le vaſſal ou emphytéote ne peut
» jamais preſcrire la mouvance contre ſon ſei-
» gneur, quoique le vaſſal ou emphytéote, ou
» ſes auteurs, aient acheté la terre franche &
» quitte de toute redevance, & l'aient enſuite poſ-
» ſédée en cette qualité pendant plus de deux
» ſiècles ».

L'auteur ajoute qu'il a été rendu un pareil arrêt à la grand'chambre, le 10 février 1694, en voici
l'eſpèce : une métairie ſituée en Guyenne, dans la
directe de Saint - Lieurade, avoit été compriſe
ſous la qualité d'allodiale, dans un partage fait
entre deux ſœurs en 1582. Celle des coparta-
geantes à qui elle étoit échue, l'avoit aliénée avec
la même qualité, & le tiers-acquéreur l'avoit « poſ-
» ſédée comme telle pendant plus d'un ſiècle,
» ſans aucune demande de la part du ſeigneur ».
Nonobſtant ces circonſtances, le poſſeſſeur fut condamné à reconnoître le ſeigneur direct, & à lui
payer les droits de cenſive.

Que faut-il donc faire, fuivant la jurifprudence du parlement de Touloufe, pour pouvoir prefcrire contre la mouvance & la directe d'un feigneur ? Il faut la nier expreffément, contradictoirement & en juftice. Les arrêts des 19 juillet 1655, & 20 décembre 1675, dit M. de Catellan, ont encore jugé « que la dénégation de la mou- » vance néceffaire pour l'interverfion de poffef- » fion & pour la Prefcription de la liberté, doit » être expreffe, & faite en jugement ou dans le » procès intenté ». Dans le fait, ce qu'on prétendoit faire paffer pour un acte d'interverfion, étoit une réponfe donnée en 1439, à la demande du feigneur en preftation de fes droits, & par laquelle le vaffal avoit déclaré qu'il iroit trouver fon feigneur, qu'il conféreroit avec lui, & qu'il fe foumettroit à tout ce qui feroit conftaté par des titres légitimes.

Il y a encore un arrêt de 1679, continue M. de Catellan, « qui a jugé conformément à cette dé- » cifion, que la dénégation faite en juftice, devoit » être précife & formelle ». Un emphytéote avoit été affigné pour reconnoître la directe de fon feigneur. Il avoit répondu qu'il ne s'y refufoit pas, mais qu'il falloit pour cela que le feigneur lui exibât fes titres ; & il avoit protefté de tous dépens, dommages & intérêts « Trente ans s'étoient » écoulés depuis cet acte & cette réponfe ; il fut » néanmoins jugé qu'il n'y avoit point d'interver- » fion de poffeffion ».

DISTINCTION V. *Des coutumes qui portent que le cens se prescrit par le laps de trente ans. Examen de cette disposition. — Discussion particulière sur les rentes seigneuriales dues sur des main-fermes, régis par la coutume du chef-lieu de Valenciennes.*

Placez ici la ligne 22 de la page 122, & ce qui suit jusqu'à la ligne 12 de la page 124 inclusivement, après quoi, lisez :

En est-il de même de la coutume de la Marche? Guyot prétend que non. « Je tiens, dit-il, que le
» terme *cens* ne doit pas s'entendre du cens em-
» portant directe seigneurie, par deux raisons ;
» 1°. le cens emportant directe seigneurie, est de
» sa nature & de droit commun imprescriptible
» en pays de coutume, même en pays de droit
» écrit. 2°. L'article 95 dit que le droit de fief est
» imprescriptible ; or, le cens emportant directe
» seigneurie, est un droit de fief; combien de fiefs
» qui ne consistent qu'en censives » !

Ces raisons sont bien foibles. D'abord, si la coutume de la Marche déclare le cens prescriptible, que peut le droit commun contre sa disposition? En second lieu, l'article 95 dit seulement que *le droit de fief*, c'est-à-dire, la féodalité, la foi-hommage, ne se *peut prescrire contre le seigneur par le vassal :* ainsi la seule conséquence qui en résulte, est que le seigneur auquel appartient le droit de cens, & dans les mains de qui ce droit forme un fief, ne peut pas en prescrire la tenure contre son suzerain ; & assurément cela ne conclut rien du censitaire au seigneur censier.

Du reste, il est impossible de limiter aux arrérages du cens, la disposition de l'article 91 de la
coutume de la Marche. En voici les termes : « tous
» droits, actions & autres choses corporelles ou
» incorporelles, *cens, rentes & devoirs quelcon-*
» *ques* prescriptibles, se prescrivent, ACQUIERENT
» ET PERDENT, *etiam* sans titre, par l'espace de
» trente ans . . . . contre les lais, & quarante ans
» contre l'église ». Ces mots, *acquièrent & per-*
» *dent*, ne sont pas équivoques : le premier ne
» peut certainement s'entendre que du fond du
» droit. Il en est donc de même du second.

La réflexion que fait la coutume à la fin du
même article, semble ajouter à l'évidence de cette
interprétation : « & tient lieu ladite Prescription
» *de titre & droit constitué, & a vigueur de temps*
» *immémorial* ». Si un seigneur faisoit à son censitaire la remise du droit de cens auquel celui-ci
est tenu à son égard, très-sûrement le censitaire
en seroit valablement déchargé. Eh bien ! la coutume nous dit que cette remise est présumée par le
laps de trente ans : la possession qui a duré pendant ce temps, est, à ses yeux, un *titre*, un *droit*
constitué. Elle doit donc opérer en faveur du censitaire, le même effet qu'une décharge expresse &
formelle de la part du seigneur.

Mais ne précipitons pas notre jugement, & prenons garde que Guyot, avec ses mauvaises raisons,
n'ait rencontré le véritable esprit de la coutume.

D'abord, quels sont les *droits*, les *cens*, les
devoirs que l'article 91 soumet à la Prescription de
trente ans ? Ce ne sont pas tous les *droits*, tous
les *cens*, tous les *devoirs*, mais seulement les
droits, les *cens*, les *devoirs* qui, par leur nature,

font PRESCRIPTIBLES. Or, comment faurons-nous fi le *cens* emportant directe feigneuriale, eft dans la claffe des *cens* qui peuvent être prefcrits? La coutume n'en dit rien : elle s'en réfere donc au droit commun ; c'eft donc comme fi elle le déclaroit imprefcriptible ; elle le tire donc, par une exception tacite, de la fphère de prefcriptibilité qu'elle établit.

Ce n'eft pas tout. L'article 92 nous annonce que « celui qui tient héritage en condition de fervi- » tude ou de main - morte, peut bien prefcrire » contre le feigneur de qui il tient les devoirs de » rente ordinaire, mais non pas les corvées..... » & autres *droits de fervitude*, finon depuis le » temps de contradiction ».

Remarquons ces termes. Le tenancier mainmortable prefcrit bien contre fon feigneur les redevances & preftations qui font étrangères à la nature du bien qu'il pofsède ; mais pour celles qui appartiennent à la nature de ce bien, & qui forment *des droits de fervitude*, point de Prefcription, s'il n'y a refus, contradiction, interverfion de titre.

Partons de là. Le cens eft à l'héritage cenfuel, ce qu'eft le *droit de fervitude* à l'héritage mainmortable. Or le tenancier d'un fonds main-mortable ne peut, par la feule ceffation de payement, acquérir la libération du *droit de fervitude*. Donc, le cenfitaire ne peut pas non plus, en ceffant de payer, prefcrire l'extinction du cens dont fon héritage eft chargé.

Ajoutons encore que la coutume de la Marche eft, fuivant l'expreffion de le Brun, une de celles qui *frayent le plus avec le droit romain*. Or, la loi *cùm notiffimi*, §. 6, au code *de Præfcriptione triginta*

ginta vel quadraginta annorum, rapportée ci-après, §. 2, décide très-clairement que le cens récognitif du domaine direct, ne se prescrit ni par quarante ans, ni par quelque terme que ce soit.

On objectera peut-être que la coutume d'Auvergne se sert, dans l'article 2 du chapitre 17, des mêmes termes que ceux qui sont employés par l'article 91 de la coutume de la Marche, & que cependant tout le monde convient que dans la première, ces termes emportent la prescriptibilité du sens seigneurial.

Mais quelle différence entre le génie de la coutume d'Auvergne & celui de la coutume de la Marche, par rapport à le Prescription des droits seigneuriaux ?

La coutume de la Marche, comme on vient de le voir, déclare imprescriptibles les droits *de corvée*, & tous autres *devoirs* récognitifs de la servitude ou main-morte. Celle d'Auvergne, au contraire, veut, chapitre 17, articles 15 & 16, qu'on puisse prescrire par trente ans le « droit de » taille, charrois, corvées & manœuvres certains » dûs sur héritages »; & elle n'en excepte que le cas où ce droit est exigible à volonté, parce qu'alors il est purement facultatif. De cette seule différence, il résulte que ce n'est pas le même esprit qui a présidé à la rédaction des deux coutumes, & dès-lors, il seroit inconséquent d'argumenter dans l'une de la manière dont l'autre est interprétée.

Placez ici la ligne 13 de la page 124 & ce qui suit, jusqu'au dernier alinéa de la page 125 exclusivement, après quoi lisez :

Supplém. Tom. XVI. G

C'eſt auſſi le ſentiment de Breche, titre 1, article 3, & titre 18, article 2.

M. Cottereau atteſte la même choſe dans ſon *droit général de la France, & particulier des coutumes de Touraine & de Lodunois*, ouvrage auſſi eſtimé que digne de l'être, & qui, n'ayant paru qu'en 1778, nous offre ſûrement l'état actuel de la juriſprudence obſervée dans ces deux provinces. Voici comment il s'explique, nombre 7133 : « Le cens dont font mention les articles 209 » de Tours, & 203 de Loudun, n'eſt que le cens » foncier, le ſur cens.... la rente foncière..... » il n'y a que la quotité du cens qui ſoit preſ- » criptible ».

Nous devons cependant convenir que pluſieurs ont interprêté différemment ces deux coutumes. Dupineau, dans ſes obſervations ſur la coutume d'Anjou, article 440, de Salvaing, chapitre 13, Auroux, ſur la coutume de Bourbonnois, page 47, Freminville, pratique des terriers, tome 1, page 562, les rangent au nombre de celles qui déclare le cens preſcriptible par trente ans. Mais, comme l'obſerve M. Cottereau, en citant Boullai, auteur d'un commentaire manuſcrit ſur la première de ces lois municipales, « l'uſage eſt contraire, & » l'on ſuit la même choſe à Loudun ».

D'ailleurs, ni Dupineau, ni M. de Salvaing, ni Auroux, ni Freminville ne vivoient ſous l'empire de ces deux coutumes ; ils ne pouvoient donc guères en ſaiſir l'eſprit, encore moins ſavoir de quelle manière l'uſage les avoit interprétées ; & n'ayant probablement jeté ſur leurs diſpoſitions qu'un coup d'œil rapide, eſt-il étonnant qu'ils aient été féduits par le fens littéral qu'elles préfentent du premier abord ?

Ajoutons, & cette obfervation, pour être fin-gulière, n'en eft peut-être pas moins vraie, que de ces quatre auteurs, peut-être n'y en a-t-il qu'un feul qui ait lu ces difpofitions : car on fait jufqu'où va malheureufement la facilité de certains jurif-confultes à copier fur parole tout ce qu'un autre a cité avant eux de lois, de coutumes, d'arrêts, d'autorités quelconques. C'eft un défaut dont les plus célèbres & les plus judicieux ne font pas exempts. Règle générale, ne citez rien fans avoir vérifié.

Peut-être nous dira-t-on que du moins Sainfon n'étoit pas étranger à la Touraine, & que cet auteur embraffe l'opinion de ceux qui y regardent le cens comme prefcriptible. Le fait eft vrai ; mais la réponfe eft fimple : écoutons encore M. Cottereau.

« Il faut avouer que c'eft une grande négligence
» de la part des réformateurs de la coutume de
» Tours, de n'avoir pas, en 1559, levé le doute
» auquel donnoit lieu l'article 209, après avoir
» vu Sainfon & Breche partagés fur fon interpré-
» tation, l'un jugeant le cens prefcriptible, &
» l'autre le confidérant comme imprefcriptible.
» — Breche avoue que plufieurs tenoient pour
» le fentiment qu'embraffe Sainfon : il devoit pré-
» valoir, étant fondé fur les termes même de la
» coutume ; Sainfon, qui avoit affifté à la réfor-
» mation faite en 1507, étoit cenfé en connoître
» l'efprit. — Un changement dans l'article 209,
» lors de la réformation faite en 1559, étoit bien
» néceffaire : Breche lui-même, qui y étoit pré-

» fent, auroit dû le provoquer. Dès qu'on a laiſſé
» l'article tel qu'il étoit, il ſemble que, rejetant
» l'interprétation de Breche, on a voulu que l'ar-
» ticle n'eût pas d'autre ſens que celui qu'il pré-
» ſente. — (Mais) l'uſage, qui du temps de
» Breche, n'étoit pas conſtant, puiſqu'il n'entraî-
» noit pas tous les ſuffrages, a acquis depuis un
» tel degré de certitude, que perſonne ne fait
» difficulté de le ſuivre, contre les termes de la
» coutume »....

* Pocquet de Livonière rend le même témoignage à l'égard des coutumes d'Anjou & du Maine :
il en appuie même l'interprétation ſur l'autorité de
la choſe jugée (1)*.

Et il ne faut pas croire que la juriſprudence ſoit
changée ſur ce point dans l'une ou dans l'autre
coutume. M. Olivier de Saint-Vaaſt qui les a com-
mentées toutes deux en 1779, n'auroit pas manqué
de nous avertir d'une révolution auſſi remarquable ;

---

(1) *Voici ſes termes :*

« Parce que la mouvance eſt impreſcriptible entre le
» ſeigneur & le ſujet, on a jugé, dit cet auteur, que le
» cens, qui eſt la marque de la dépendance du ſujet, devoit
» être de même nature, & pareillement impreſcriptible.
» Brodeau, ſur l'article 451 de la coutume du Maine, en
» rapporte un arrêt du mois de mai 1565, après enquêtes
» par turbes en la ville du Mans ; & la même choſe ſe
» trouve jugée en la coutume d'Anjou, par un arrêt du 12
» mars 1667, rapporté au journal des audiences, tom. 3,
» liv. 1, chap. 20 ; en ſorte qu'on y tient aujourd'hui pour
» indubitable que le cens eſt impreſcriptible, ſuivant le
» ſentiment de M. Dupineau en ſes obſervations ſur ledit
» article 440 de la coutume d'Anjou. »

& loin de la laisser même soupçonner, il établit le contraire de la manière la plus précise (1).

* On retrouve la même décision dans le commentaire de Coquille sur l'article 22 du titre des cens de la coutume de Nivernois (2).

---

(1) *Voici comment il s'explique sur l'article 451 de la coutume du Maine :*

« Pour expliquer cet article, il faut faire une distinction
» entre les droits féodaux qui sont de l'essence & de la
» nature du fief, & ceux qui ne sont que des accidens de
» fief : ces premiers sont imprescriptibles, mais le vassal
» peut prescrire les seconds ; ainsi, la mouvance, la di-
» recte, la foi & hommage, le retrait féodal, la saisie
» féodale, la commise, le droit de lods & ventes, de
» rachat, de relief de service, *des cens & rentes seigneu-*
» *riales qui en tiennent lieu*, sont à toujours imprescrip-
» tibles ; & le vassal & le censitaire, même le tiers-acqué-
» reur, ne peut s'en exempter, par quelque laps de temps
» que ce soit, sans pouvoir être reçus à prouver que leurs
» auteurs n'en ont point payé, & que les seigneurs ne
» les ont point exigés *depuis deux ou trois siècles :* le
» seigneur ne pouvant jamais perdre son droit de directe
» sur ses sujets, tant qu'il n'y a point de Prescription de
» la part d'un autre seigneur : ne pourront le forclore non
» plus d'user de retrait, de saisie féodale, de commise,
» quoiqu'il n'ait pas usé de cette faculté de temps immé-
» morial, étant censé avoir remis les arrérages des rentes
» féodales qui en tiennent lieu, ainsi que les lods & ventes
» & rachat échus, lorsqu'il ne les a pas demandés.

» Il y a donc une différence totale entre le droit en soi,
» & les profits qui en sont échus ; jamais le sujet ne peut
» prescrire le droit de payer les lods & ventes, rachats &
» *cens* dont il est tenu ; mais il peut par trente ans s'exempter
» de payer les lods & ventes, les rachats & arrérages de
» cens & de rentes féodales qui en tiennent lieu, qui sont
» dus & échus. »

(2) « Le mot *cens* mis dans cet article, dit-il, a fait

Telle eſt donc la règle en cette matière , règle conſacrée par le double ſuffrage des arrêts & des jurisconſultes , & qui reçoit, de ſa conformité avec les vrais principes, une ſanction inaltérable. Pour que le tenancier puiſſe preſcrire à perpétuité la libération du cens, il ne ſuffit pas que la coutume diſe en termes vagues & généraux, que le cens eſt preſcriptible , il faut qu'elle porte la précision beaucoup plus loin ; il faut qu'elle s'exprime de manière qu'il ſoit impoſſible de çoncentrer ſa diſ-poſition ſur les ſeuls arrérages *.

La coutume d'Artois a une diſpoſition à-peu-près ſemblable à celles que nous venons de tranſ-crire.

La queſtion de ſavoir ſi le fond du droit de cens y eſt preſcriptible par le cenſitaire contre le ſeigneur , mériteroit ſeule une diſſertation très-étendue. Ce que nous allons en dire n'eſt que l'eſprit des raiſons qu'on emploie pour & contre.

Les articles 31 & 72 de la coutume font le ſiège de la matière. Le premier dit , que « le vaſſal ne

______

» croire à pluſieurs gens de pratique, non aſſez ſavans , que
» la ſeigneurie directe cenſuelle ſe preſcrit par la ceſſation
» de payer durant trente ans , qui me ſemble être opinion
» erronée, pour ce que le mot *cens*, en cet article, s'entend des arrérages du cens ; & ainſi eſt entendu ci-deſſus
» ès articles 11 & 16, & ſe peut recueillir des mots ſuivans , & *autres droits*, qui démontrent que la Preſcription s'entend des droits adjacens & caſuels , & non
» du cens en ſoi ; car le mot *autre* rapporte choſes ſem-
» blables. L. *ſi fugitivi. juacta gloſa*, C. *de ſervis fugit.*
» Outre ſe peut & doit dire que par la ſeule ceſſation du
» payement des arrérages, le ſeigneur cenſier ne perd la
» poſſeſſion qu'il a de ſa redevance ; auſſi la ceſſation ne
» cauſe pas le trouble. »

» peut prescrire contre son seigneur acquisition de
» droit *en ce qui concerne la hauteur de la justice
» & seigneurie ;* mais qu'il peut prescrire en tant
» que touche *rentes, redevances* ou *servitudes* ».
L'article 72 porte, que « quiconque demeure pai-
» sible possesseur d'aucune charge ou redevance
» annuelle, réelle ou personnelle, par vingt ans
» entre présens & âgés, & par trente ans entre
» absens, il acquiert le droit de la chose, telle-
» ment que nul, après ledit temps, n'est recevable
» à faire poursuite contre tel possesseur ».

Toute la difficulté se réduit, comme l'on voit,
à savoir si ces mots de l'article 31, *rentes, redevances* ou *servitudes,* doivent s'entendre du cens
emportant directe seigneurie, ou s'il faut en borner
la signification aux rentes, redevances ou servitudes, qui, quoique dues au seigneur, ne sont
cependant pas de l'essence de la seigneurie.

Maillart tient la première opinion, & la confirme par deux sentences du conseil d'Artois, des
3 novembre 1687 & 12 juin 1698, qui ont, dit-il,
« déclaré des seigneurs non recevables dans leur
» demande à fin de payement de rentes seigneu-
» riales qu'ils justifioient par titres, mais auxquels
» on opposoit la Prescription ». Il ajoute, que
« par arrêt rendu au rapport de M. de la Mouche,
» le 5 juillet 1696, confirmatif des sentences ren-
» dues au bailliage d'Arras le 11 septembre 1692,
» & au conseil d'Artois le 8 mai 1694, deux
» pièces d'héritage, qui ne devoient ni cens ni
» rentes, ont été déchargées du terrage seigneu-
» rial prétendu dessus & justifié par d'anciens titres,
» auxquels la Prescription étoit opposée ».
D'un autre côté, Brunel dans ses observations

fur la même coutume, foutient que le cens n'eft pas moins imprefcriptible en Artois qu'à Paris ; & fon opinion, conforme à celle qu'avoit enfeignée avant lui Baudoin d'Arras, eft appuyée fur des raifons auxquelles il paroît difficile de répondre.

La prefcriptibilité du cens eft contre le droit commun ; on ne pourroit donc l'admettre, en Artois, qu'en conféquence d'une difpofition expreffe de la coutume ; car les exceptions aux maximes générales doivent être claires & formelles. Or, ni l'article 31, ni l'article 72, ne mettent expreffément le cens au rang des chofes prefcriptibles.

Il y a plus, l'article 31 même en établit l'imprefcriptibilité. Il porte, que le vaffal ne peut prefcrire contre fon feigneur acquifition de droit en *ce qui concerne la hauteur de la juftice & feigneurie d'icelui*. Que veulent dire ces expreffions, fi elles n'embraffent pas les droits qui conftituent l'effence même de la feigneurie ? Or, quel droit eft le plus effentiel à la feigneurie que le fond même du cens, puifque fi l'héritage eft une fois affranchi, il devient allodial ?

Il faut même remarquer que cette partie de l'article 31 eft une fuite & n'eft établie que par réciprocité de l'article précédent. C'eft ce que fait entendre l'adverbe *pareillement* qui la commence. Or, l'article 30 porte, que « le feigneur ne peut » jamais prefcrire l'héritage de fon vaffal par la » longue jouiffance & que icelui vaffal, nonobf- » tant le laps de temps, demeure entier à rele- » ver, droiturer ou faire fes devoirs au regard » d'icelui fon feigneur ». Si le feigneur ne peut prefcrire contre fon vaffal l'héritage tenu de lui, quoique ce vaſſal néglige de le relever & de payer les droits ſeigneuriaux pendant le temps requis pour la Preſcription, il faut, par réciprocité de raiſon, que le vaſſal à ſon tour ne puiſſe pas ſe libérer, par la Preſcription, des droits dont ſon héritage eſt chargé en reconnoiſſance de ſa ſeigneurie. Sans cela, il n'y auroit plus entre le ſeigneur & le vaſſal cette égalité d'impuiſſance que le mot *pareillement* ſuppoſe entr'eux au ſujet de la Preſcription.

Maillard répond que le ſervice des plaids & la néceſſité de la déclaration au terrier, ſont les ſeuls droits véritablement conſtitutifs de la ſeigneurie, leſquels étant impreſcriptibles, conſervent ſuffiſamment la ſupériorité du ſeigneur & la dépendance du cenſitaire.

Mais cette propoſition heurte de front la doctrine de Dumoulin & de tous les feudiſtes, qui regardent le cens comme l'image du domaine direct, & la conſtitution même de la ſeigneurie. D'ailleurs, le ſervice des plaids & la déclaration au terrier ne ſont que les ſuites de la qualité de cenſitaires, & la preſcriptibilité du cens les détruiroit, comme l'extinction de la cauſe produit néceſſairement l'extinction des effets.

Les jugemens ſur leſquels Maillard appuie ſon opinion, ne ſont guère plus concluans que ſes raiſons. C'eſt ce que Brunel a très-bien démontré (1).

____

(1) « Ils ne peuvent, dit cet auteur, avoir été rendus » qu'à l'égard de ſimples rentes ſeigneuriales non primi- » tives, & de terrage non ſeigneurial & non tenant lieu » de cens; car pluſieurs jugemens rendus en cette coutume » prouvent le contraire de ce qu'il avance. Il y en a un,

Depuis que Brunel a écrit , on a réformé en Artois deux coutumes locales , d'une manière qui confirme de plus en plus le parti de l'imprescriptibilité du cens. Ce font celles du bailliage d'Aire, article 17 , & du bailliage de Saint-Omer, art. 9. Voici ce qu'elles portent : « Le vaſſal ou ſujet ne » peut preſcrire contre ſon ſeigneur acquiſition de » droits en ce qui concerne la juſtice ou ſeigneu- » rie, ni le fond de la rente ou reconnoiſſance

---

» entre autres , rendu au conſeil d'Artois le 19 novembre » 1697 , au profit du comte de Beaurepaire , contre Chré- » tien du Parque , qui a jugé qu'un droit de terrage , dû » ſur un fonds qui ne devoit point d'autres rentes , étoit » réputé ſeigneurial , & conſéquemment tenoit lieu de » chef-cens , & comme tel fut jugé imprescriptible. Il y a » un autre jugement dudit conſeil , du 5 mars 1700 , rendu » entre les abbé & religieux de Marchiennes & le ſieur » Thomas-Albert de Preud'hommes d'Hailly , qui condamne » ce dernier , comme propriétaire de la terre & ſeigneurie » d'Auchy , au payement de la redevance d'un chapon par » an.... laquelle avoit été ſtipulée par conceſſion & accord » de certain droit de chaſſe & de pêche ſur un terrein » dont leſdits ſieurs de Marchiennes étoient ſeigneurs , ce » qui la rendoit ſeigneuriale , & par conſéquent impreſ- » criptible , quoiqu'il y eût plus de quarante ans qu'ils ne » l'avoient perçue.... Par ſentence du conſeil d'Artois du » 19 juillet 1695 , confirmée par arrêt du parlement de » Paris , à l'expédient , le 16 janvier 1697 , entre le ſieur » Paul Guérard , ſeigneur d'Houvin , d'une part , Alexandre » de Bret & Antoinette de Croix , ſa femme , d'autre part ; » ces derniers ont été condamnés à reconnoître & payer » les rentes ſeigneuriales prétendues ſur ledit ſieur Gué- » rard , ſur deux manoirs à eux appartenans , tenus en » cotterie de ſa ſeigneurie d'Houvin , nonobſtant que dans » l'inſtance enſuite d'appointement à vérifier , leſdits de » Bret & ſa femme aient perſiſté à ſoutenir que ces rentes » étoient preſcrites. »

» annuelle due audit feigneur à caufe de fon fief
» ou tenement, fauf la quotité ou preftation d'ar-
» rérages, que le vaffal ou tenancier peut pref-
» crire, contre les âgés & non privilégiés, par
» vingt ans contre les laïcs, & quarante ans contre
» les gens d'églife ».

Le procès-verbal de la première de ces coutumes nous apprend que la jurifprudence du confeil d'Artois étoit alors (en 1739) conforme à cette difpofition locale : « Le cens, de fa nature, y eft-il » dit, ne devant pas être féparé des droits de » hauteur & feigneurie, le confeil provincial juge » que le cens n'eft pas plus prefcriptible que les » droits attachés à la hauteur defdites feigneuries ».

Il paroît cependant que, quelques années après l'homologation de ces coutumes, le confeil d'Artois s'eft départi de fon ancienne jurifprudence, & a pris pour marque conftitutive de la directe cenfuelle, le droit de relief auquel les héritages cottiers ou roturiers font affujettis par la coutume général de la province. C'eft ce qui réfulte d'une fentence rendue le 2 avril 1754, entre les Annonciades de Béthune & les héritiers du feigneur de la Foffe; & par laquelle, « attendu que dans cette » province les cotteries ou rotures font fujettes, » ainfi que les fiefs, au droit de relief, lequel » concerne la hauteur de la juftice & feigneurie », la rente dont il s'agiffoit a été déclarée prefcrite.

Par une autre fentence rendue l'année fuivante entre le feigneur de Fouquières, & les maïeur & échevins de Béthune, une rente feigneuriale a été déclarée imprefcriptible, « attendu que cette rente » étoit la feule marque de la feigneurie, & qu'à » caufe d'icelle il n'étoit dû aucun droit de relief

» établi fur les cotteries par la coutume d'Artois».

On trouvera ci - après deux autres fentences du même fiège, qui ont confirmé cette jurifprudence.

Mais eft il poffible que le droit de relief foit, dans la coutume d'Artois plutôt que dans les autres du royaume, une marque diftinctive de la directe cenfuelle ? Ce droit pourroit-il repréfenter le domaine direct que le feigneur a voulu fe conferver fur l'héritage qu'il a cédé, & dont il n'a pas voulu perdre entièrement la propriété?

Qu'eft-ce que le droit de relief? C'eft une finance par laquelle l'héritier du dernier vaffal ou cenfitaire rachète l'héritage qui a été donné à fon auteur, foit à fief, foit à cens, & qui, par la mort de celui-ci, retournoit de plein droit au feigneur (1). Le relief n'eft donc, comme le retrait & le quint, qu'un droit utile, qu'un profit du fief : ce droit dépend à la vérité de la feigneurie, mais la feigneurie peut fubfifter fans lui : fi elle n'en étoit pas indépendante, il faudroit dire qu'elle s'anéantiroit par le changement de propriétaires, & ne fe formeroit de nouveau que par le rachat que feroient leurs fucceffeurs, que par le relief qu'ils payeroient, que par les lods & ventes qu'ils acquitteroient ; cependant on n'a jamais douté qu'une feigneurie une fois établie, il n'y eût impoffibilité de la faire ceffer un inftant.

Les fiefs en Artois ne font pas moins fujets à la foi & hommage que dans tout le royaume ; l'article 37 de la coutume les y foumet précifément. Pourroit-on raifonnablement donner au relief la

____

(1) Guyot, traité des fiefs, tom. 2, pag. 72, n. 3.

préférence fur la foi & hommage , & le repréfenter comme la marque conftitutive de la feigneurie
féodale ? Un pareil raifonnement révolteroit le bon
fens & renverferoit tous les principes. Ne feroit-
ce pas une erreur femblable de prétendre que le
relief auquel l'article 20 foumet les héritages
cottiers , conftitue la feigneurie cenfuelle ? N'en
feroit-ce pas même une plus grande de vouloir
mettre à cet égard une différence entre le relief
cenfuel & le relief féodal ? Le cens eft pour les
rotures , ce qu'eft pour les fiefs la foi & hommage ;
il n'eft pas feulement un droit utile & pécuniaire,
il eft en même-temps honorable & révérentiel ;
c'eft la qualité que lui ont donné tous les feu-
dites. Pocquet de Livonière , liv. 6 , chap. 1 ,
fect. 2 , dit que le cens eft une reconnoiffance de
la fujétion du cenfitaire & de la fupériorité du
feigneur ; il eft donc à la feigneurie cenfuelle par
rapport au feigneur & au cenfitaire , ce que la foi
& hommage eft au fief par rapport au feigneur &
au vaffal. C'eft la conféquence qu'en tirent tous
les auteurs qui ont traité cette matière , & entre
autres Brodeau (1), Dupleffis (2), Denifart (3) &
Pothier (4).

Loin que le relief foit un droit honorifique &
révérentiel , & qu'il conftitue proprement la feigneurie, Dumoulin , & après lui tous les feu-
diftes , ne le regardent que comme un accident

---

(1) Sur Paris, tit. des cenfives & droits feigneuriaux.
(2) Des fiefs, liv. 9, chap. 3 ; du cens, liv. 1, chap. 10
(3) Art. *Cens*, n. 4.
(4) Traité des cenfives, fect. 1, §. 4.

onéreux & une fervitude odieufe (1). Il ne peut
donc être cenfé compris dans la première partie
de l'article 31 de la coutume d'Artois , ni par
conféquent être confidéré comme un droit *concernant la juftice & feigneurie*; il eft, au contraire,
nommément exprimé dans la feconde partie du
même article par le mot *fervitude*, qui lui eft
propre.

Il y a d'ailleurs dans la province d'Artois une
raifon particulière, qui empêche que le cens n'y
foit fubordonné au relief, & que le payement de
ce dernier droit n'y paffe pour la marque de la
fupériorité du feigneur; c'eft que les coutumes
d'Hefdin & de Saint-Pol font connoître évidemment que ce relief eft tout-à-fait dépendant du
cens (2), & que par conféquent il ne feroit point
dû de droit de relief dans ces coutumes pour les
héritages qui ne feroient point chargés de cens,
ou fi le cens pouvoit y être prefcrit.

On voit par-là combien étoit peu judicieufe la
nouvelle jurifprudence qui avoit pris racine, en
1754, au confeil d'Artois; auffi le parlement de
Paris s'eft-il empreffé de la réformer. L'abbaye de
Saint-Pierre-lès-Gand prétendoit contre différens
particuliers de Harne un droit de champart, tenant
lieu de cens & rente feigneuriale. On lui oppofoit
la Prefcription; & dans le fait elle avoit contre
elle une poffeffion immémoriale. Le confeil d'Artois la débouta; mais fur l'appel, arrêt intervint

---

(1) Dumoulin fur Paris, tit. 1, §. 1, gl. 1, n. 22;
Guyot, du relief, chap. 3.

(2) Hefdin, art. 27; Saint-Pol, tit. 2, art. 8,

le 5 mai 1759, qui infirma la sentence & condamna au payement du cens les possesseurs des
héritages que les moines de Gand vouloient y
assujétir. On se pourvut au conseil contre cet arrêt;
mais la requête en cassation fut rejetée.

Le baron de Stockem, le comte de Monceau,
le baron de Caupin, les dames de Mezières leurs
épouses, & le sieur Vandergrat, grand bailli de
Tournai, propriétaires de la seigneurie du Plantin,
près de Lillers, ont fait assigner, le 5 février 1760,
la veuve de Jacques Dupuich, en payement de
relief & d'arrérages de cens dus pour trois corps
de terre qu'elle tenoit de cette seigneurie. Cette
veuve a soutenu, par requête du 28 mars de la
même année, qu'il y avoit plus de vingt ans qu'elle
n'avoit rien payé de ce qu'on lui demandoit; que
le cens n'étoit pas exempt en Artois, comme à
Paris, des atteintes de la Prescription; qu'il s'y
prescrivoit au contraire par vingt ans; & qu'ainsi
elle devoit être renvoyée de la demande formée
à sa charge. Par une autre requête du 16 janvier
1762, Antoine-François Dupuich, son fils, qui
avoit repris l'instance à cause du décès de sa mère,
a fait assigner en garantie Jean-Baptiste Pigouche,
ancien occupeur de ses terres, sur le motif qu'il
étoit chargé, par ses baux, d'en acquitter les
rentes. La cause portée en cet état à l'audience
du conseil d'Artois, il y a été rendu, le 16 juillet
1762, un jugement qui a déclaré les rentes dont
il s'agissoit prescrites, tant pour le fonds que pour
les arrérages; a condamné Dupuich, suivant ses
offres, à payer le relief dû par la mort de sa mère,
& à faire les autres devoirs de vassalité; a mis les
parties hors de cour sur les autres demandes, & a

condamné le baron de Stockem & conforts aux dépens. Sur l'appel au parlement & l'appointement au conseil, qui y est intervenu, le baron de Stockem & conforts ont établi que les héritages dont il s'agissoit étoient mouvans de la seigneurie du Plantin, & chargés de rentes censives ; que la coutume d'Artois, loin de favoriser la Prescription de ces sortes de rentes, annonçoit, par la première partie de l'article 31, qu'elle les regardoit, avec les autres coutumes, comme imprescriptibles ; & par arrêt du 29 août 1769, la sentence du conseil d'Artois a été infirmée ; les appelans ont été déchargés des condamnations prononcées contre eux ; Dupuich a été condamné à leur payer les arrérages échus des cens & rentes seigneuriales dus sur les héritages qu'il tenoit de la seigneurie du Plantin, & à les continuer à l'avenir ; à payer la somme de 65 livres pour le relief dû par le décès de Joseph Senneboeuf son ayeul maternel, & à faire à la seigneurie tous les autres devoirs portés dans le dénombrement du 21 octobre 1718. L'arrêt a été déclaré commun avec Jean-Baptiste Pigouche, & Dupuich a été condamné avec lui aux dépens des causes principales, d'appel & demandes.

Cette jurisprudence s'applique comme d'elle-même, à la coutume du Cambresis. L'article 7 du titre 1 de cette loi municipale porte, comme l'article 31 de la même coutume d'Artois, que « le vassal ne peut prescrire contre son seigneur » le droit de fief, en ce qu'il concerne la supé- » riorité, mais en tant qu'il tombe en rente ou » redevance, le vassal peut prescrire contre le » seigneur ». L'article 1 du titre 17 dit, comme l'article 72 de la coutume d'Artois, « que celui » qui....

» qui .... demeure paisible d'aucune charge
» ou redevance annuelle & réelle par l'espace
» de vingt ans continuels & accomplis entre
» personnes présentes & non privilégiées, il a
» acquis par ladite possession & jouissance la pro-
» priété & droit de la chose ainsi par lui possédée».

M. Desjaunaux, à l'exemple de Maillart, pense que ces termes de l'article 67, *rente ou redevance*, doivent s'entendre même du cens emportant la directe seigneurie ; mais les mêmes raisons qui ont fait rejeter le sentiment de Maillart pour la coutume d'Artois, doivent également faire proscrire celui de M. Desjaunaux pour la coutume du Cambresis. On ne voit en effet dans aucun texte de cette dernière coutume que le cens soit expressé-ment rangé au rang des choses prescriptibles ; l'art. 67 suffit seul pour en démontrer l'impres-criptibilité, puisqu'il y est dit que *le vassal ne peut prescrire contre son seigneur .... en ce qui concerne la supériorité.*

Il faut dire la même chose de la coutume de la gouvernance de Douai. « Un seigneur (porte-t-elle, titre 1, article 22), » ne peut prescrire » contre son vassal, ni le vassal contre son sei-» gneur, autant qu'il touche sa juridiction & sei-» gneurie ; mais au regard des rentes & payement » de relief, un vassal peut prescrire contre son » seigneur ».

Il est clair que ces mots *payement de relief*, ne peuvent s'entendre que du relief échu, & il y au-roit de l'inconséquence à en conclure que la cou-tume assujettit le fond du droit de relief à la Pres-cription. Or, ces mots ne forment qu'un même corps de phrase avec ce que dit la coutume touchant les *rentes*. Sa difpofition concernant les *rentes*, ne peut donc s'entendre que des arrérages de ces redevances.

Il n'en eft pas de même dans la coutume de la châtellenie de Lille. L'article 74 du titre premier de cette loi, décide que, « la *totalité* d'une rente » feigneuriale ne fe peut prefcrire en moindre » temps que foixante ans, mais bien la portion » d'icelle, ou forme de payement, à laquelle » Prefcription ne faudra que trente ans ». Cette difpofition n'eft ni obfcure, ni équivoque : elle foumet la *totalité de la rente feigneuriale* à la Prefcription de foixante ans ; ce mot *totalité* tranche tous les doutes ; & ce qu'il n'eft pas inutile de remarquer, les articles 45, 46, 74 & plufieurs autres, prouvent que la coutume n'appelle *rente feigneuriale*, que ce qu'on entend ailleurs par *cens* proprement dit (1).

Quelques-uns ont cru lire la même décifion dans la coutume du chef-lieu de Valenciennes. Voyons fi les termes de cette loi font affez précis pour qu'on les interprète dans un fens auffi contraire au droit commun.

Elle déclare d'abord, article 49, que *pour droits feigneuriaux non payés*, ceux à qui ils font dus doivent être mis en poffeffion des héritages qui en font chargés, pour les *tenir par loi* (1), & s'en

____

(1) Obfervez que la difpofition de cette coutume ne fait pas loi dans tout fon territoire. La coutume de la ville de Lille y déroge, en déclarant, chap. 6, art. 7, « qu'on ne » peut prefcrire la totalité de la terre feigneuriale, mais » feulement portion d'icelle ou forme de payement. »

(2) Voyez TENUE PAR LOI.

approprier les fruits jufqu'à concurrence *defdits droits, le tout ne foit qu'il y ait Prefcription au contraire.*

Affurément, il n'y a là rien qui frappe nommément & directement fur le fond des *droits feigneuriaux*, rien par conféquent qui oblige de croire que l'intention de la coutume foit de rendre le fond de ces droits paffible de Prefcription de la part des vaffaux ou cenfitaires.

L'article 93 eft-il plus décifif? Voici ce qu'il porte : « Quiconque aura joui & poffédé paifible-
» ment & de bonne foi, à titre ou fans titre, de
» quelque héritage ou rente tenue pour immeuble,
» de quelque fervitude ou autre droit réel, *ou fera*
» *demeuré paifible de quelque fervitude, chargé ou*
» *redevance* par l'efpace de vingt ans entre pré-
» fens, & trente ans entre abfens, tel poffeffeur
» acquiert par Prefcription la propriété de la chofe,
» & le droit ou *décharge de la fervitude, contre*
» *qui que ce foit* ».

Un mot répond à toutes les inductions qu'on veut tirer de cet article : c'eft qu'il ne parle pas expreffément des rentes repréfentatives de la directe, & récognitives de la feigneurie. Les termes *fervitude, charge, redevance, contre qui que ce foit,* font bien généraux fans doute ; mais pour faire ceffer la règle qui établit l'imprefcriptibilité du cens, il faut une dérogation fpéciale, parce qu'elle tient, comme on l'a vu plus haut, à la fubftance de la tenure cenfuelle.

D'ailleurs eft-ce dans la coutume du chef-lieu de Valenciennes que nous devons chercher la réfolution du point de favoir fi le cens dû par les *main-fermes* de cette partie du Hainaut, eft où n'eſt pas preſcriptible. N'oublions pas ce qui eſt établi ſous les mots HAINAUT & VALENCIENNES, que cette coutume n'a aucun empire ſur les fiefs, ni par conſéquent ſur les droits qui en dépendent. Or, bien ſûrement, le cens, quoique dû par un héritage tenu en *main-ferme*, eſt un droit féodal, un attribut de fief, une portion incorporelle de la ſeigneurie à qui il appartient ; & cela eſt ſi vrai qu'elle ne ſe partage pas en ſucceſſion comme les rotures,

Il ne reſte par conſéquent qu'à ſavoir ce que règlent ſur cette matière les lois qui, dans le Hainaut, gouvernent les fiefs & les droits féodaux. Ces lois ſont les chartes générales, & voici ce qu'elles portent, chap. 107, art. 8 & 12.

« Les tenans fiefs ne ſe pourront aider de Preſ-
» cription contre les ſeigneurs deſquels ils tien-
» dront leurs fiefs regardant le tenement d'iceux
» par faute de relief.

» En matière de droits ſeigneuriaux, n'y aura
» Preſcription de l'héritier doyant le droit contre
» ſon ſeigneur ».

Ces diſpoſitions, on le voit clairement, ſont déciſives contre le ſyſtême de la preſcriptibilité du cens.

Auſſi ce ſyſtême a-t-il été proſcrit hautement par deux arrêts récens du parlement de Flandres.

Le premier a été rendu entre le duc d'Aremberg & le prince de Montmorency. Le prince de Mont-morency poſsède dans la ſeigneurie de Walers, appartenante au duc d'Aremberg, & ſituée ſous le chef-lieu de Valenciennes, deux mencaudées de terre main-fermes, que d'anciens cartulaires prou-voient être chargées envers le ſeigneur, de vingt-deux fous de *rente annuelle*. En 1756, le duc d'Aremberg a fait *ajour* (1) fur ces deux mencaudées, pour avoir payement des arrérages de cette rente. Le prince de Montmorency eft venu foutenir qu'il y avoit près de deux fiècles qu'elle n'avoit pas été payée, & qu'en conféquence elle étoit prefcrite. Le duc d'Aremberg a prétendu, de fon côté, que cette redevance avoit été conftamment acquittée jufqu'en 1702 ; mais d'abord il ne l'a pas prouvé bien clairement ; enfuite, depuis 1702 jufqu'en 1756, il y avoit encore plus de temps qu'il n'en eût fallu pour prefcrire, s'il eût pu y avoir lieu à la Prefcription.

Toute la conteftation s'eft donc trouvée réduite au point de favoir fi dans le chef-lieu de Valenciennes, les rentes feigneuriales dues fur main-fermes font prefcriptibles. Nous voyons par les mémoires qui ont été imprimés dans cette affaire, qu'il n'a rien été négligé de la part du prince de Montmorency pour établir l'affirmative ; & en effet, elle a été adoptée par fentence des Prévôt, jurés & échevins de Valenciennes du 18 février 1761. Mais fur l'appel qui en a été interjeté au parlement de Flandres, arrêt eft intervenu le 17 avril 1766, au rapport de M. Lamoral, qui a mis l'appellation & ce au néant, émendant, a déclaré que la rente feigneuriale dont il s'agiffoit, n'étoit pas prefcrite ; & a condamné le prince de Montmorency à la payer avec dépens.

Le fecond arrêt n'eft pas moins précis. L'abbaye

---

(1) Forme de procéder, qui eft en ufage dans le chef-lieu de Valenciennes. Voyez ADJOUR & AJOUR.

de Saint-Amand jouit de différentes preſtations ſeigneuriales à Ecaupont, village du chef-lieu de Valenciennes. Le presbytère, entr'autres héritages, eſt chargé envers elle d'un *huiteux* d'avoine, d'un chapon, d'une poule & d'une corvée, le tout formant un cens récognitif de la ſeigneurie; en 1768, il étoit dû à l'abbaye de Saint-Amand *cent dix années* d'arrérages de cette redevance. Elle n'en a demandé que vingt-une, & pour en obtenir le payement, elle a fait pratiquer un *ajour* ſur le presbytère. Le ſieur Colmont, curé de la paroiſſe d'Ecaupont, a oppoſé à ces pourſuites différens moyens parmi leſquels on remarquoit la Preſcription. Sa défenſe a d'abord été accueillie. Les prévôt, jurés & échevins de Valenciennes, par ſentence du 2 mai 1774, ont débouté les religieux de Saint-Amand. Mais ceux-ci en ayant appelé au parlement de Flandres, & le procès ayant été diſtribué à M. Hennet, la cour, par arrêt du 4 janvier 1776, a infirmé la ſentence & condamné le ſieur Colmont au payement de la redevance.

Paſſons à la coutume de Metz. Elle porte, titre 14, article 7, que les « droitures ſeigneuriales, » réelles ou perſonnelles, ne ſe preſcrivent par » les ſujets ou redevables d'icelles, au préjudice » des ſeigneurs, que par diſcontinuation de paye- » ment pendant quarante ans, mais quant aux » arrérages, &c. ». Cette diſpoſition eſt trop claire pour qu'elle puiſſe occaſionner le moindre doute. Il eſt évident qu'elle rend le cens preſcriptible. Il faut ranger la coutume de Metz dans la même claſſe que celles d'Auvergne, de Bourbonnois & de la châtellenie de Lille.

Les coutumes de Marſal, de l'évêché de Metz

& de Gorze, ont fur cette matière une difpofition tout-à-fait particulière à leurs territoires. Elles décident, article 83, titre 16, article 7, & titre 14, article 16 & 17, que le « *droit de cens* ne fe » prefcrit, par le détenteur de l'héritage contre » le feigneur cenfier, *que par temps immémorial* ».

*DISTINCTION VI. *De la Prefcription de la folidité du cens.*

Lec ens eft une charge réelle, hypothécaire & indivifible; lorfque l'héritage ou le territoire qui en eft grevé vient à être partagé entre plufieurs copropriétaires, chacun d'eux en eft tenu folidairement, & chaque partie du tout eft affectée au payement de la totalité du cens. Le cens, en un mot, *eft totus in qualibet parte.* Cette folidité eft fort onéreufe aux tenanciers; peuvent-ils en prefcrire la libération ?

M. le Camus dans fes obfervations fur l'article 124 de la coutume de Paris, prétend que la folidité du cens eft imprefcriptible : « on a agité, » dit-il, une queftion; favoir, fi le cens payé par » parcelles pendant plufieurs années, c'eft-à-dire, » trente ans, fe divife; la plus commune opinion » eft qu'il ne fe divife point, parce que le titre pri- » mordial empêche toutes fortes de Prefcriptions » contre les feigneurs, hors la quotité & les arré- » rages du cens, mais qu'on ne peut pas malgré » lui partager le cens en plufieurs parties, pourvu » qu'il juftifie par quelque titre, quelque ancien » qu'il foit, qu'autrefois il n'étoit pas divifé ».

Loifeau tient au contraire, que fi les tenanciers

ont payé divifément pendant l'efpace de trente ans, ils ont prefcrit la libération de la folidité.

« Le détenteur ne peut être convenu folidaire-
» ment, fi par l'efpace de trente ans, il a payé
» feulement à proportion de ce qu'il détient ; car,
» tout ainfi que la quotité du cens, la folidité eft
» prefcriptible » ; *du déguerpiffement*, livre **2**, chapitre dernier. Ferrière eft de même avis fur le titre des cens, §. **1**, n°. 20. Cette opinion eft fondée fur la maxime que, de droit commun, *cens eft indivifible ;* maxime inférée par Loifel dans fes inftitutes coutumières, livre **4**, titre **2**, & qui a pour bafe la loi **3**, C. *de callatione fundorum patrimonialium.* Cette loi porte : *Omnes qui patrimoniales fundos , five communiter five ex affe retinent, pro his conveniendi funt ad univerforum munerum ad eofdem fundos pertinentium pro ratâ portione.*

Avant ces auteurs, Dumoulin avoit ouvert une opinion différente : il eftime que lorfque le feigneur a reçu divifément la preftation folidaire, ne fût-ce qu'une feule fois, il eft privé par-là de l'exiger à l'avenir folidairement, pourvu qu'il ait reçu de ce cenfitaire, pour fa part, & fauf proteftation (1).

Dunod s'eft rangé du parti de Dumoulin. « Je
» crois, dit-il, que le laps de temps n'eft pas né-
» ceffaire, parce que la folidité n'eft pas de l'ef-
» fence du cens, & qu'elle ne fe perd pas au cas

---

(1) *Voici fes termes :*

Verum eft quòd ex quo dominus femel fcienter partem cenfûs ab uno ex poffefforibus pro parte, feu portione fuâ & fine proteftatione recepit, ex eo ipfo cenfetur divififfe, feu divifionem approbaffe etiam refpectu hypothecas & in futurum.

» que l'on propose, par la Prescription, mais par
» la volonté du seigneur qui la divise, & qui peut
» être connue sans le secours du temps, par des
» conjectures, & par la manière dont il s'est expli-
» qué dans ses quittances; en un mot, dès qu'il
» paroît que le seigneur a quitté un de ses censi-
» taires de la solidité, il ne peut plus la prétendre
» contre aucun des autres. Le parlement de Be-
» sançon l'a ainsi jugé le 4 septembre 1729; *des*
» *Prescriptions*, partie 3, chapitre 10 ».

Ces trois avis partagent les auteurs; le premier
a pour base un principe évidemment faux; *le titre*
empêche toute espèce de Prescription, excepté la
quotité & les arrérages du cens. Tout est prescriptible, excepté ce qui est de la nature de la mouvance féodale & censuelle : on n'a jamais porté plus
loin le système de l'imprescriptibilité. Or, qu'est-ce
que la solidité fait à la nature de la mouvance ?
Que le cens soit solidaire ou non, en est-il moins
récognitif de la seigneurie ?

La seconde opinion est dans les principes féodaux, mais elle choque ceux qui doivent régir
les contrats. Un seigneur a incontestablement le
droit de renoncer à la solidité, dès qu'il résulte des
termes dont il s'est servi dans l'acquittement, que
telle a été sa volonté ; pourquoi cette volonté
auroit-elle besoin d'être confirmée par la possession
trentenaire? La décision de Dumoulin est donc
plus équitable. Cette décision est également conforme à la nature des cens & aux dispositions des
loix romaines. Le cens est une prestation purement réelle; la charge porte directement sur la
chose; & ce n'est que par contre-coup que la personne est obligée. *Res rei, non persona personæ*

subjicitur : c'est, comme on l'a déjà vu, l'expression de d'Argentré ; ensorte que le tenancier n'est obligé qu'à raison de ce qu'il possède : de là dérive la conséquence, que la nature du cens est d'être divisible comme les héritages sur lesquels il est assis.

Les lois romaines décident très-expressément que la division s'opère de plein droit . si le créancier admet un des co-obligés à payer la partie de la dette dont il est tenu *pro portione suâ*, & sans aucune réserve (1).

Et les motifs de cette jurisprudence sont très-bien développés par Bacquet, traité *des droits de justice*, chapitre 21 , n°. 245 (2).

Remarquons cependant la réflexion de Ferrière :

----

(1) Si creditores vestros ex parte debiti admisisse, quemquam vestrum pro suâ personâ solventem probaveritis, aditus rector provinciæ, pro suâ gravitate, ne alter pro altero exigatur, providebit. Loi 18 , C. *de pactis.*

(2) « La raison peut être, dit-il, que le créancier, en » déchargeant un des débiteurs solidairement obligé, a » ôté à chacun des autres débiteurs & coobligés le recours » solidaire ; partant est raisonnable que la dette soit divisée » entre tous les débiteurs d'icelle, & qu'ils soient de même » condition, suivant l'obligation par tous ensemblement » passée ; joint que la loi présume que le créancier, le-» quel a déchargé un des débiteurs de la solidité d'obli-» gation, par la réception de sa part & portion, a eu » vouloir & que son intention a été faire le semblable pour » le regard des autres coobligés ». On trouve cette déci-sion dans les auteurs les plus respectables. *Pactum tacitum divisionis*, dit Bartole, *uni ex debitoribus in solidum obligatis factum cæteris, etiam absentibus & ignoran-tibus, prodest.* L'opinion de Bartole, ajoute Bacquet, est suivie tant au palais qu'au châtelet, *tam in simplici de-bito, quàm annuo. loco cit.*

« Néanmoins, dit-il, fi la quittance ne portoit ces
» mots, *pour la part & portion*, encore que le
» créancier confefsât purement & fimplement avoir
» reçu telle fomme, qui feroit la part & portion
» de celui qui la payeroit, toutefois la rente ne
» feroit pas préfumée être divifée, tant à l'égard
» de celui qui auroit payé, que de fes coobligés ».
Sur l'article **1** du titre *des cenfives*, §. 1, n°. 21.

DISTINCTION VII. *De la Prefcription de la quotité du cens, de la part du cenfitaire.*

Si le cenfitaire a payé le cens à une quotité
moindre que celle qui eft portée dans les titres,
pendant trente ans, à un feigneur laïc, ou pendant quarante à l'églife, il a prefcrit la libération
du furplus; ainfi, pour me fervir des termes de
la coutume de Montargis *droits cenfuels font prefcriptibles A TANTO* (1). Cette décifion eft de droit
commun; elle eft écrite dans beaucoup de coutumes; Paris, Nivernois, Auvergne, Berry, Lille,
Péronne, &c.

C'eft auffi ce qu'ont jugé deux arrêts du parlement de Touloufe; l'un de 1652, & l'autre du
mois d'août 1663. Ils font tous deux rapportés dans
le recueil d'Albert, article *Prefcription.*

Mais pour que le vaffal puiffe ainfi prefcrire la
libération du furplus de ce qu'il a payé, il faut le
concours de deux circonftances; la première, que
les preftations aient été uniformes pendant le temps
néceffaire pour la Prefcription; la deuxième, que

---

(1) Chap. 17, art. 3.

ces preſtations aient été faites *ſub nomine totius*. On trouve ces deux règles écrites, l'une dans la coutume de Nivernois, & l'autre dans Dumoulin : « Le » ſeigneur utile, comme cenſier, bordelier ou » rentier, qui a payé partie de la redevance par » lui due pour payement uniforme par trente ans, » a acquis la liberté du ſurplus d'icelle redevance » (Nivernois, chapitre 36, article 2). La quotité du cens ſe peut preſcrire par trente ans, *ſilicet quando* le cenſitaire *ſolvit ſub nomine totius, tanquàm non plus debens ; ſecùs ſi ſub commemoratione majoris cenſûs, quia tunc totus conſervatur.* (Dumoulin, ſur l'article 6 du chapitre 17 de la coutume d'Auvergne). *

Pour établir en cette matière qu'on a preſcrit, eſt-il néceſſaire d'avoir des quittances de trente ans ? Non ; il ſuffit d'en avoir quelques-unes du commencement, & quelques autres de la fin de cet eſpace de temps, parce qu'elles en font préſumer de ſemblables pour les années intermédiaires.

Mais de qui doivent être ces quittances ? Si elles ſont du fermier ou du receveur de la ſeigneurie, peut-on les oppoſer au ſeigneur ? Et quand elles embraſſent dans ce cas un cercle de trente années, peuvent-elles élever une barrière contre la demande de celui-ci en payement de la totalité du cens ?

Valin, ſur l'article 5 de la coutume de la Rochelle, nombres 134 & 135, fait une diſtinction qui mérite d'être remarquée.

Il convient que le receveur eſt en cette partie l'homme & le repréſentant du ſeigneur, que le ſeigneur doit répondre de ſes faits, & que par conféquent, fa négligence doit préjudicier au feigneur fuivant la règle, *qui per alium facit per fe ipfum facere videtur ;* (ce qu'on fait par le miniftère d'au-trui, on eft cenfé le faire foi-même).

A l'égard du fermier, continue-t-il, on pourroit croire du premier abord, que fes quittances duffent engager le feigneur, fur-tout fi elles font relatives au cueilleret qui lui a été remis pour faire fa per-ception. D'ailleurs, il eft des terres qui font per-pétuellement en ferme ; & de cette manière, l'état des cenfitaires ne feroit jamais affuré, fi les quit-tances du fermier ne valoient pas autant que celles du feigneur ou du receveur.

Cependant Valin décide le contraire, « par la » raifon que le fermier n'eft pas partie capable » pour engager le feigneur, & préjudicier à fes » droits».

Il feroit inutile de crier à l'inconvénient. Quel tort fait-on au tenancier, en l'aftreignant à payer le cens fur le pied de fon véritable taux ? Si le fei-gneur n'avoit pas de titres pour conftater l'erreur des quittances de fon fermier, à la bonne heure ; faute de preuve du contraire de ce qu'elles énoncent, elles feroient cenfées faites fur le pied de la confti-tution primitive du cens. Mais dans notre hypo-thèfe, on ne voit pas que les quittances de fon fer-mier puiffent faire rejeter fa demande.

Remarquez, au furplus, que les quittances, pour opérer la Prefcription de la quotité du cens, doivent être pures & fimples, non équivoques, pour un cens déterminé & fans réferve. Ainfi les quittances indiquent-elles, tant de cens dû fur une métairie & fes dépendances, fans déterminer la quantité des terres ou des vignes ? En ce cas, point de Prescription, à moins que cette quantité ne soit constatée par un acte avoué du seigneur, ou fait avec lui. On en sent la raison ; c'est que la métairie ayant pu être augmentée par des acquisitions nouvelles, & tenues secrettes, il seroit possible qu'il y eût des articles pour lesquels il ne seroit payé aucun cens au seigneur. « C'est, dit Valin, à l'endroit cité, nombre 136, c'est un des points » décidés par l'arrêt rendu au grand conseil le 30 » mars 1748, au profit du chapitre de Saint-Martial de Limoges, comme seigneur du prieuré » d'Asnay, contre Me Jean-Baptiste Griffon, » avocat à la sénéchaussée de la Rochelle ».

Autre question. Dans les coutumes qui déterminent elles-mêmes la quotité du cens, comme le fait celle de Touraine, article 5, la seule cessation de payement pendant trente années consécutives, suffit-elle pour réduire au taux qu'elles fixent, un cens que des titres particuliers portent à un taux plus considérable ?

Les avis sont partagés sur cette question. Brillon, au mot *cens*, nombre 74, édition de 1727, dit, en citant un arrêt du mois de février 1692, rendu dans la coutume d'Anjou, que « la quotité du » cens est prescriptible, sans qu'il soit besoin » d'actes contraires. Il suffit (ajoute-t-il, & c'est » ce qu'a jugé l'arrêt), que depuis trente ans on » n'ait payé aucun cens, pour autoriser le censitaire à prétendre qu'il ne doit que le moindre » cens dû par les héritages voisins dépendans du » même seigneur ».

Ce sentiment est aussi celui de Bouault, dans les notes manuscrites qu'il a laissées sur la coutume de Touraine. On a soutenu la même chose dans un

mémoire imprimé en 1747, & l'on y a avancé que
c'étoit l'opinion de Pallu, page 12. « La note
» marginale (y eſt il dit) aſſure la réſolution né-
» gative à l'avantage du cenſitaire. L'apoſtille de
» Dumoulin rapportée par Pallu, ne peut s'appli-
» quer, dans nos mœurs, que lorſqu'il s'agit de
» preſcrire contre le cens que la coutume fixe;
» Preſcription dont le texte de l'article 5 parle ex-
» cluſivement, & à laquelle ſe rapporte la réflexion
» ſéparée de Pallu ».

M. Cottereau (1) a prévu la queſtion, mais il
ne l'a pas décidé. Rendre compte des raiſons qui
peuvent être employées pour l'une & l'autre opinion, c'eſt à quoi il s'eſt modeſtement borné.
Voici d'abord ce qu'il dit en faveur de la Preſcription.

« Le chef-cens, le cens fixé par l'article 5 de
» la coutume de Tours, eſt impreſcriptible comme
» la loi même qui l'établit ; mais le cens foncier,
» la rente cenſuelle, en ce qu'elle excède le cens
» coutumier, n'eſt qu'un ſur-cens qui, procédant
» du fait de l'homme, peut s'éteindre par la Preſ-
» cription..... Il y a, ce ſemble, une différence
» entre la coutume de Tours & celle de Paris. La
» coutume de Paris déclare tout cens impreſcrip-
» tible : par cette diſpoſition générale, le cens
» qu'un ſeigneur juſtifie par le rapport d'un titre,
» s'être réſervé, eſt à couvert de la Preſcription,
» à quelque ſomme qu'il monte, à moins que des
» quittances depuis trente ans d'un moindre cens
» ne faſſent préſumer une dérogation à ce titre.

____

(1) Droit général de la France, &c, nomb. 7458.

» La loi ne diſtinguant point, accorde le privi-
» lège de l'impreſcriptibilité à toute convention
» portant établiſſement d'un cens. Diſons mieux,
» elle ne reconnoît que le cens conventionnel,
» auquel elle attache une prérogative ſingulière.
» Au contraire, la coutume de Tours paroît diſ-
» tinguer le cens coutumier & le cens convention-
» nel : elle laiſſe celui-ci ſoumis à la règle géné-
» rale des Preſcriptions auxquelles ſont ſujètes
» les conventions ordinaires ; & elle ne s'occupe
» que de celui-là, le ſeul qu'elle prend ſoin de
» conſerver, parce que c'eſt ſon ouvrage, le ſeul
» qui, dans ſon eſprit, eſt impreſcriptible, avan-
» tage dont jouiſſent tous les droits qu'elle établit ».

D'un autre côté, M. Cottereau rapporte des
autorités & des raiſons qui combattent avantageu-
ſement cette opinion. Il cite Baudoin & Bernard,
dans leurs notes manuſcrites ſur la coutume de
Tours. Voici les termes de ce dernier : « Il faut
» prouver, par une ſuite de quittances pendant
» trente ans, qu'on eſt en poſſeſſion de payer un
» moindre devoir. Oppoſer la Preſcription en cette
» matière, c'eſt mettre en fait la poſſeſſion tren-
» tenaire de payer un moindre devoir ; & c'eſt à
» celui qui allègue le fait de poſſeſſion, à le prou-
» ver par le rapport de ſes quittances ».

A cette raiſon, qui paroît ſans réplique, M.
Cottereau joint une réflexion également déciſive.
« On peut ajouter, dit-il, que le cenſitaire doit
» prouver la coutume où il eſt de payer moins
» que ce que le ſeigneur demande, parce qu'il
» paroît que ce n'eſt que dans le cas de cette cou-
» tume que l'article 5 de Tours décide que le
» cenſitaire a preſcrit ».

DISTINCTION

DISTINCTION VIII. *De la Prescription de la quotité du cens, de la part du seigneur.*

Le seigneur qui a perçu d'autres & de plus grands droits que ceux qui sont établis par ses titres, a-t-il acquis par-là le droit de continuer à l'avenir cette exaction ? Non.

La quotité des droits seigneuriaux une fois déterminée, il n'est plus au pouvoir du seigneur de l'augmenter; les déclarations contraires, la possession même la plus longue; tout est nul, tout est regardé comme l'ouvrage de la surprise ou de la force, il falloit bien que les lois élevassent cette barrière entre les tenanciers & les seigneurs; il est si facile à ces derniers d'abuser de l'ignorance des habitans des campagnes, & de l'ascendant qu'ils ont sur eux (1)!

On dit que la représentation des titres détruit tout l'effet de la possession du seigneur, quand même cette possession seroit appuyée sur des dé-

______

(1) *Il y a sur cela un très-beau passage de Dumoulin.* Dominus non poterit præscribere jus ipsum recipiendi vel exigendi aliquid in futurum, ratione feudi, quod non sit debitum per consuetudinem, vel quod per constitutionem feudi apparea indebitum, undè si appareat de originali concessione feudi, vel alio justo titulo ex speciali pacto feudum esse vel fuisse liberum à relevamentis; etiam si patronus posteà probet se exegisse relevamenta contingentia per spatium 30, 40, vel 80 annorum; puto quòd non prodest sibi pro futuro tempore, sed quòd etiam tenebitur restituere quæ percepit à 30 annis suprà. *Sur l'ancienne coutume de Paris,* §. 7, *n°.* 16.

Supplém. Tom. XVI. I

clarations émanées des cenſitaires. C'eſt en effet la décilion de Dumoulin (1).

Mais il apporte une reſtriction à cette règle (2); il penſe que ſi la poſſeſſion du ſeigneur remonte au delà de cent ans, elle forme en ſa faveur un titre, en vertu duquel il peut exiger tous les droits qu'il a perçus pendant un auſſi long eſpace de temps : *Quia ex ſubſecuti tanti temporis uſu ac patientiâ præſumitur id oneris legitimè fuiſſe impoſitum.* Cette décifion eſt conſéquente à celle que l'auteur tient dans tous ſes ouvrages, que la poſſeſſion centenaire eſt un véritable titre, *habet vim tituli.* Cette maxime eſt vraie, à bien des égards. Je crois cependant qu'elle ne doit ici produire tout ſon effet que lorſ-qu'on peut préſumer l'exiſtence d'un titre anté-rieur & légitime : mais ſi les tenanciers ne jouiſſent que des objets concédés par le titre primitif, com-ment préſumer qu'ils ſe ſoient volontairement & ſciemment grevés de preſtations plus onéreuſes que celles que porte titre, s'ils l'ont fait, c'eſt un effet ſans cauſe, une ſurpriſe de la part du ſei-gneur ; s'ils ne l'ont pas fait, c'eſt une uſurpation. Si cependant des circonſtances très-fortes, comme une nouvelle conceſſion, par exemple, rendoient très-vraiſemblable l'exiſtence d'un titre légitime, poſtérieur au premier, alors la poſſeſſion cente-

---

(1) Recognitio tanquàm erronea cedat veritati prioris inveſtitutæ, vel conceſſionis, ea probata, quia ſimplex recognitio vel renovatio non diſponit nec immutat ſtatum rei unde probata prima inveſtitura, ei ſtatus, ei recognitio ſequens, tanquàm erronea & quatenùs contraria & rejici-tur. *Coutume de Paris*, §. 51, *n°.* 10.

(2) Sur l'article 7, n°. 16.

naire, jointe à cette préfomption, pourroit fup-
pléer à ce titre, & c'eft dans ce cas là feulement
que j'admettrois la reftriction de Dumoulin. « Son
» opinion, dit Dunod, pourroit être foutenue
» dans le cas où les circonftances détermineroient
» à croire qu'il y a eu une jufte caufe d'augmenter
» le cens ». Traité des Prefcriptions, partie 3,
chapitre 10.

DISTINCTION IX. *De la Prefcription de l'efpèce du cens.*

Le cenfitaire qui depuis trente ans paye en deniers un cens conftitué originairement en grains,
peut-il être contraint à payer dans la fuite, conformément au titre originaire? Prefque tous les
auteurs qui ont écrit fur les cenfives, ont traité
cette queftion. La plupart diftinguent le tiers-
acquéreur, de l'héritier ou repréfentant du premier cenfitaire. C'eft ce que remarque Dunod dans
fon traité des Prefcriptions, partie 3, chapitre 10:
« Prefque tous les auteurs, dit-il, eftiment qu'il
» n'y a pas lieu à la Prefcription, parce que,
» difent-ils, elle détruiroit le cens, en détruifant
» fon efpèce & fa qualité, à moins que ce ne
» fût en faveur d'un tiers-acquéreur auquel on au-
» roit donné une qualité ou une efpèce différente
» du titre primitif, qui pofféderoit en vertu d'un
» titre nouveau, & qui feroit en bonne foi ».

Le tiers-acquéreur peut donc prefcrire l'efpèce
du cens ; encore faut-il qu'il trouve dans fon contrat un fondement à cette Prefcription. A l'égard
des autres tenanciers, la poffeffion la plus longue
eft infuffifante pour convertir le cens d'une efpèce

dans une autre; & si-tôt que le titre est représenté, il faut qu'ils se conforment à ses dispositions. Telle est l'opinion régnante; elle est très-ancienne, & on la trouve par tout : est-il donc permis de la discuter ? Pourquoi non ? Les jurisconsultes seroient-ils les seuls condamnés à se traîner sur les idées les uns des autres ?

Si on examine les motifs qui ont décidé les auteurs, on voit qu'ils se fondent singulièrement sur trois arrêts du parlement de Paris; le premier qui a été rendu le 24 mai 1581, en faveur du roi de Navarre, en qualité de comte de Marle en Vermandois, a condamné un tenancier à donner au seigneur de Marle une poule par année, conformément au titre primitif, quoique ce tenancier fût en possession depuis soixante ans de ne payer que cinq sous. Cet arrêt est le premier que je connoisse sur cette question; Chopin le rapporte sur la coutume d'Anjou, partie 2, chapitre 1, titre 1, n°. 4. C'est d'après lui que tous les auteurs le citent; mais on ne voit nulle part ni l'espèce, ni les moyens des parties, ni les motifs sur lesquels il a été rendu. Comment asseoir une décision sur une pareille autorité ? qui sait s'il n'est pas le résultat de quelques circonstances de fait ? Il n'est rendu que contre un particulier; peut-être l'universalité payoit-elle la prestation en espèce. Si cela étoit, l'arrêt n'auroit jugé autre chose, sinon que la possession d'un droit universel sur la plus grande partie le conserve sur tous. Enfin, de quelque manière que ce soit, il est très-possible que cet arrêt n'ait pas jugé la question. Commençons donc par l'écarter.

Les deux autres sont rapportés par Mornac, sur le digeste, titre *de contrahendâ emptione*. Le premier eſt du 29 décembre 1611 ; & le ſecond du 8 mars 1612. Cet auteur nous a tranſmis quelque choſe du fait & des moyens ſur leſquels ces arrêts ont été rendus. On voit que celui de 1612 n'eſt nullement dans l'eſpèce ; il s'agiſſoit, non d'un cens, mais d'une redevance de cinquante livres de cire dues par un évêque à ſa cathédrale, redevance que l'évêque avoit convertie en une preſtation de huit livres en argent, & qu'il fut contraint de payer en cire, conformément au titre de fondation. Quelle conſéquence peut-on tirer pour la cenſive d'un pareil arrêt ? Cependant quantité d'auteurs le rapportent comme ayant jugé une queſtion cen-ſuelle. Quelle confiance peut-on après cela leur accorder ?

Reſte donc uniquement l'arrêt du 26 décembre 1611. Mornac nous a conſervé les moyens du ſeigneur ; le principal étoit tiré de la loi *in ven-ditionibus*, au digeſte, *de contrahendâ emptione*. Cette loi porte effectivement : *Nihil facit error nominis cùm de corpore conſtat.* (L'erreur de nom ne fait rien, lorſqu'il conſte du corps). On a con-clu de-là, que lorſqu'un ſeigneur avoit reçu par erreur une preſtation pour une autre, cette erreur ne devoit avoir aucune influence, quand le corps & l'eſpèce de la preſtation étoient déterminés par le titre ; mais il ne faut que jeter les yeux ſur l'eſpèce de cette loi, pour ſentir qu'elle ne peut avoir aucune application au cas dont il s'agit. Le juriſconſulte ſuppoſe qu'un objet a été vendu ſous une autre dénomination que celle qui lui appar-tient ; & il décide que la vente eſt valable, lorſque l'erreur tombe uniquement ſur le mot & non ſur la choſe, c'eſt-à-dire, lorſque le vendeur reçoit ce

qu'il entendoit réellement acquérir. *Si in nomin...
diffentiamus, verùm de corpore conflat, venditi...
valet.* Telle eft la lettre de cette loi; quelle analogie a-t elle avec notre objet? Certainement le
jurifconfulte n'entendoit pas décider une queftion
de Prefcription, encore moins une queftion de
mouvance. Comment donc ces hommes éclairés
ont ils pu donner dans une pareille méprife? La
chofe eft fort fimple. Après dix fiècles d'oubli,
le droit romain reparut en Europe comme une
efpèce de météore : la lumière qu'il répandit fixa
tous les regards; on l'avoit négligé avec la plus
étrange barbarie ; on l'étudia avec une forte d'en-
thoufiafme, & on crut y voir la décifion de tous
les cas poffibles. Voilà la marche de l'efprit hu-
main ; le premier pas qu'il fait après être forti d'un
extrême, eft prefque toujours pour fe jeter dans un
autre.

Tels font les trois arrêts qu'on trouve cités par-
tout comme le fondement de la jurifprudençe ac-
tuelle : le premier ne prouve rien ; le fecond n'eft
pas dans l'efpèce, & le dernier porte fur une
équivoque.

Les auteurs qui n'ont pas voulu paroître plier
uniquement fous l'autorité de la jurifprudence,
ont raifonné fur cette queftion, & voici à quoi
fe réduit leur raifonnement : *Cette Prefcription ne
peut pas avoir lieu, parce qu'elle détruiroit le cens
en détruifant fon efpèce & fa qualité.* On convient
qu'il faudroit rejeter une Prefcription qui détruiroit le cens; mais eft-ce là l'effet dont il s'agit?
qu'opère-t-elle? Rien autre chofe qu'une fimple
converfion, qui n'influe en aucune manière fur
la nature des chofes, puifqu'avant comme après

cette converſion, il exiſte toujours un cens ayant, comme l'ancien, eſpèce & qualité. Mais laiſſons cette diſcuſſion critique, & cherchons dans les lois féodales la déciſion de notre difficulté.

Les droits féodaux ſont de trois ſortes, les eſſentiels, les naturels & les accidentels; on diſtingue pareillement dans une mouvance cenſuelle, ce qui eſt de ſon eſſence, ce qui eſt de ſa nature, & ce qui ne lui eſt qu'accidentel. La rétention du domaine direct eſt la ſeule choſe qui ſoit de l'eſſence de cette mouvance, elle peut exiſter ſans aucune preſtation qui en ſoit récognitive; il y en a des exemples : ainſi un fief peut être affranchi du quint, du relief, même de la préſentation de la foi au dominant; mais cette eſpèce de mouvance a paru trop métaphyſique, on a cru devoir y attacher des preſtations réelles. Les coutumes admettent ou ſuppoſent ces preſtations; elles ſont de la nature de la mouvance; & le ſeigneur peut les exiger ſans autres titres que la coutume & l'exiſtence de ſa directe; mais quelle que ſoit cette preſtation, en eſpèce ou en argent, conſidérable ou de la plus mince valeur, elle remplit également le vœu de la loi; elle veut bien, cette loi, ſe charger d'établir & de conſerver une redevance récognitive, un cens, en un mot, mais non pas tel ou tel cens; la forme, la quotité, l'eſpèce de cette preſtation, tout cela eſt donc purement accidentel; ainſi la rétention du domaine direct forme l'eſſence de la mouvance cenſuelle. Le cens eſt la ſeule choſe qui dérive de la nature de cette mouvance; mais l'eſpèce du cens eſt purement accidentelle, & ne dérive que des conventions. Or, c'eſt un principe inconteſtable, que ce qui n'eſt

I iv

qu'accidentel & conventionnel, eſt ſujet à la Preſcription.

Encore un mot : les auteurs tiennent tous que
le tenancier peut preſcrire la quotité du cens ; mais
cette diminution ne détruit - elle pas bien davantage le cens, que ſa converſion d'une eſpèce en
une autre? La plupart de ces mêmes auteurs
admettent la Preſcription de l'eſpèce en faveur
du tiers-acquéreur ; ils ne regardent donc pas l'eſpèce même comme formant la ſubſtance de la
preſtation.

A ces raiſons, ſe joint l'autorité d'une de nos
lois municipales. La coutume de Clermont en
Argonne , chapitre 14, article 7, décide expreſſément que la qualité du cens peut ſe preſcrire (1).

DISTINCTION X. *De la Preſcription de l'obligation de porter le cens.*

Cens eſt portable & non requérable ; c'eſt une
maxime du droit commun. Le ſeigneur qui a eu la
facilité d'envoyer chercher le cens pendant trente
ans, a-t-il perdu le droit d'exiger qu'on le lui
apporte chez lui ? Ricard, ſur l'article 35 de la
coutume de Paris, rapporte un arrêt du 24 mai
1586, rendu à la troiſième chambre des enquêtes,
« qui a jugé que le droit de faire porter par les

---

(1) *Voici ſes termes :*

« Le premier cens que le ſeigneur conſtitue ſur ſon
» héritage eſt impreſcriptible à jamais ; mais la qualité
» dudit cens & arrérages d'icelui ſe peuvent preſcrire par
» trente ans, comme auſſi tous autres cens & ſurcens depuis
» le premier cens. »

» tenanciers, à la maison du seigneur, le cens
» qu'ils lui doivent, ne peut être prescrit par
» quelque temps que le tenancier ait payé en sa
» maison ». Je crois cet arrêt dans les vrais principes ; le cens est une prestation tout-à-la-fois utile
& honorifique ; ce double caractère en forme
l'essence, & l'obligation de porter le cens constitue, au moins en plus grande partie, cet honorifique. Prescrire contre cette obligation, ce seroit
donc dénaturer la chose & convertir le cens en
redevance foncière ; conversion que la seule Prescription ne peut pas opérer, parce que la nature
de la censive réclame perpétuellement.

Plusieurs feudistes, & notamment Pocquet de
Livonière, page 537, citent, pour appuyer cette
jurisprudence, un arrêt rapporté au journal du
palais, sous la date du 7 août 1682. Mais s'ils
avoient pris la peine de lire dans ce journal même,
ils auroient senti qu'il ne peut pas avoir jugé la
question. D'un côté, le seigneur prouvoit qu'il ne
pouvoit y avoir contre lui que vingt-quatre ans de
possession utile. De l'autre, la contestation étoit
dans la coutume d'Auvergne : or , cette loi déclarant le fonds même du droit de cens prescriptible
par trente ans, il ne pouvoit y avoir de doute
sur la prescriptibilité de la manière de le payer.

DISTINCTION XI. *De la Prescription des arrérages*
du cens & des droits échus.

Dans l'article 7 de l'ancienne coutume de Paris ,
il n'étoit pas parlé des droits & profits féodaux
dus par le vassal ; il étoit seulement dit que la
Prescription n'avoit pas lieu entre le seigneur &

le vaſſal ; mais les réformateurs de la coutume trouvèrent à propos de mettre à la fin de l'article 12 de la nouvelle, que les profits de fiefs échus ſe preſcrivent contre le ſeigneur par trente ans.

Il y eut ſur ce point des conteſtations dans l'aſſemblée des états. Les eccléſiaſtiques requéroient qu'au lieu de trente ans, il fût mis quarante ans pour l'égliſe, comme il s'obſervoit avant la réſormation. Les religieux de Saint-Denis en France & les chevaliers de Malthe ou de ſaint Jean de Jéruſalem, remontrèrent que par privilège ſpécial, confirmé par les papes & par les arrêts de la cour, on ne pouvoit point preſcrire contre eux, même par cent années. La nobleſſe & le tiers-état ſoutinrent, au contraire, que la Preſcription de trente ans devoit avoir lieu en ce cas contre toute perſonne ſans diſtinction. Enfin le procureur du roi proteſta que cet article ne pourroit nuire ni préjudicier aux droits du roi.

Cependant ces profits ſe preſcrivent par trente ans contre l'égliſe.

Bacquet, dans ſon traité du droit de déshérence, remarque une ſentence des requêtes du palais du 9 mars 1585, qui l'a jugé ainſi contre les religieux, prieur & couvent de ſaint Martin-des-Champs, au profit de Mᵉ Louis Bernage, avocat au parlement, qui fut renvoyé abſous de la demande à lui faite pour le payement des lods & ventes d'une maiſon par lui acquiſe dans la cenſive des religieux, avec condamnation de dépens, parce qu'il y avoit plus de trente ans que l'acquiſition étoit faite.

Ce même auteur remarque une ſentence du prévôt de Paris, par laquelle il fut jugé que les religieux ne pouvoient demander que vingt-neuf années d'arrérages des rentes , & un arrêt donné à l'audience, entre Mathurin Cordac, appelant d'une sentence donnée par le juge de Loudun le 22 juin 1571, d'une part ; & les religieuses , abbesse & couvent de Poitiers, intimés , d'autre.

M. Olivier de Saint-Vaast, sur les coutumes du Maine & d'Anjou, tome 4, page 237, fait mention d'une sentence de la sénéchauffée du Mans du 23 juin 1700 , qui a décidé la même chose contre les religieux du Perray-Neuf.

La raison en est, que ce sont des fruits séparés du fonds, & qui, par conséquent, n'en font point partie ; *quarum obventionum , scilicet condictio ex lege municipali , & ea propter illis prescribitur spatio 30 annorum , ut in omnibus personalibus obtinet. L. sicut, C. de Prescript. 30 vel 40, annor.* Bartole, sur la loi *malè agitur*, au même titre, ajoute que ces droits appartiennent non à l'église, mais aux bénéficiers & titulaires des bénéfices ; ainsi il ne s'agit pas de l'intérêt de l'église. Il est juste que les titulaires soient punis de leur négligence, s'ils n'ont pas exigé les droits & profits casuels qui leur étoient dus durant un temps aussi considérable que celui de trente ans.

« Les droits féodaux qui sont échus se prescri- » vent par trente ans contre le seigneur , même » contre l'église, à moins qu'il n'y ait saisie ou » instance pour raison d'iceux ». Ce sont les termes de Billecocq, *des fiefs*, liv. 4, chap. 70.

C'est donc un principe certain que les droits féodaux échus se prescrivent par trente ans , même contre l'église. Mais la même Prescription a-t-elle lieu contre le roi ?

Dumoulin tient l'affirmative, & fon opinion a
été fuivie par les modernes.

« A l'égard des lods & ventes, quints, requints,
» reliefs & autres profits dus au roi, à caufe des
» venditions, aliénations & mutations de fiefs
» mouvant de fa couronne, patrimoine & autres
» héritages tenus en cenfive de fa majefté; &
» tient-on que tels droits fe prefcrivent contre le
» roi, & pareillement contre les perfonnes ecclé-
» fiaftiques par trente ans? » Bacquet, *du droit
de déshérence*, chap. 7, n°.

« On tient que cette Prefcription de trente ans a
» lieu, même contre le roi ». Dupleffis, fur Paris,
du franc-aleu, liv. 2, chap. 1.

« Cette Prefcription a auffi lieu contre le roi,
» Billecocq, *des fiefs*, livre 4, chapitre 70,
» parce qu'il ufe du droit commun à cet égard ».
Brodeau, fur l'article 12 de la coutume de Paris,
n°. 12.

A-t-elle lieu contre les mineurs ? Dumoulin
eftime que non ; voyez les raifons qu'il en donne,
§. 7 de l'ancienne coutume de Paris, n°. 41. Billecocq fe range de fon parti (1). « Profits de fiefs fe
» prefcrivent par trente ans *entre majeurs* », dit
Brodeau (2). D'où il réfulte, fuivant cet auteur,
que cette Prefcription ne court point contre les
mineurs. C'eft ce qu'enfeigne pareillement Dupleffis, *du franc-aleu*, liv. 2, chap. 1.

L'opinion contraire a trouvé des partifans.

« Néanmoins, parce que la coutume parle géné-

---

(1) Loco citato.
(2) Loco citato.

» ralement & établit une Prefcription ftatutaire,
» il eft certain que les mineurs ne font pas ex-
» ceptés, & qu'après trente ans ils ne font plus en
» état d'exercer le retrait féodal, demander les
» ventes & honneurs, quoique le contrat ne leur
» ait pas été exhibé ». Ainfi parle Boucheul fur
l'article 26 de la coutume de Poitou, n°. 28. « Il
» cite Thevenot, Lelet, Conftant & Filleau fur
» cet article, & un arrêt du parlement de Bor-
» deaux de l'an 1599, remarqué par Automne
» en fa conférence fur la loi 5, C. *in quib. cauf.*
» *in integr. teftit* ».

On peut y ajouter un arrêt du parlement de
Touloufe du 7 juillet 1585, rapporté par M.
Maynard, liv. 4, chap. 46.

En parlant, comme nous l'avons fait jufqu'ici,
de la Prefcription de trente ans, nous avons eu
en vue le droit le plus général de la France; & en
effet nous avons établi à l'article *arrérages* que la
difpofition de l'ordonnance de Louis XII de 1510,
n'a pas lieu relativement aux cens & rentes feigneuriales.

Mais il y a bien des coutumes & des provinces
où les arrérages de ces objets font foumis à une
Prefcription plus courte.

Nous ne parlons pas des coutumes qui, méconn-
oiffant la Prefcription trentenaire, y ont fubftitué
celle de vingt ou de vingt-un ans. On fent bien
que dans leur territoire, les arrérages de cens ne
peuvent être plus privilégiés que les actions perfonnelles fondées fur des contrats. Auffi y tient-
on pour maxime qu'ils font foumis à la Prefcription
ordinaire : la coutume de la gouvernance de Douai

en contient même une difpofition expreffe (1).

Mais il y a des coutumes qui ont établi pour les arrérages de cens & de redevances feigneuriales, des Prefcriptions tout-à-fait particulières.

Celle de Bourbonnois, article 18, décide que les « arrérages de cens & autres deniers portant di- » recte feigneurie, fe prefcrivent par dix ans ». La coutume de Metz, titre 14, article 7, dit à-peu-près la même chofe : « Quant aux arrérages » defdites rentes & droitures feigneuriales, ils ne » pourront être demandés que de dix ans ».

Dans la coutume de Saint-Mihiel, « les arré- » rages de cens..... ne peuvent être demandés de » plus que des cinq dernières années ». C'eft la difpofition de l'article 11 du titre 10 de cette loi. On la retrouve dans la coutume de Berry, titre 12, article 8, mais avec une exception : *fans toutefois y comprendre les arrérages du cens dû au roi.*

Les anciennes ordonnances de Franche-Comté affujettiffent également à la Prefcription quinquennale, les arrérages des cens & redevances récognitives de la directe.

« J'ai vu prétendre, dit Dunod, partie 3, cha- » pitre 10, que cette Prefcription étoit interrom- » pue par des billets affichés, ou des proclamations

---

(1) Voici ce qu'elle porte, tit. 1, art. 29 : « Qu'il eft » permis auxdits feigneurs vicomtiers, par faute de rentes » non payées & *jufqu'à dix-neuf années d'arrérages* » *inclufivement*, faire faifir les héritages d'eux tenus ». On apperçoit aifément pourquoi cette coutume ne permet pas aux feigneurs d'exiger plus de dix-neuf années d'arrérages. C'eft qu'après vingt ans, il y a toujours une année prefcrite, & qu'ainfi il ne peut jamais en être dû plus de dix-neuf.

» faites à l'issue de la messe paroissiale , pour les
» cens dûs aux seigneurs. Mais ce devoir que le
» censitaire peut ignorer , n'est pas suffisant pour
» le mettre en demeure , & notre ordonnance
» demande une interpellation judicielle ou extra-
» judicielle, qui doit être faite à la personne du
» débiteur ». C'est aussi ce qu'enseignent Sola , sur
les statues de Savoie , glose *licet jure* , nombre 7 ;
Collet sur les mêmes lois , livre 3 , section 1 , remarque 3 , & Revel , remarque 51.

Suivant la coutume de la Marche , article 177 ,
le seigneur ne peut demander que quatre années
d'arrérages de cens.

Enfin il y a des coutumes qui déclarent les arrérages de cens prescriptibles par trois ans. A celles
que nous avons citées plus haut , section 2 , §. 6 , il
faut ajouter celles de Normandie , & de la châtellenie de Lille (1).

La première , après avoir décidé par l'article 21 ,
que les arrérages des rentes seigneuriales dûes aux
hauts justiciers , ne se prescrivent que par trente
ans , & que par conséquent on peut en exiger vingt-
neuf années , ajoute , article 31 , que les bas justiciers n'en peuvent demander que trois ans , *à moins
qu'il n'apparoisse de la première fieffe , par générale
hypothéque* (2).

---

(1) Nous pourrions dire , *tous les Pays-Bas* , si on
devoit avoir égard au placard de Philippe II , roi d'Espagne , de 1571 , rapporté dans l'addition à l'art. RENTE.
Mais , comme on le verra au même endroit , la disposition
de ce placard est tombée dans une désuétude générale.

(2) « Ces paroles (que nous avons mises en italique)
» sont ici , dit Basnage , employées fort mal-à-propos , &

On a demandé, d'après cette difposition, fi
l'aîné d'un tenement qui a acquitté tant pour lui

» il eft mal aifé de leur donner un fens raifonnable. S'il
» eft néceffaire que la première fieffe contienne une géné-
» rale hypothèque pour donner droit au feigneur de
» demander plus de trois années, il s'enfuivra par la même
» raifon qu'on pourra auffi demander plus de trois années
» d'une rente foncière, lorfque le bail à rente ne contiendra
» point la claufe d'une hypothèque générale, cette paction
» n'étant pas moins requife pour les rentes foncières que
» pour les feigneuriales, puifqu'elles ont un même prin-
» cipe, & qu'elles font créées pour le bail à rente ou fieffe
» d'héritage ; la feule différence confiftant en ce point,
» qu'il n'y a que celui qui a droit de fief qui puiffe créer
» une rente feigneuriale. Et c'eft pourquoi Godefroi fur
» cet article, dit qu'en conféquence de ces paroles, *s'il*
» *n'apparoit de la première fieffe par générale hypo-*
» *thèque*, il avoit toujours cru qu'on ne pouvoit deman-
» der plus de trois années d'arrérages d'une rente foncière,
» & toutefois il eft d'un ufage certain & notoire qu'on peut
» en demander jufqu'à vingt-neuf années. Il eft bien vrai
» que quand il s'agit de déguerpiffement d'un héritage, le
» preneur n'y eft point reçu, quand par la fieffe ou bail
» à rente, il y a une obligation & une hypothèque géné-
» rale fur tous les biens. C'eft en ce cas que cette claufe
» peut valoir & opérer, mais ce ne doit point être en vertu
» de cette claufe que le feigneur a droit de demander
» vingt-neuf années ; car la générale hypothèque ne fait
» rien pour le nombre d'années , & le défaut de cette ftipu-
» lation n'a point été auffi le motif qui a porté nos légif-
» lateurs à réduire & limiter à trois années la demande
» des arrérages des rentes feigneuriales : ils ont eu cet
» égard, que les rentes feigneuriales étant fouvent de peu
» de conféquence, il feroit trop incommode à un vaffal
» de conferver fes quittances durant tant d'années ; que
» d'ailleurs les feigneurs, le plus fouvent, n'en donnent
» point, & qu'ils fe contentent d'employer les payemens
» fur leurs journaux ; & enfin, que le feigneur ayant fa
» juftice & fes plaids de gage-pleige qu'il fait tenir expref-

que

que pour ſes puînés, plus de trois années d'une rente qu'ils devoient ſolidairement avec lui, au ſeigneur bas-juſticier de qui relevoit leur héritage, pouvoit les pourſuivre pour le rembourſement de tout ce qu'il avoit payé pour eux, ou s'ils pouvoient lui oppoſer la Preſcription triennale? Deux arrêts du parlement de Normandie des 16 juillet 1654 (1) & 14 mai 1675 (2), ont jugé pour ce dernier parti.

» ſément pour le payement de ſes rentes, & pouvant même
» punir par amendes ceux qui n'y viennent point, ou qui
» ne payent point leurs rentes, on ne préſume pas qu'il ait
» négligé ſi long-temps de s'en faire payer, & par con-
» ſéquent il étoit raiſonnable de limiter le temps de cette
» action, pour ne leur donner pas un moyen de faire de
» la vexation à leurs vaſſaux. »

(1) Voiei l'eſpèce de cet arrêt, telle que la rapporte Baſnage, art. 31.

« Me Pierre Dufour, avocat à Caudebec, avoit payé
» toutes les rentes d'une aîneſſe dont il étoit le chef, ou
» pour uſer du terme de Normandie, *le porteur en avant*;
» il en avoit arrêté les comptes avec le ſeigneur, mais en
» l'abſence des puînés. Dufour ayant demandé à Pierre le
» Moyne, curateur de Raulin le Maſſon, vingt-neuf années
» par récompenſe, on maintint contre lui que n'agiſſant
» qu'au droit du ſeigneur, il ne pouvoit demander plus de
» trois années. Dufour prétendoit qu'à ſon égard ce n'étoit
» qu'une rente foncière, comme ſi l'aîné avoit rebaillé en
» fieffe à ſes puînés une portion de ſon ténement. Par arrêt
» du 16 juillet 1654, les puînés furent condamnés ſeule-
» ment au payement de trois années, ſauf audit Dufour à
» faire apparoir de diligences bonnes & valables, & d'acte
» judiciaire, auquel cas le puîné étoit dès-à-préſent con-
» damné à ſa récompenſe. »

(2) Cet arrêt, dit Baſnage à l'endroit cité, a été rendu entre Nicolas de Grieu, appelant, & Simon le Cordier, intimé. Le ſieur le Cordier avoit fait condamner l'appelant

A l'égard de la coutume de la châtellenie de Lille, voici comment elle s'explique, titre premier, article 47 : « Quand un seigneur... procède » par plainte à loi & saisie d'héritage.... pour avoir » payement de plusieurs années de rentes seigneu- » riales excédant trois années, l'héritier, s'il con- » clut à ces fins, fait à déclarer quitte en payant » seulement lesdites trois années dues, au jour » de ladite plainte. »

Cet article a donné lieu à plusieurs questions sur lesquelles il ne sera pas inutile de nous arrêter un instant.

Par qui la Prescription dont il s'agit peut-elle être opposée ? Par l'*héritier*, répond la coutume, c'est-à-dire, par le *propriétaire* du fonds : car, dans le langage de cette loi, ces deux expressions sont synonimes. Elles le sont également dans plusieurs autres coutumes. Voyez l'article HÉRITIER.

---

en sa récompense de plusieurs années de rentes seigneuriales qu'il avoit payées comme aîné au seigneur féodal. De Grieu, pour moyens d'appel, s'aidoit de l'arrêt de Dufour, qu'à proprement parler le soutenant ne doit rien au seigneur, parce qu'ils sont tenus de payer aux mains de l'aîné, autrement on rendroit cet article illusoire : le seigneur bailleroit une quittance à l'aîné, pour avoir un moyen de demander plus de trois années au puîné. Gréard pour l'intimé convenoit que la question avoit été décidée par l'arrêt ; mais il demandoit à prouver que l'appelant lui avoit promis diverses fois de le payer. Plusieurs ne furent pas d'avis de recevoir cette preuve, & que l'aîné n'étoit point recevable à demander plus de trois années sans diligences valables ; il fut dit néanmoins avant que de faire droit sur l'appel, que l'intimé feroit la preuve de son fait.

Mais ce mot *héritier* eſt-il abſolument reſtrictif, &, en conſéquence, doit-on faire ceſſer la Preſ- cription de trois ans, lorſqu'elle eſt oppoſée par des créanciers dans une diſcuſſion de biens ? L'af- firmative a été adoptée par une ancienne ſentence de la gouvernance de Lille, dont il eſt fait men- tion dans un commentaire manuſcrit que j'ai ſous les yeux. M. Pollet, part. 2, §. 10, nous apprend même que telle étoit encore de ſon temps l'opi- nion commune des praticiens. Mais, comme il le remarque très-bien, c'eſt une erreur inſoutenable.

» On ſent, dit-il, pourquoi la coutume a em-
» ployé le mot *héritier*. Comme elle traite de la
» plainte & ſaiſie du fond, elle ne doit regarder
» pour oppoſant que l'héritier ou détenteur du
» fond ». Voyez au ſurplus le §. 4 de la ſection 1 de cet article.

Lorſque le ſeigneur, au lieu de prendre la voie de *plainte & de ſaiſie*, vient former une oppo- ſition à fin de conſerver, ſur des deniers conſignés ſoit par un acheteur qui a obtenu des lettres de purge (1), ſoit par un adjudicataire ſur décret forcé, peut-on exciper contre lui de la Preſ- cription établie dans l'article 47 de la coutume, & le réduire, en conſéquence, à trois années d'ar- rérages ?

M. Pollet, à l'endroit cité, dit avoir vu ſoutenir & pratiquer la négative. « On prétend (ce ſont
» ſes termes), que l'exception portée par cet
» article, a ſeulement lieu lorſque le ſeigneur s'eſt
» pourvu par la voie de plainte & de ſaiſie. »
Mais, continue-t-il, « cette reſtriction eſt con-

____

(1) Voyez PURGE.

» traire à l'efprit de la coutume. Selon l'article 4...
» le feigneur ne peut pourfuivre les arrérages d...
» la rente feigneuriale que par action réelle fur l...
» fond qui en eft chargé. Elle ordonne par l'ar-
» ticle 47, que tous les arrérages antérieurs aux...
» trois dernières années feront prefcrits. N'eft-ce
» pas la rendre abfurde que de vouloir que la...
» Prefcription ne puiffe avoir lieu, quand le fei-
» gneur agit par une voie qui ne lui eft pas per-
» mife ? »

Ce ne font point là les feules erreurs que...
l'aveugle routine des praticiens a apportées dans...
l'interprétation de notre article.

On a prétendu que nonobftant l'offre faite avant...
la plainte & faifie, de payer les trois dernières...
années, le feigneur à qui il en feroit dû davantage, demeureroit en droit de fe pourvoir contre...
fon cenfitaire, & que celui-ci ne pourroit profiter de la Prefcription dont il exciperoit, qu'en...
payant les frais des pourfuites poftérieures à fon...
offre.

« Cette opinion, dit M. Pollet, choque toutes...
» les règles de la juftice, de l'équité & du bon...
» fens.

» La Prefcription des années antérieures aux...
» trois dernières, eft encourue du moment que...
» la dernière des trois eft échue, & ne dépend...
» point de la plainte. Pourquoi le débiteur ne...
» pourroit-il pas s'en fervir avant la plainte ?
» L'offre du payement, refufée par le feigneur,
» le conftitue en défaut ; & il feroit injufte de lui...
» conferver le droit de caufer au débiteur les frais...
» d'une plainte & d'une faifie, par lefquelles il...
» ne pourroit obtenir que ce qu'il auroit refufé.

» La queſtion a été jugée contre le ſeigneur
» par arrêt rendu au rapport de M. de Flines du
» Troſnoy le 28 avril 1702, entre Me Jean
» Delemer, curé du village de Gondecourt, ap-
» pelant du bailliage de Lille, & Martin Wareſ-
» quiel, ſieur Deſcaudeliers, intimé. »

Autre erreur. On tenoit autrefois, il a même
été jugé par une ſentence de la gouvernance de
Lille de 1602, & quelques praticiens, dit M.
Pollet, tiennent encore aujourd'hui, que ſi le cenſitaire dénie la rente dont le ſeigneur pourſuit le
payement, il ne peut pas invoquer ſubſidiairement
la Preſcription triennale. On prétend juſtifier cette
opinion par la loi *cùm de indebito*, qui eſt la vingt-
cinquième, D. *de probationibus*, & on aſſure
qu'elle a été adoptée par un arrêt du parlement de
Flandres du 24 décembre 1704, rendu au rapport
de M. Hanecart.

Voilà des autorités graves, en apparence ; mais
M. Pollet les renverſe en peu de mots :

« On fait, dit-il, une mauvaiſe application de
» la loi *cùm de indebito*. Cette loi porte, que lorſ-
» que celui de qui on répète une ſomme de deniers
» ou autre choſe comme payée indûment, nie de
» l'avoir reçue, & que le demandeur prouve
» l'avoir payée, le défendeur doit être chargé de
» prouver qu'elle lui étoit due. C'eſt un principe
» du droit, que le demandeur doit faire preuve
» des faits ſur leſquels il fonde ſes concluſions. La
» diſpoſition de la loi *cùm de indebito* en eſt une
» exception, en haine de celui qui nie calomnieuſe-
» ment ſon propre fait ; & il n'eſt pas permis
» d'étendre à d'autres cas les exceptions intro-

» duites contre les principes du droit (1). Il y
» auſſi cette différence qu'il ſe peut que celui qu
» nie que ſon héritage ſoit chargé de la rente, n
» le nie pas calomnieuſement.

» Pour ce qui touche l'arrêt rendu au rappor
» de M. Hennecart, j'ai appris de lui-même que
» la cour n'a point décidé la queſtion, & que le
» procès a été jugé par d'autres moyens. Elle
» avoit même été décidée au contraire par un
» autre arrêt rendu, au rapport de M. de Buſſy
» le 30 octobre 1702, entre le baron de Potres,
» appelant du bailliage de Lille, & le ſieur Stap-
» part, intimé ».

Remarquez au ſurplus, qu'il y a dans le reſſort
de la coutume de la châtellenie de Lille, un arron-
diſſement particulier où les arrérages des rentes ſeigneuriales ſont affranchies de la Preſcription de
trois ans. C'eſt de la coutume du chapitre de Saint-
Priat de Seclin que nous voulons parler : elle
décide, article 6, «qu'en l'échevinage de l'égliſe
» de Saint - Priat & ès ſeigneuries particulières,
» iceux ſeigneurs peuvent pourſuivre leurs rentes
» pour toutes années & termes qui en peuvent être
» dus, & doivent être payés de tous arrérages,
» jaçoit qu'ils excèdent trois ans ». Cette coutume
locale, rédigée comme celle de la châtellenie de
Lille en 1565, n'a reçu aucune atteinte par le placard de 1571, & depuis, comme avant ce placard, on y a toujours tenu pour conſtant, que les
rentes ſeigneuriales n'étoient pas ſujettes à la Preſ-

____

(1) §. *quod verò* 14, ff. *de legibus.* Voyez à Saude, ſur
la loi *quòd contra.* 141, ff. *de regulis juris.*

cription de trois ans. C'eſt même ce qui a été jugé formellement par arrêt du parlement de Flandres du 13 janvier 1779, au rapport de M. de Francque-ville de Bourlon, infirmatif d'une ſentence de la gouvernance de Lille du 25 novembre 1774. Les parties étoient le chapitre de Saint-Piat, & Pierre Fourriere, laboureur à Avelin.

Nous examinerons à l'article *terrier*, ſi des lettres de terrier peuvent mettre un ſeigneur à l'abri de la Preſcription, lorſqu'il ne s'agit que d'arrérages de cens.

DISTINCTION XII.

Placez ici la page 152 & ce qui ſuit, juſqu'à la onzième ligne de la page 156 incluſivement, après quoi liſez :

Nous diſons la *mouvance & la directe*, car quoi-que l'article 123 de la coutume de Paris ne parle nommément que de celle-ci, il n'en eſt pas moins vrai qu'on ne doit mettre, à cet égard, aucune différence entre les fiefs & les cenſives.

Auſſi a-t-il été jugé, comme nous l'apprenons d'Auzanet ſur cet article, qu'un ſeigneur avoit pu preſcrire contre un autre ſeigneur la mouvance d'un fief ; l'arrêt a été rendu le 15 décembre 1643, à la troiſième chambre des enquêtes, & prononcé le lendemain.

Le parlement de Paris n'a fait en cela que ſe conformer à l'eſprit général des coutumes, & à la juriſprudence des arrêts des autres tribunaux.

Mais c'eſt une queſtion, ſi l'on doit juger de même entre un ſuzerain & ſon vaſſal, & ſi en con-

K iv

féquence le premier eſt incapable de preſcrire contre le ſecond la mouvance d'un arrière-fief.

La coutume de Bretagne, article 294, décide pour l'affirmative, & ſa diſpoſition, quoiqu'un peu obſcure, forme une maxime très-conſtante dans cette province. Poulain du Parcq qui la combat, en convient lui-même; & il rapporte un acte de notoriété du 8 juillet 1737, par lequel il eſt atteſté « que le lien de féodalité, qui eſt entre le ſeigneur » & le vaſſal, empêche qu'il puiſſe y avoir aucune » Preſcription entr'eux pour ce qui concerne les » droits & devoirs de fief, & que cette loi eſt ré- » ciproque & également au profit du ſeigneur & » du vaſſal.

» Qu'il réſulte de ce principe que le ſeigneur » ne peut preſcrire contre ſon vaſſal les mouvances » de ce vaſſal, comme le vaſſal ne peut preſcrire » les mouvances de ſon ſeigneur.

» Que ſi l'arrière-vaſſal a rendu des aveux au » ſeigneur ſupérieur, ces aveux rendus ſans la par- » ticipation du ſeigneur proche, ſont des titres » étrangers & inutiles à ſon égard, & incapables » de lui faire perdre ſa mouvance, lorſqu'il en eſt » duement inféodé par les titres primordiaux de » l'inféodation, ou par les aveux qu'il a rendus au » ſupérieur qui eſt ſon ſeigneur proche ».

Mais que doit-on décider hors de cette cou- tume?

Guyot, dans ſes diſſertations ſur les *matières féodales*, tom. 2, pag. 26, rejette également la Preſcription, par la raiſon, dit-il, que c'eſt le cas de la règle qui empêche le ſeigneur & le vaſſal de preſcrire l'un contre l'autre.

Mais on répond, & il a été établi ci-deſſus,

diftinƈion III, que fi cette règle fait obftacle à la Prefcription, ce n'eft que relativement à ce que le feigneur détient par puiffance de fief. D'ailleurs en prefcrivant, dans notre efpèce, contre fon vaffal, le feigneur fuzerain ne fait que rapprocher les chofes de leur premier être, & ce retour eft favorable.

Il ne paroît y avoir dans la jurifprudence des arrêts ni incertitude, ni variation fur ce point : dans tous les temps, on a jugé que le roi même pouvoit prefcrire contre fon vaffal immédiat, la mouvance d'un arrière-fief.

M. de Salvaing qui traite parfaitement la queftion dans le chapitre 16 de fon traité de l'ufage des fiefs, rapporte un arrêt du parlement de Paris qui l'a ainfi décidé au fujet d'une arrière-mouvance du duché d'Orléans (1) ; & nous voyons dans les réponfes de Carondas, livre 2, chapitre 2, que cet arrêt a été rendu à la première chambre des enquêtes, le 28 juin 1578.

____

(1) Voici de quelle manière s'explique ce magiftrat :

« Le feigneur de Poinville avoit fait faifir féodalement
» le feigneur de la Rouffière, & foutenu contre lui qu'il
» étoit de fa mouvance, pour la preuve de quoi il rap-
» portoit les aveux donnés par fes prédéceffeurs aux ducs
» d'Orléans, il y avoit plus de deux cents ans, dans lef-
» quels aveux le feigneur de la Rouffière étoit compris
» entre les vaffaux. Celui-ci répondoit que fes prédéceffeurs
» ayant fait la foi & hommage au roi depuis cent ans, il
» étoit devenu vaffal de fa majefté. Le feigneur de Poin-
» ville répliquoit, qu'étant vaffal du roi, la Prefcription
» n'avoit pu courir contre lui. M. le duc d'Orléans & M.
» le procureur général du roi étant intervenus en la caufe,
» foutinrent que le roi avoit pu prefcrire la mouvance. Ce
» qui fut jugé de la forte. »

M. de Salvaing nous apprend encore qu'il exiſte deux arrêts ſemblables du parlement de Tou-louſe, l'un qu'il ne date point, & l'autre du 28 juillet 1644.

M. de Catellan, livre 3, chapitre 29, cite un troiſième arrêt de la même cour du 18 juillet 1652, qui confirme encore cette opinion.

Mais ne faut-il pas en excepter le cas, où c'eſt contre l'égliſe que le roi a poſſédé la mouvance d'un arrière-fief de la couronne? le roi peut-il preſcrire contre l'égliſe, tandis qu'il en eſt le pro-tecteur né, & le gardien ſuprême?

Nous ne connoiſſons que trois arrêts ſur cette queſtion; les deux premiers ſont du parlement de Toulouſe, & tous deux contre le parti de la Preſcription. Le premier avoit pour objet la terre de Caſtelnau de Monratié : le ſecond, qui eſt du 20 décembre 1675, concernoit la baronie de Vabres. On peut en voir l'eſpèce dans le recueil de M. de Caſtellan, à l'endroit cité.

Mais ſi l'on pèſe les raiſons ſur leſquelles ce magiſtrat en fonde la déciſion, oſons le dire, on les trouvera en partie très-foibles, & en partie ridicules. Voici comment il s'exprime : « Il n'eſt
» rien de ſi fort que les liens par leſquels le roi
» tient à l'égliſe ; elle a droit ſur ſa protection
» comme ſujette, comme vaſſale & comme égliſe ;
» *le triple lien eſt difficile à rompre*, ſuivant l'ex-
» preſſion de l'écriture ; la protection que le roi
» doit à l'égliſe en cette qualité, eſt un devoir
» plus religieux encore que tous les autres. Toutes
» ces raiſons empêchent qu'il ne preſcrive l'ar-
» rière-fief ſur elle ; il n'en faut pas moins pour
» ôter au roi un droit commun & ordinaire ».

Ainſi parle M. de Catellan, &, comme l'on voit, ſon raiſonnement eſt, à certains égards, digne de ſervir de pendant à l'idée de Brodeau qui prétend quelque part que les fiefs de dignité ſont impartageables, parce que la couronne que portent dans leurs armoiries les ſeigneurs titrés, eſt le ſymbole de la ſainte Trinité qui eſt une.

Ces manières de parler pouvoient éblouir dans des temps où toute l'étude du droit conſiſtoit à ſe traîner ſervilement ſur les idées des autres ; mais aujourd'hui que l'eſprit de critique a fait briller ſon flambeau dans la juriſprudence, de pareilles idées ne feroient ſûrement plus fortune ; & ſi notre queſtion ſe repréſentoit, l'opinion de M. de Catellan auroit ſans doute le ſort qu'a eu celle de Brodeau à la grand'chambre du parlement de Paris le 5 février 1778 (1).

Du reſte, Vedel dans ſes obſervations ſur les arrêts du magiſtrat cité, fait très-bien ſentir l'erreur de ceux dont nous avons parlé d'après celui-ci. « Il me ſemble, dit-il, que le roi peut preſcrire » par le laps de 40 ans » ; & il en donne la raiſon. « Toutes les ſeigneuries émanant originairement » du roi, & l'égliſe ne les poſſédant que par con- » ceſſion, c'eſt remettre les choſes dans leur pre- » mier état, que de faire rentrer en la main du » roi par la voie de la Preſcription, la mouvance » de l'arrière-fief ; & cela eſt en ſoi favorable (2).

----

(1) Voyez LÉGITIME, ſect. 9, §. 2.

(2) Res enim facilè revertitur ad naturam ſuam. Cap. *ab exordio*, diſtinct. 35 ; gloſe de la pragmatique, *in præmio*, au mot *univerſis* ; Flaminius, *de reſignationibus*, liv. 6, tit. 5, nomb. 10.

—La protection que le roi « doit à l'églife ne
» l'empéche pas d'ufer du droit commun, & de
» pouvoir prefcrire contr'elle pour une chofe
» purement temporelle, & pour l'intérêt particu-
» lier de fon domaine. —Cette protection con-
» fifte à prêter fon bras & fa puiffance à l'églif
» pour en faire exécuter les lois. C'eft dans ce
» fens que les anciens pères donnèrent au grand
» Conftantin le nom d'évêque extérieur de l'églife,
» & que le fixième concile de Paris dit que les
» princes du fiècle tiennent quelquefois au dedans
» de l'églife le premier rang de la puiffance qu'ils
» ont, afin de munir la difcipline eccléfiaftique
» par cette puiffance, fuivant l'obfervation de
» M. Talon, traité *de l'autorité des rois, dans*
» *l'adminiftration de l'églife*, pag. 112; mais la
» protection qu'ils doivent à l'églife ne va pas
» jufqu'à dépouiller leur domaine en fa faveur ;
» & l'églife n'a point à fe plaindre fi le roi ufe du
» droit que la Prefcription lui acquiert, puifqu'en
» cela il n'a pas plus de privilège qu'un particu-
» lier qui peut prefcrire contre l'églife ».

Auffi en a-t-il été jugé de la forte, par le troifième arrêt que nous avons annoncé. Il a été rendu
au parlement de Bordeaux le 8 février 1691,
entre le fermier des domaines & les bénédictins
d'Aix (1).

____

(1) *Voici comment cet arrêt eft rapporté par la Peyrère*, *lett.* P, *nomb.* 84.

« Le fieur de Vaillac vendit à la dame de Cieulat une
» métairie de Campaignac dépendante de la terre de Caf-
» faneuil, exempte de taille & noble. Le fyndic des béné-
» dictins de l'abbaye d'Aixe, fe prétendant feigneur direct

Il réſte à ſavoir comment s'opère la Preſcription d'une mouvance féodale. On doit preſſentir qu'elle n'eſt pas auſſi facile que celle d'une directe cenſuelle : le cens, en effet, ſe preſcrit tous les ans : par conſéquent chaque année le preſcrivant fait un acte de poſſeſſion qui avertit ſuffiſamment le véritable ſeigneur, & l'expoſe juſtement au reproche de négligence s'il n'agit pour arrêter la Preſcription. Mais à l'égard des fiefs, les occaſions d'exer-

---

» & foncier de cette métairie, en conſéquence d'une bail-
» lette (ou bail à cens) de 1461, fait action à la dame
» de Cieulat pour payer les lods & ventes de la métairie
» en queſtion ; le fermier du domaine intervint en cette
» inſtance, & prétendit que le roi devoit avoir ces lods
» & ventes ; parce que la métairie de Campaignac étoit
» tenue par M. de Vaillac en arrière-fief du roi, pour la-
» quelle il avoit été rendu ſept divers hommages ; au lieu que
» de la part des bénédictins, leur titre étoit dénué de poſ-
» ſeſſion, n'y ayant jamais eu d'action contre le tenancier
» pour le payement de la rente, ni dans les diverſes ou-
» vertures de fief pour les lods & ventes : de ſorte que
» le roi ſe trouvoit en poſſeſſion par les divers hommages
» qu'il avoit reçus, au lieu que le titre des bénédictins
» n'étoit ſuivi d'aucune poſſeſſion : le fermier du domaine
» rapportoit de plus pour prouver la nobilité de cette mé-
» tairie, un certificat des jurats de Caſſaneuil, qui prou-
» voit que depuis plus de cent ans la métairie de Campaignac
» n'avoit point été encadaſtrée au rôle des tailles. Par
» arrêt du 8 février 1691, donné au rapport de M. de
» Moſnier, les lods & ventes furent adjugés au roi. Le
» motif de l'arrêt fut qu'en concours du roi & d'un ſeigneur
» quel qu'il ſoit, la Preſcription devoit faire décider le
» droit en faveur de la poſſeſſion ; & dans l'hypothèſe,
» comme le roi avoit été en poſſeſſion par des hommages
» qui lui avoient été rendus, & que les bénédictins de
» leur part n'avoient point d'acte poſſeſſoire en leur faveur,
» le fermier du domaine obtint gain de cauſe, avec dé-
» pens. »

cer la fuzeraineté font plus rares : il faut ou un décès ou une mutation par acte entre-vifs, & l'un ou l'autre n'arrivent pas fréquemment.

Trois de nos coutumes ont prévu cette difficulté.

Celle de Nivernois, titre des fiefs, article 15, porte que pour prefcrire la mouvance d'un fief, de feigneur à feigneur, il faut le poſſéder trente ans, contre un laïc, & quarante ans contre l'églife, « & qu'il y ait eu deux diverfes ouvertures avec » faifies réelles duement notifiées ».

La coutume de Berry dit la même chofe, titre *des Prefcriptions*, article 9, & elle ajoute que la Prefcription commence à courir du jour de *l'exploitation* de la première faifie féodale.

Les chartes générales de Hainaut, chap. 107, art. 10, déclarent la mouvance prefcrite, lorfque pendant vingt-une années, terme auquel eſt réduite en cette province la Prefcription que le droit commun fixe à trente ans, la foi-hommage a été rendue trois fois de fuite à un feigneur qui n'eſt pas fuzerain du fief fervant, mais fe prétend tel.

Ces difpofitions, quoique différentes, ont pourtant un même principe, & ce principe eſt établi ci-deſſus, fection 1, §. 5. La poſſeſſion d'une chofe incorporelle (avons-nous dit en cet endroit), ne fe perd que quand l'ancien poſſeſſeur a fu qu'un autre jouiſſoit, & qu'il l'a toléré : il faut donc dans notre efpèce, que le feigneur dominant ait fu qu'un autre a interverti fa poſſeſſion en l'ufurpant ; & cette connoiſſance ne peut fe préfumer, qu'après un certain nombre d'actes de fuzeraineté, exercés par l'ufurpateur.

Mais y a-t-il fur cette matière une règle certaine & capable de suppléer au silence de la plupart de nos coutumes? Non, mais les auteurs font une distinction qui peut en tenir lieu.

Si le prescrivant, dit M. de Salvaing, chap. 16, n'est entré en possession que par des actes de foi-hommage sans profit, il ne peut acquérir la mouvance que par le laps de cent ans. Mais s'il y a eu des mutations utiles, & qu'il en ait reçu les droits, la Prescription est consommée après trente ans.

Dunod établit la même doctrine, partie 3, chapitre 9 : « Lorsque les fiefs, dit-il, ne sont pas *de*
» *profit*, mais. *d'honneur* simplement, ou qu'il
» n'est point arrivé de mutation utile, les seigneurs
» ne sont pas exacts à se faire rendre les devoirs
» quand il ne leur en arrive rien : il ne seroit pas
» juste de les priver de leur droit, sur ce que le
» vassal auroit reconnu un autre seigneur, & qu'il
» lui auroit fait les foi & hommage, parce que
» ces actes sont réputés clandestins à leur égard,
» à moins qu'il n'y ait un temps immémorial ; car
» en ce cas la négligence du seigneur seroit trop
» grossière pour mériter de l'indulgence, & pour
» qu'on pût croire qu'il a ignoré la possession d'un
» autre qui se seroit fait rendre plusieurs fois les
» devoirs de fief pendant ce temps. Mais s'il est
» arrivé des mutations qui aient donné lieu à la
» perception de quelques droits utiles, & de telle
» valeur que le seigneur dominant ait dû le savoir
» en homme prudent & attentif à ses affaires, la
» Prescription de trente ans peut suffire en ce
» cas, & commencer depuis la première muta-
» tion, même quand il n'y en auroit qu'une,
» parce que celui qui en a perçu les droits s'est
» mis en possession, & que l'ancien seigneur en

» a eu une connoissance probable & présumée ».

Nous avons dit plus haut que dans les censives, la Prescription s'opère par le seul fait de la perception de la redevance censuelle pendant trente ans. Il en a cependant été jugé autrement par arrêt du parlement de Toulouse du 5 février 1667, rendu après partage. « Le plus grand nombre des » juges, dit M. de Catellan, livre 3, chapitre 2, » crut qu'il ne suffisoit pas (à celui qui prétendoit » avoir prescrit un droit de directe,) de rapporter » de simples actes possessoires de la rente, comme » des quittances publiques & autres semblables; » mais qu'il devoit justifier sa possession par des » reconnoissances; autrement, comme les sei- » gneurs négligent souvent la levée annuelle des » rentes qui sont modiques, il seroit très-aisé » aux emphytéotes de changer de seigneur en » payant la rente à un autre ».

On voit que M. de Catellan prend ici le vrai contre-pied de la doctrine des autres auteurs. Suivant lui, il faut, pour prescrire un droit de directe, rapporter des *reconnoissances*, c'est-à-dire des actes qui ne coûtent rien aux censitaires, des actes passés la plupart du temps dans le secret, des actes par conséquent que le véritable seigneur peut aisément ignorer; & des perceptions continuées pendant trente ans, des payemens faits entre les mains d'un tiers au préjudice de celui qui devoit les recevoir & qui n'a point pu ne pas s'appercevoir de leur cessation, sont des actes impuissans pour opérer la Prescription d'un seigneur à l'autre. Il faut l'avouer, cette doctrine a quelque chose d'étrange.

Aussi n'a-t-elle pas été le seul fondement de

l'arrêt

l'arrêt cité. Ce qui l'a principalement déterminé, c'est que, par la jurisprudence qui régnoit alors à Toulouse, un seigneur ne pouvoit pas, de lui à ses tenanciers, établir son droit de directe sans reconnoissance, & qu'il n'y pouvoit pas être suppléé par la preuve de la perception d'un cens pendant trente ans. On a conclu de là que dans l'espèce qui se présentoit, le possesseur trentenaire ne pouvoit pas avoir prescrit contre le seigneur véritable, parce que (ce sont les termes de M. de Catellan),
« c'eût été établir en sa faveur une directité sur
» la simple possession, ce qui ne se peut en Lan-
» guedoc, où tout demandeur en féodale doit
» avoir du moins une reconnoissance avec des
» adminicules ».

Là dessus deux observations.

La première, qu'il ne paroît pas juste d'argumenter ici de seigneur à seigneur, comme on le fait du seigneur au tenancier. Qu'entre ceux-ci, il faille une reconnoissance, dans un pays de franc-aleu, pour transformer une terre allodiale en censive, on le conçoit assez. Mais que la censive une fois établie, on exige entre deux seigneurs qui se la disputent, les mêmes conditions pour la prescrire, que s'il s'agissoit de la créer, c'est aller trop loin ; c'est appliquer une maxime introduite par la seule faveur de la liberté naturelle, à un cas dans lequel ce motif ne se rencontre nullement.

La seconde observation est encore plus décisive contre le parti adopté par l'arrêt. C'est que le parlement de Toulouse paroît aujourd'hui se relâcher sur la nécessité des reconnoissances pour établir, même du seigneur au tenancier, l'asservissement du fonds de celui-ci. Voyez les notes de Sudre fur Boutaric, *traité des droits feigneuriaux*, chapitre 1, nombre 40, & Vedel fur M. de Catellan à l'endroit cité.

On voit même par un arrêt rapporté dans les notes de Ferrieres fur Guy-Pape, queftion 582, que telle étoit la jurifprudence de cette cour dans le feizième fiècle.

DISTINCTION XIII.

Placez ici la page 113 & ce qui fuit, jufqu'à la fin de la page 116 incluſivement ; après quoi lifez :

§. II. *De la Prefcription des rentes, redevances & preftations annuelles.*

La Prefcription peut avoir, en cette matière, comme en plufieurs autres, deux effets différens : ou elle acquiert un droit à celui qui ne l'avoit pas, ou elle en décharge celui qui y étoit affujetti.

De cette différence, naît la divifion de ce paragraphe en deux diftinctions.

DISTINCTION I. *De la Prefcription confidérée comme moyen d'acquérir une rente, une redevance ou une preftation annuelle.*

Il n'y a rien de particulier fur cette matière, lorfqu'une rente n'eft pas conteftée dans fon exiftence, c'eft-à-dire, lorfqu'il eft avoué qu'elle eft due par une perfonne ou par un fonds, & qu'il ne s'agit que de favoir à qui elle appartient & par qui elle doit être perçue. Il ne faut alors confulter, en fait de Prefcription, que les règles générales & les principes communs à tous les objets prefcriptibles.

Mais s'il eft queftion de créer la rente ou redevance, il y a plus de difficulté.

On a vu ci-devant, fection 2, §. 13, que fuivant l'opinion commune des docteurs, dix années de preftation d'une rente ou redevance, fuffifent pour faire préfumer que cette preftation a été faite en vertu d'un titre, pour obliger en conféquence, celui qui a payé pendant ce temps, à continuer de le faire à l'avenir.

Mais on exige pour cela le concours de quatre conditions.

La première, que la preftation ait été uniforme, foit pour la quantité, foit pour la qualité.

La feconde, qu'elle ait été payée chaque année, ou du moins en plufieurs fois.

La troifième, que les payemens foient prouvés réellement, & qu'ils ne foient pas établis fur de fimples préfomptions; comme lorfque du payement des trois dernières années, on induit le payement des années précédentes.

La quatrième, que les payemens aient été faits pour la même caufe, & fe réfèrent à un titre, qui, quoiqu'il ne paroiffe pas, foit certain, déterminé, capable de produire la rente, & ne foit pas combattu par le droit commun ou par quelque forte préfomption.

Quand toutes ces circonftances fe rencontrent, la rente eft regardée comme valablement créée,

& après dix ans on a acquis le droit de la faire continuer.

Mais, comme nous l'avons obfervé dans le §. 13 de la fection 2, cette règle ne peut pas avoir lieu dans les coutumes qui ont étendu au-delà de dix ans le terme de la Prefcription ordinaire; ou du moins, il faut pour y acquérir une rente dans les circonftances que nous venons de décrire, en avoir reçu le payement pendant tout le temps par lequel on prefcrit dans leur territoire.

Encore a-t-on quelquefois douté fi cette manière de devenir créancier pouvoit y avoir lieu. Mais la queftion a été jugée pour l'affirmative, par un arrêt du parlement de Bordeaux du 12 mars 1726, infirmatif d'une fentence du fiège royal de Saint-Jean-d'Angely; il eft rapporté dans le commentaire de Valin fur la coutume de la Rochelle, article 57, nombre 15. (1).

Covarruvias (2) admet auffi cette opinion, mais il la limite par une exception remarquable. C'eft que fi le droit eft prétendu par un feigneur contre fon fujet, il faut une poffeffion immémoriale ou quarante ans avec un titre, parce que, dit-il, les feigneurs font dans l'habitude d'extorquer de leurs fujets tout ce qu'ils peuvent, & que la poffeffion

____

(1) Voici comment s'explique cet auteur :

« Mais favoir fi celui qui auroit été fervi d'une rente
» durant trente ans, pourroit fe prévaloir de fa poffeffion
» pour fe faire continuer la rente fans avoir befoin d'en
» rapporter le titre; c'eft-à-dire, fi cette jouiffance de
» trente ans opéreroit la Prefcription en fa faveur & vau-
» droit titre? Jugé pour l'affirmative, &c. »

2) Ad cap. poffeffor. part. 2, §. 4, quæft. 10.

immémoriale, ou celle de quarante ans avec un titre, peut feule effacer la préfomption qui réfulte de cette habitude.

« Il eft de la prudence du juge, dit Dunod (1), » de faire l'application de cette doctrine, fuivant » les circonftances ».

Les rédacteurs des chartes générales de Hainaut ont été plus favorables aux feigneurs. On a vu à l'article CHAMPART, que la redevance foncière, connue fous ce nom, s'établit dans cette province par la feule poffeffion de vingt-un ans.

Il en a été jugé autrement dans d'autres coutumes.

Delgorgue en fes additions au commentaire de Duchefne fur la coutume de Ponthieu, article 115, dit « qu'on n'acquiert pas, même par la Prefcrip- » tion de trente ans, le droit d'exiger un fur cens » ou champart, & qu'il faut un titre ». C'eft, ajoute-t-il, ce qui a été jugé dans cette coutume, par deux fentences de la fénéchauffée d'Abbeville de 1649 & 1653, & par deux arrêts des 23 avril 1663 & 18 août 1681, confirmatif de deux autres fentences du même fiège.

Il cite encore, pour confirmer cette décifion, un arrêt du premier feptembre 1658, infirmatif d'une fentence du bailliage d'Amiens, qui avoit admis l'appointement de preuve de la poffeffion.

On peut auffi voir fur cette matière les articles CORVÉE & TAILLE SEIGNEURIALE.

Brillon, au mot *Prefcription-rente*, cite un arrêt du parlement de Paris du 28 juillet 1725, qui va

____

(1) Des Prefcriptions, part. 3, chap. 7.

plus loin. Il juge que « la preftation d'une rente
» (même de particulier à particulier), pendant
» près de cent années, n'acquiert pas le droit de
» la prétendre toujours, quand il eft évident que
» la preftation a été faite fans caufe & par er-
» reur ».

Cet arrêt juge encore, « qu'en ce cas, on ne
» peut pas demander la reftitution des arrérages
» payés, même de ceux dont l'action n'eft pas
» prefcrite, à caufe de la bonne foi du ceffionnaire
» de la rente, qui a reçu; & parce que celui qui
» a payé volontairement, eft en faute de n'avoir
» pas reclamé plutôt, on peut croire qu'il a payé
» par libéralité ».

DISTINCTION II. *De la Prefcription confidérée
comme moyen d'éteindre les rentes, redevances
& preftations qui n'emportent pas la direète feigneurie.*

Deux queftions principales font toute la matière
de cette diftinction.

1°. La feule ceffation de payement peut-elle
donner lieu à la Prefcription en faveur des redevables des rentes & preftations dont il s'agit ?

2°. Le tiers-acquéreur d'un fonds hypothéqué
ou affecté à une rente ou preftation de cette nature, peut-il prefcrire pendant que le créancier
eft payé, foit par le débiteur, foit (quand le fonds
eft divifé en plufieurs parties également aliénées)
par un autre tiers détenteur ?

Examinons chacune de ces queftions : il en eft
peu d'auffi importantes & qui fe préfentent auffi
fréquemment dans les tribunaux.

I. La première eſt hériſſée de difficultés ; & il en eſt peu, dans toute la juriſprudence, ſur laquelle des opinions, les uſages & les arrêts ſoient auſſi variés.

Deux lois romaines ont été, par leur oppoſition apparente, la cauſe de cette diverſité d'avis.

Suivant la loi *eos qui* au code, *de uſuris*, on ne peut plus agir pour les intérêts d'un capital de deniers donnés en prêt, lorſque ce capital eſt preſcrit, ſoit par trente, ſoit par quarante ans ; & ce ſeroit en vain que pour fonder une action à cet égard, on objecteroit que les intérêts des années les moins reculées ne ſont pas échus depuis un temps ſuffiſant pour la Preſcription ; car, ajoute le légiſlateur, quand l'action pour le principal eſt éteinte, la demande des intérêts n'eſt plus recevable (1).

Voilà la baſſe ſur laquelle poſe l'opinion de ceux qui regardent le fond des droits dont il s'agit, comme preſcriptible de la part des débiteurs & redevables.

Il n'eſt pas difficile de ſentir qu'ils font de ce texte une application vicieuſe. La loi ſuppoſe un capital preſcrit ; elle ne s'inquiète pas de ſavoir comment il a pu ſe preſcrire, parce que dans le

---

(1) Eos qui principali actione per exceptionem triginta vel quadraginta annorum, ſive perſonali, ſive hypothecariâ cecíderunt, jubemus non poſſe ſuper uſuris vel fructibus præteriti temporis aliquam movere quæſtionem, dicendo ex iiſdem temporibus eas velle ſibi perſolvi, quæ non ad triginta vel quadraginta præteritos annos referuntur, aſſerendo ſingulis annis earum actiones naſci : principali enim actione non ſubſiſtente, ſatis ſupervacuum eſt ſuper uſuris vel fructibus adhuc judicem cognoſcere.

fait il étoit exigible, & par conséquent susceptible de Prescription, mais elle se fixe aux arrérages : elle demande s'ils sont compris dans la
Prescription du capital; elle décide qu'oui, & elle
ne dit rien de plus. En quoi cette décision peut-elle
influer sur la question qui se présente à résoudre?
Nous ne demandons pas si après la Prescription du
fond d'un droit consistant en prestations, on peut
encore exiger les arrérages échus avant que cette
Prescription ne soit encourue, seul cas où on
pourroit appliquer la loi citée : mais nous demandons si cette Prescription peut avoir lieu, &
par conséquent nous mettons en question ce qui
dans l'espèce de la loi est supposé.

Il seroit inutile de dire que cette supposition elle-
même est une preuve de la prescriptibilité du fond
du droit. Car, nous l'avons déjà remarqué, si la loi
suppose le capital prescrit, c'est parce que dans le
fait il étoit exigible; c'est parce que pouvant faire
la matière d'une action, celui qui en étoit créancier
ne pouvoit pas invoquer en sa faveur la maxime,
contra non valentem agere non currit Præscriptio.

Mais dans notre hypothèse tout est bien différent.
C'est ou une redevance qui n'a point de capital déterminé, ou une prestation manuelle qui n'a point de
prix, ou une rente du principal de laquelle on ne
peut exiger le remboursement. Le créancier de
l'un ou de l'autre de ces objets n'a point d'action
pour le fonds du droit; il ne peut demander que
des arrérages. Ainsi point de comparaison entre
notre espèce & celle de la loi *eos qui*; & si la Prescription peut avoir lieu dans la première, à coup
sûr ce n'est pas de la décision donnée par cette loi
à la seconde qu'elle dérive.

L'autre texte du droit romain dont nous avons parlé, eft le §. 6 de la loi *cùm notiſſimi*, au code, *de Præſcriptione triginta annorum :* c'eft de ce texte que font partis les auteurs qui , contraires aux partifans du fyftême de la prefcriptibilité, enfeignent que nulle Prefcription ne peut éteindre le fond d'un droit confiftant en preftations ou redevances annuelles. Voici mot pour mot ce qu'il porte ; nous ne faifons que le traduire :

« Dans les promeſſes, legs ou autres obligations
» qui ont pour objet une preftation à faire tous
» les ans , tous les mois, ou dans tout autre
» temps déterminé, il eft évident que les Pref-
» criptions dont il a été parlé jufqu'à préfent
» doivent courir, non du jour d'une obligation
» de cette nature, mais du commencement de
» chaque année, de chaque mois, ou de tout
» autre temps marqué. De manière, par exemple,
» qu'il n'eft jamais permis à celui qui a poffédé
» par droit d'emphytéofe , foit pendant quarante
» ans, foit pendant un autre temps quelconque,
» de dire que par le laps de ce temps il a acquis
» le domaine de la chofe (1) ».

Ce texte paroît établir l'imprefcriptibilité des

______

(1) In his etiam promiſſionibus , vel legatis vel aliis obligationibus , quæ dationem per fingulos annos , vel menſes , aut aliquod fingulare tempus continent , tempora memoratarum Præfcriptionum non ab exordio talis obligationis , fed ab initio cujufque anni , vel menfis , vel alterius fingularis temporis computari manifeftum eft : nullâ fcilicet dandâ licentiâ vel ei qui jure emphyteutico rèm aliquam per quadraginta vel quofcumque alios annos retinuerit , dicendi ex tranfacto tempore dominium fibi in iifdem rebus quæfitum eſſe.

preſtations annuelles. Chaque année produit à cet égard une nouvelle obligation, & par conféquent une nouvelle action : ainſi, quelqu'eſpace de temps qu'il ſe ſoit écoulé entre la dernière preſtation du droit, & le moment où le créancier commence d'agir, il ne peut jamais y avoir de preſcrit qu'un certain nombre d'années.

Ce qui lève toute équivoque, c'eſt l'exemple que la loi donne de l'emphytéote. On convient que celui-ci ne pouvant jamais preſcrire le domaine direct, ne peut jamais, par la même raiſon, preſcrire la libération du cens qui en eſt récognitif. Il faut donc qu'il en ſoit de même des autres preſtations annuelles : car l'exemple que propoſe le légiſlateur, établit une parfaite ſimilitude entre le cas ſur lequel il porte, & les autres eſpèces renfermées dans la loi.

Ainſi, d'un côté, la loi *eos qui* ne juſtifie pas, ne rend pas même plauſible le ſyſtême de la preſcriptibilité des preſtations annuelles ; de l'autre, la loi *cùm notiſſimi*, démontre qu'elles ne ſont paſſibles de Preſcription que pour les arrérages échus.

L'impreſcriptibilité de ces preſtations ne peut donc pas être un problême dans le droit romain. C'étoit l'opinion de Martin, ancien gloſſateur ; & quoiqu'il ait trouvé un puiſſant antagoniſte dans la perſonne du docteur Bulgare, ſon contemporain, il n'a pas laiſſé d'être ſuivi par le plus grand nombre des interprètes.

Dunod, qui le combat, prétend qu'il n'a pas eu le même ſuccès dans les tribunaux : il aſſure que l'opinion de Bulgare, « plus ſimple & plus con- » forme à l'eſprit général des lois, en matière de

» Preſcription, l'a emporté dans la ſuite » ; & il finit par dire avec d'Argentré, ſur l'article 272 de l'ancienne coutume de Bretagne, que l'uſage » univerſel a ſoumis à la Preſcription les rentes » conſtituées à prix d'argent, quoique le capital » n'en ſoit pas exigible ».

Cet uſage, s'il eſt auſſi réel que le ſuppoſent ces deux auteurs, ne peut que mériter nos applaudiſſemens. Il déroge aux lois romaines ; mais ces lois ſont-elles bien judicieuſes, lorſqu'elles aſſimilent, par rapport à la preſcriptibilité, une ſimple preſtation annuelle à une redevance emphytéotique ? Quelle diſtance entre le débiteur d'une rente ordinaire, & l'emphytéote qui poſsède le bien d'autrui, ſans avoir, ſans qu'il ſoit même poſſible qu'il ait jamais l'eſprit de propriétaire ! le moyen de comparer un redevable qui ne détient rien à autrui, qui poſsède *animo domini* les biens qu'il peut avoir affectés à ſa redevance, qui enfin n'eſt tenu qu'à une charge purement accidentelle à ſon fonds, & une perſonne qui a en dépôt l'héritage de ſon ſeigneur direct, qui n'eſt obligé, comme on l'a établi ci-devant, §. 1 que parce qu'elle eſt aſſociée dans la propriété de celui-ci, & dans qui, pour tout dire en un mot, l'aſſujettiſſement à la redevance emphytéotique eſt la cauſe finale de ſa jouiſſance, le prix de l'abandon qui lui en a été fait, la condition *ſine quâ non* de ſon aſſociation au domaine du ſeigneur direct ?

Ajoutons encore que le ſyſtême illimité du droit écrit peut nous jeter, par rapport aux rentes conſtituées que les romains ne connoiſſoient point, dans des inconvéniens ſans nombre & des embarras effrayans. Mes ancêtres ont conſtitué une rente dont on retrouve aujourd'hui le titre. Il y a quarante, soixante, cent ans qu'il n'en a été payé aucune efpèce d'arrérages. Viendra-t-on, malgré un auffi long efpace de temps, foutenir que je dois paffer titre nouvel, & acquitter les arrérages non prefcrits? Mais d'un côté, il eft poffible que mon aïeul, que mon père ait rembourfé le capital, & que la quittance de remboursement ait été dévorée par un incendie, minée par le temps, perdue par inadvertance. D'un autre côté, il n'eft point vraifemblable qu'on n'eût pas pourfuivi mon père ou mon aïeul, fi on ne les eût pas cru libérés. Faudra-t-il donc que la découverte d'un titre ignoré pendant un fi grand nombre d'années, impofe filence à toutes les préfomptions qui parlent en ma faveur, & mon adverfaire, qui ne fait pas mieux que moi quelles innovations a pu éprouver ce titre avant qu'il ne tombât dans fes mains, triomphera-t-il des invraifemblances les plus palpables, tandis que, fuivant le cri de toutes les lois, la poffeffion de trente ou de quarante ans fait en général regarder comme vrai tout ce qui eft poffible?

Ces confidérations, on le fait, ne peuvent s'appliquer qu'aux preftations rachetables, c'eft-à-dire, ou aux rentes conftituées à prix d'argent, ou aux rentes foncières dues par des maifons de villes. Mais à l'égard des autres, il exifte des principes, comme nous l'avons dit; quoique rejetés par le droit romain, ils méritent affez l'aveu de la raifon, pour juftifier *l'ufage univerfel* que d'Argentré fuppofe établi en faveur de la prefcriptibilité de ces preftations (1).

____

(1) *Voici les termes de d'Argentré.* Generali obferva-

Reste à savoir si cet usage existe en effet, tant par rapport aux rentes rachetables, que relativement aux autres redevances ?

Pour nous en assurer, il n'y a que deux sources à consulter, nos coutumes & les décisions des tribunaux établis pour nous juger.

Toutes nos coutumes n'ont pas, à beaucoup près, décidé ni même prévu la question. Voici celles qui prononcent en faveur de la prescriptibilité des prestations dont il s'agit.

Boulonnois, article 120; Artois, article 72; Bailleul, rubrique 21, article 3; Valenciennes, article 93; Cambresis, titre 17, article 1; Namur, article 37; Liege (1), chapitre 9, article 3; Metz, titre 14, article 9; Reims, articles 380 & 381; Senlis, articles 190 & 191; Clermont en Argonne, chapitre 14, articles 4 & 7; châtellenie de Lille, chapitre 17, article 2; ville de Lille, chapitre 6, article 1; gouvernance de Douai, chapitre 14, article 1; ville de Douai, chapitre 9, article 1; Orchies, chapitre 8, article 1; la Gorgue, article 43; Lorraine, titre 18, article 2; Gorze, titre 14, article 32; Ponthieu, article 115; Grand'Perche, article 213; Orléans, article 309; Montargis, cha-

---

tione regni Franciæ, una pro omnibus omnium annorum præstationibus Præscriptio sufficit; & hoc jure utimur. *Sur l'article 272 de l'ancienne coutume de Bretagne, aux mots* qui n'échéent d'an en an, *nomb. 3.*

(1) La disposition de cette coutume est singulière : elle exige quarante ans & *bonne foi* pour qu'on puisse prescrire la libération d'une rente : encore faut-il que ce soit *entre gens capables & idoines.*

pitre 17, article 4; la Marche, article 91; Auvergne, chapitre 17, article 2.

Il faut ajouter à ces coutumes une ordonnance de 1564 qui est particulière à la Franche-Comté : elle porte selon Dunod, partie 3, chapitre 7, que « toutes rentes & redevances annuelles confessées » reconnues par écrit, & portant hypothèque , » seront prescrites par quarante ans, au cas que le » payement n'en ait été fait par les principaux dé- » biteurs, héritiers, ou tenementiers (détenteurs) » des assignaux », ou hypothèques spéciales (1).

Voilà assurément un ensemble respectable de décisions en faveur de la prescriptibilité des rentes, redevances & prestations annuelles qui n'ont pas pour objet, la reconnoissance de la directe seigneurie.

Mais le sentiment contraire a aussi trouvé des partisans parmi les rédacteurs de nos coutumes. Il y en a plusieurs qui, ou n'admettent pas la Prescription en cette matière, ou, ce qui revient au même, ne l'admettent qu'à l'aide d'une contradiction préalable & suffisante pour former une interversion de titre, ou enfin déclarent qu'il n'y a lieu contre les droits dont il s'agit, qu'à la Prescription immémoriale. Transcrivons ici leur termes.

« Droit de tailles, corvées, charrois & autres » *redevances & prestations personnelles,* comme

______

(1) Et ex his cessat apud nos (dit M. Grivel, décision 124), quæstio illa antiqua & perplexa in quâ doctores mirificè variant, an scilicet in ujusmodi præstationibus annuis unius cujusque anni propria requiratur Præscriptio; & quot sunt anni, tot requirantur Præscriptiones 36 vel 40 annorum.

» femblablement droit de cens & *rente annuelle*.…
» ne fe peuvent prefcrire par le fujet ou débiteurs
» *contre les feigneurs ou créanciers*, finon par efpace
» de *temps immémorial*, ou bien par l'efpace de
» trente ans, après la contradiction par eux faite
» de fatisfaire auxdites preftations ». Saint-Mihiel,
titre 10, articles 7 & 8.

« Droit de… & rente annuelle… ne peut fe pref-
» crire par les fujets ou débiteur contre leur fei-
» gneur créancier, finon par laps de temps immé-
» morial, ou bien par l'efpace de vingt ans vingt
» jours (1) après le refus ou contradiction par eux
» faite de fatisfaire à telles preftations ou rede-
» vances ». Gorze, titre 14, articles 27 & 28.

« Droit de taille ès quatre cas, de charrois &
» manœuvres, & de *tailles perfonnelles* ne fe pref-
» crivent, finon depuis la contradiction ». Bourbonnois, article 29 (2).

La coutume d'Auvergne décide la même chofe
par rapport au droit de taille aux quatres cas; mais
à l'égard des autres preftations, elle diftingue celles
qui font déterminées d'avec celles qui fon exigibles
à merci & volonté. Les premières fe prefcrivent par
trente ans. Les fecondes ne peuvent être prefcrites
qu'au moyen d'une contradiction préalable. Voyez
ci-devant, §. 1, diftinction V.

---

(1) Voyez ci-devant, fect. 2, §. des Prefcriptions de 20
ans, à la fin.

(2) Cette difpofition eft d'autant plus extraordinaire dans
la coutume de Bourbonnois, que le cens s'y prefcrit par
30 ans, fans qu'il foit befoin de contradiction. Voyez ci-
devant, §. 1, diftinction V.

Mais que décident les arrêts, soit dans les coutumes muettes, soit dans les pays de droit écrit?

Au parlement de Paris, on n'a jamais douté que la Prescription ne pût éteindre une rente constituée, une redevance foncière, en un mot, une prestation quelconque, pourvu qu'elle n'emportât point la seigneurie directe.

Au parlement de Toulouse, on fait des distinctions qui ne paroissent avoir d'autre source que des idées purement arbitraires.

M. d'Olive, livre 1, chapitre 6, dit que « les » arrêts de ce parlement ont considéré les *pensions* » *obituaires* comme des rentes foncières, pour les » déclarer non-seulement imprescriptibles, mais » pour faire aussi que les arrérages en soient dus » depuis vingt-neuf ans avant l'introduction de » l'instance ». C'est, continue-t-il, ce qui a été jugé notamment par arrêt du 7 juillet 1633.

Dans les notes sur ce chapitre, M. d'Olive dit que cette jurisprudence a été introduite par esprit de religion, *pietatis intuitu* ; & il rapporte un arrêt du 7 janvier 1637, rendu dans une espèce « où il » s'agissoit d'une rente obituaire établie par con- » trat, qui fut jugée imprescriptible ».

Plus bas, il nous apprend que par un autre arrêt rendu à son rapport le 31 août 1639, « il a été jugé » que non-seulement la pension obituaire que le » fondateur a assignée sur certains fonds est impres- » criptible & passe pour rente foncière, mais aussi » celle que les héritiers du fondateur, l'obituaire » & les patrons ont assignée sur un fonds, à raison » de la somme provenue de la vente d'une maison » de la fondation ».

Il dit encore qu'un arrêt du 4 avril 1642, rendu

après

après partage, a décidé « que la rente obituaire » n'eſt pas preſcriptible, encore que par une clauſe » expreſſe de la fondation elle ſoit rachetable ».

Dans un autre endroit (livre 2 , chapitre 21), M. d'Olive examine ſi les rentes conſtituées à prix d'argent ſur un fonds allodial, ſont preſcriptibles, lorſqu'elles ſont conçues en forme d'emphythéoſe? La négative paroîtroit ne devoit ſouffrir nulle difficulté. Cependant notre auteur prétend que le parti de l'impreſcriptibilité a été adopté par un arrêt du 18 août 1634. Mais Deſpeiſſes qui dit avoir vu cet arrêt, aſſure qu'il a décidé tout le contraire.

M. d'Olive dit encore que par deux autres arrêts des 30 mars 1640 & 27 juin 1641, de pareilles rentes ont été déclarées impreſcriptibles; mais il a ſoin d'avertir que dans l'eſpèce du ſecond, il y avoit des circonſtances ſuffiſantes pour établir une tradition de fonds de la part du créancier de la rente, ce qui la rendoit vraiment emphytéotique.

Enfin, il dit que la juriſprudence a été fixée en faveur de la preſcriptibilité par deux arrêts très-précis, l'un de 1641, & l'autre du mois de juin 1644: nous devons ajouter, & par un troiſième du 29 août 1657, rapporté par Albert, au mot *rentes*, §. premier.

Ce qu'a écrit ſur cette matière M. de Catellan, livre 1, chapitre 7, ne fait que confirmer les aſſertions de M. d'Olive.

Il commence par annoncer qu'il a été un temps où les chambres du parlement de Toulouſe étoient partagées ſur la queſtion de ſavoir ſi « les fonda- » tions qui regardent le ſervice divin & les ſer- » vices pour les morts ſont impreſcriptibles, ſoit

» qu'elles proviennent de teſtament ou de con-
» trat ».

Et il ajoute, qu'après de longues diſputes ſur les opinions de Martin & de Bulgare, « la faveur » de l'égliſe & des fondations pieuſes a enfin réuni » les eſprits, & qu'on juge conſtamment & indiſ- » tinctement dans toutes les chambres que les » rentes obituaires ou autres en faveur de l'égliſe » ſont impreſcriptibles ».

Après ce début, M. de Catellan paſſe à la queſ-tion déjà traitée par M. d'Olive, ſi la faculté de rachat, appoſée à une rente conſtituée par libéra-lité au profit de l'égliſe, rend cette rente paſſible de Preſcription, ou plutôt ſi elle en fait préſumer le rembourſement, lorſqu'il s'eſt écoulé quarante ans ſans que les arrérages en aient été payés.

Après avoir dit que ſur cette queſtion les avis ſont aſſez partagés, il rapporte un arrêt du 19 août 1665, par lequel la Preſcription a été admiſe. Mais dans l'eſpèce jugée par cet arrêt, il remarque trois circonſtances particulières. 1°. Laps de plus de trois ſiècles : 2°. opulence des débiteurs de la rente, ce qui rendoit le rachat très-vraiſemblable : 3°. pil-lage de leur maiſon dans un temps de guerre, d'où l'on pouvoit conclure que l'acte de rembourſement avoit été égaré ou brûlé. Et avec cela, l'avis qui forma l'arrêt, ne l'emporta que de deux voix ſur le parti contraire.

Excepté ce cas, continue M. de Catellan, j'ai tou-jours vu juger en faveur de l'impreſcriptibilité, no-nobſtant le pacte de rachat. Telle eſt notamment la déciſion d'un arrêt du 14 mai 1667.

On a élevé, nous dit encore le même magiſtrat,

une autre queſtion, par rapport à l'impreſcriptibilité des rentes obituaires.

Il s'agiſſoit de ſavoir ſi ce privilège eſt limité à l'action perſonnelle qui peut être exercée par l'é-gliſe contre les héritiers, ou s'il s'étend juſqu'à l'ac-tion hypothécaire, & ſi en conſéquence un tiers-acquéreur eſt hors d'état de preſcrire la libération de la rente pour laquelle ſon héritage eſt affecté envers l'égliſe. Ce dernier parti, répond M. de Catellan, « a été préciſément adopté à mon rap-» port, ſuivant l'avis de Ferrière, ſur les queſtions » 432 & 576 de Guy-Pape, dans la cauſe de Maſ-» ſier, acquéreur d'une rente ſur le village de la » Valete, hypothéquée pour une rente obituaire ».

J'ai auſſi vu (c'eſt encore M. de Catellan qui parle) j'ai auſſi vu « juger avec moins de difficul-» té, à la ſeconde chambre des enquêtes, au mois » de mai 1665, que le laps de plus de cent ans ne » faiſoit pas que le tiers-poſſeſſeur pût preſcrire la » rente établie ſur ſon fonds ». Il y avoit cepen-dant une circonſtance bien favorable à la cauſe : c'eſt que par l'acte de fondation, les héritiers & ayans-cauſe du fondateur avoient la liberté de dé-charger l'héritage affecté à la rente, en la transfé-rant ſur un autre. Le tiers poſſeſſeur ſoutenoit que le laps de temps devoit faire préſumer cette tranſ-lation ; mais il ne fut pas écouté.

Vedel, dans ſes obſervations ſur M. de Catellan, dit qu' « on peut ajouter aux arrêts qui ont jugé la » rente obituaire impreſcriptible ſur la tête des » tiers-acquéreurs du fonds aſſujetti à la rente, un » arrêt rendu le 12 avril 1718 ». En effet, dans l'eſpèce de cet arrêt, le marquis de Caſtelnau contre qui il a été rendu, avoit en ſa faveur une jouiſ-

sance paisible de 148 ans, sans acquitter la rente : il
n'y avoit aucun service annexé à cette redevance :
elle avoit d'ailleurs été transportée sur deux différens héritages, dont les possesseurs l'avoient payée
régulièrement. Malgré ces circonstances, le marquis
de Castelnau fut condamné.

Mais le parlement de Toulouse regarde-t-il
comme imprescriptibles les rentes constituées à prix
d'argent ? Non, il restreint ce privilège aux rentes
qui ont été données ou léguées à l'église ; & dans
le cas même où c'est au profit de l'église qu'a été
passé le contrat de constitution à prix d'argent, il
juge que la rente est passible de Prescription. C'est,
dit M. de Catellan, « ce que j'ai vu juger à mon
» rapport le 12 juin 1665, après partage porté de
» la première chambre des enquêtes à la seconde ».

Les arrêts de 1634, 1641, 1644 & 1657, rap-
pelés ci-dessus, ajoutent à la vérité de cette assertion, un nouveau degré d'évidence.

Voilà tout ce qu'ont écrit sur la Prescription des
rentes, MM. d'Olive & de Catellan ; c'est-à-dire,
deux des plus savans magistrats qui aient illustré le
parlement de Languedoc. Joignons-y deux décisions que renferment sur la même matière, le journal du palais de Toulouse.

Le chapitre 200, du tome 3, nous présente un
arrêt du 12 septembre 1712, qui juge « que le pri-
» vilège de l'imprescriptibilité accordé aux rentes
» obituaires contre les possesseurs des biens du
» fondateur, n'est pas accordé de même contre les
» possesseurs, non des biens du fondateur, mais des
» biens de ses héritiers ».

Dans le tome 4, chapitre 96, est un autre arrêt
du 24 mars 1719, par lequel il a été décidé que « la

» rente qu'une églife fait à une autre, fe prefcrit,
» fi elle n'eft foncière, ni obituaire, ni établie en
» figne de fupériorité ». Voyez ci-après, §. IV.

Le parlement de Dauphiné étendoit autrefois à tous les genres de preftations annuelles, la feule efpèce d'imprefcriptibilité qu'il admet dans la féodalité & la directe (1).

Il les affranchiffoit de toute Prefcription au-deffous de cent ans. C'eft ce qu'attefte Guy - Pape, queftion 406.

Mais M. de Salvaing nous apprend dans fon Traité de l'ufage des fiefs, chapitre 78, qu'à l'inftant où il livroit cet ouvrage à l'impreffion, c'eft-à-dire, en 1668, il y avoit quarante ans que la jurifprudence du palais étoit changée fur ce point. Depuis ce temps, dit-il, « le parlement a jugé » *conftamment* que *toutes* preftations annuelles, » autres que les directes, fe prefcrivent par quarante ans, comme n'étant confidérées que pour » fimples hypothèques ».

Ce magiftrat ajoute qu'il a cependant vu douter fi cette jurifprudence ne devoit pas être reftreinte aux rentes conftituées, ou fi on pouvoit auffi l'appliquer aux rentes foncières : mais, continue-t-il, ce doute a été levé en faveur du fecond parti, par un arrêt du 28 juin 1645, rendu de l'avis des chambres.

Baffet rapporte auffi cet arrêt, livre 2, titre 29, chapitre 2, & il obferve qu'il a paffé de vingt-fix voix contre dix.

Chorier, jurifprudence de Guy-Pape, page 35,

----

(1) Voyez ci-devant, §. 1, diftinction 4.

M iij

en rapporte une autre du 29 juillet 1639, qui juge, de l'avis de toutes les chambres, que les tiers-poſſeſſeurs d'un bien ſujet à une rente anniverſaire, en preſcrivent l'exemption contre l'égliſe par quarante ans. En cela, le parlement de Grenoble s'écarte de la juriſprudence du parlement de Toulouſe, & en même temps, comme on le verra ci-après, de celle du parlement de Bordeaux. Mais il eſt d'accord avec les vrais principes.

Le parlement de Bordeaux juge de même par rapport aux rentes conſtituées : il les regarde comme preſcriptibles par trente ans : c'eſt ce qu'atteſte l'annotateur de la Peyrere, lettre P, nombre 57 & 71.

Mais à l'égard des rentes que les habitans de la Guyenne nomment *fondières*, & qui répondent à ce qu'on appelle ailleurs *rentes foncières*, ou *rentes de bail d'héritage*, le parlement de Bordeaux les juge impreſcriptibles comme le cens. La Peyrere, lettre P, nombre 55, en rapporte un arrêt du 26 juin 1643, & ſon annotateur ajoute que « cet arrêt » a été ſuivi d'une infinité d'autres arrêts ſembla- » bles, qui ont jugé que les rentes fondières ſont » impreſcriptibles . . . . , & même que le dé- » cret ne les purge pas ». Plus bas, nombre 57, note *c*, il prétend qu' « en ce point, la juriſpru- » dence de ſon pays eſt plus conforme au droit, » en ce que (ſuivant lui) la raiſon de la loi 6, C. » *de Præſcriptione* 30 *vel* 40 *annorum*, a également » ment lieu à l'égard de celui qui tient un héritage » *au devoir*, c'eſt-à-dire, moyennant la recon- » noiſſance d'une *rente ſeconde* ».

Du reſte, le parlement de Bordeaux accorde, comme celui de Touloule, le privilège de l'impreſ- criptibilité aux rentes obituaires. C'eſt ce qu'a jugé, même contre un tiers acquéreur des biens affectés à la fondation, un arrêt du 25 février 1695, rapporté dans le recueil de la Peyrere, lettre R, nombre 102.

Le parlement d'Aix, est, de tous les tribunaux du royaume, celui qui est le moins favorable à la Prescription des prestations annuelles.

Tous les auteurs de son ressort conviennent de l'imprescriptibilité de celles qui n'ont point de capital déterminé; & il ne reste de difficulté entr'eux que pour les autres.

Pastour, traité des fiefs, livre 3, titre 5, nombre 4, soutient qu'elles sont prescriptibles; M. de Bésieux, livre 8, chapitre 4, §. 3, rapporte un arrêt du 27 mars 1713, qui l'a ainsi jugé. Il s'agissoit d'une rente constituée en 1641, pour prix d'un héritage vendu, & dont on n'avoit demandé payement que soixante-dix ans après. C'étoit contre un tiers-acquéreur que les poursuites étoient dirigées; mais il paroît que cette circonstance n'a point influé sur le jugement de l'affaire; M. de Bésieux n'en dit pas le mot dans les motifs dont il rend compte, & il devoit les connoître, puisqu'il étoit président de la chambre par laquelle l'arrêt a été rendu.

L'opinion contraire est soutenue par Duperrier, tome 1, question 12, & dans ses *maximes*, titre *de la Prescription des prestations annuelles*. Il estime qu'en bonne jurisprudence, les rentes constituées à prix d'argent ne sont point sujettes à la Prescription par la seule cessation de payement pendant trente ans; & la raison en est qu'il n'est point dû de principal, qu'il est aliéné, que le créancier ne peut demander chaque année que la rente échue, qu'ainsi l'action pour les échéances à venir subsiste toujours.

Ce sentiment a enfin prévalu. Il a été jugé par plusieurs arrêts, dit M. Julien, dans son commentaire
sur les statuts de Provence, tome 2, page 511,
« que la Prescription de trente ans ne pouvoit pas
» être opposée en cette matière. Il y en a un arrêt
» d'audience du 22 décembre 1726 ; un autre du
» 23 mai 1735, au rapport de M. de Beauval ; un
» autre du 29 janvier 1738, au rapport de M. de
» Gras ; & le quatrième, prononcé par M. le pre-
» mier président de la Tour, à l'audience du 20
» novembre 1744 ».

Ces arrêts sont aussi rapportés par la Touloubre
dans ses notes sur les actes de notoriété de MM. les
gens du roi du parlement d'Aix.

Il a été rendu un arrêt semblable au parlement
de Bretagne, le 7 janvier 1627, en faveur des au-
gustins de Carhaix. On le trouve dans le plaidoyer
121 de Frain.

Mais dès le 26 octobre de la même année, ce
tribunal a jugé le contraire, en confirmant sur requête civile (1), un arrêt du 4 juillet 1625, par
lequel on avoit déclaré prescrite, par cessation de
payement, une rente qui faisoit partie de la dotation
de l'abbaye de Prières.

On trouve ces arrêts dans le commentaire sur
la coutume de Bretagne, publié par Poulain du
Parcq, article 280, nombre 9.

Chapel, chapitre 153, en rapporte un autre du
18 décembre 1628, qui juge également en faveur
de la Prescription, & cela contre l'hôpital de
Ploërmel.

____

(1) On sait que dans ce temps-là les requêtes civiles se
jugeoient par le mérite du fonds.

Frain, à l'endroit cité , nous en fournit un du 4 juillet 1631, qui décide encore qu'en fait de *preſtation ou rente annuelle* , la Preſcription commence du jour de la ceſſation du payement, même contre l'égliſe , & qu'il n'eſt pas beſoin de dénégation du droit pour y donner lieu. La conteſtation étoit entre les chartreux de Nantes & le nommé d'Aubron.

« Cette maxime , dit Poulain du Parcq (1), a été
» encore confirmée par arrêt du 20 juillet 1691,
» entre M. le duc & madame la ducheſſe de Coiſlin,
» & dom Jean Poirier, prieur de Chatelandren ».
Il s'agiſſoit d'une rente de fondation (2).

Le parlement de Douai juge comme celui d'Aix, pour la partie de ſon reſſort qui eſt régie par les chartes générales du Hainault. Ce n'eſt pas que cette coutume ait des diſpoſitions expreſſes pour l'impreſcriptibilité des rentes conſtituées ; mais les anciens praticiens du pays ont cru trouver dans ces lois quelques termes qui conduiſoient à cette opinion ; ils l'ont adopté , & de la réunion de leurs

---

(1) *Loc. cit.* arrêt 3.

(2) *Voici le diſpoſitif de l'arrêt.*

« La cour avant faire droit dans l'appel de la ſentence
» du 15 juillet 1690, ordonne que ledit Cadean , faiſant
» pour ledit Poirier, prieur titulaire du prieuré de Chate-
» landren , informera tant par actes que par témoins , que
» ledit Poirier & ſes prédéceſſeurs ont été ſervis & payés ,
» depuis les quarante ans derniers , de la rente de qua-
» rante-quatre boiſſeaux de froment qu'il prétend lui être
» due ſur les terres de Plonbalanec, Kity & Peros ; comme
» auſſi que leſdits du Cambout & du Halgouet ſa femme
» informeront du contraire , par les mêmes voies , devant
» les juges royaux de Saint-Brieux , dépens réſervés. »

ſuffrages ſur ce point, s'eſt formée la maxime, devenue proverbe en Hainault, que *non payer rente n'engendre Preſcription*. Le parlement de Douai a trouvé cette juriſprudence établie par différens arrêts du conſeil ſouverain de Mons, lorſqu'il a été ſubrogé à ce tribunal pour le Hainault françois, & il s'y eſt conformé. M. le préſident Desjaunaux, tome 3, §. 16, en rapporte un arrêt du 17 juillet 1702, par lequel il fut jugé qu' « en Hainault les » rentes perſonnelles, comme les réelles ou hypo- » théquées, ne ſe preſcrivent point pour les prin- » cipaux deniers, faute d'en payer les cours pen- » dant trente, même quarante ou cinquante ans ».

Ce qu'il y a de ſurprenant, c'eſt que dans la même province, le terrage, quand il ne tient pas lieu de cens, ſe preſcrit par vingt-un ans, même ſans contradiction ni refus préalable. C'eſt ce qu'on a établi ſous le mot Champart. D'où peut donc venir une différence auſſi marquée entre l'une & l'autre eſpèce de preſtation ? Et puiſque les chartes générales déclarent preſcriptible tout terrage qui n'eſt point récognitif de la directe ſeigneurie, pourquoi ne pas enviſager du même œil les rentes conſtituées ?

Au parlement de Dijon, la juriſprudence a toujours été conſtante en faveur de la preſcriptibilité des preſtations qui ne caractériſent pas la directe ſeigneurie.

Le procès-verbal des cahiers dreſſés en 1569, pour la réformation de la coutume de Bourgogne, fait mention d'un arrêt de l'an 1566, qui juge que les *cens fonciers & rentes ſimples*, dans leſquels il n'y a aucune réſerve de lods, de retrait ſeigneurial, ni de domaine direct, *ſe peuvent du tout*

prescrire, tant pour le principal que pour les arré-
rages.

Raviot, sur Perrier, question 338, nombre 19, dit que par un autre arrêt du 12 juillet 1567, trouvé dans les manuscrits de M. Colin, conseiller au même parlement : « Les Religieuses de Prâlon, » ayant demandé au sieur Brocard un cens qui n'é- » toit ni seigneurial, ni emphytéotique, & n'ayant » pu justifier d'aucun payement pendant quarante » années, furent déboutées par la Prescription » ; » & il ajoute d'après les mêmes manuscrits, que M. Colin étoit l'un des juges.

Bouvot, tome 2 ; article Prescription, question 3, cite un autre arrêt de la même cour du 4 août 1607, qui juge également que « la rente volante » est prescrite par trente ans, faute de demande » & de poursuites ». Un autre arrêt du mois de juillet 1623, qu'on trouve dans la question 2 du même article, a jugé, « qu'une rente léguée à l'é- » glise & assignée, peut se prescrire par trente an- » nées » (1).

Il y a encore dans le journal du palais un arrêt de la même cour du 23 mars 1672, qui décide qu'une rente simple foncière se prescrit par trente ans.

On a cependant admis au parlement de Dijon, la maxime des parlemens de Toulouse & de Bordeaux, que les prestations dues à l'église pour services, sont imprescriptibles de la part des fondateurs & de leurs héritiers.

« Les services qui se font tous les jours (dit

---

(1) Pourquoi trente ans contre l'église ? Voyez ci-après, §. 4, distinction I.

» Raviot, queſtion 345, nombre 26) ſont des
» actes qui exécutent en quelque ſorte, la conven-
» tion ou le titre, & qui, par conſéquent, s'op-
» poſent à la Preſcription ».

On a même ſoutenu, lors d'un arrêt du 16 juin
1665, que ce privilège d'impreſcriptibilité s'étend
aux oblations en grains que les paroiſſiens ſont tenus, en certains endroits, de faire à leurs curés pour
le pain, le vin & le luminaire qu'il fournit à l'é-
gliſe : dans cette eſpèce, deux particuliers vouloient ſe ſouſtraire au payement de la redevance en nature, & prétendoient ne payer que
cinq ſous, comme ils avoient fait depuis un
temps immémorial, ſans en connoître, diſoient-
ils, la cauſe. Le curé leur répondoit. .Vous
n'avez pas pu preſcrire le fond du droit, parce que
tout ce qui eſt dû à l'égliſe pour cauſe de fondation
& de ſervice eſt impreſcriptible: à l'égard du payement en nature, les principes veulent qu'il ſoit
toujours exigible, quoique pendant long - temps,
il y ait été ſubſtitué un payement en argent. —
L'arrêt cité donna gain de cauſe au curé.

Mais le parlement de Dijon ne va pas, en matières de fondations, auſſi loin que ceux de Toulouſe & de Bordeaux : à l'exemple du parlement de
Dauphiné, il juge qu'un tiers poſſeſſeur peut preſcrire une rente obituaire. Raviot, à l'endroit indiqué ci-deſſus, nombre 27, en rapporte deux arrêts
des 7 juin 1666 & premier mars 1667.

Voilà quelle eſt ſur cette matière la juriſprudence des différens tribunaux du royaume; il n'y
règne pas, comme on voit, cette uniformité que
ſuppoſe d'Argentré, lorſqu'il dit que l'uſage général de la France a prononcé en faveur de la preſ-

criptibilité des preſtations annuelles non portant
directe ſeigneurie ; mais du moins il réſulte des détails dans leſquels nous ſommes entrés , que cette
opinion a pour elle la pluralité des coutumes &
des arrêts ; nous aurions même pu y ajouter le ſuffrage de deux cours ſouveraines étrangères , à la
vérité , mais voiſines des états du roi , & toutes
deux compoſées depuis long-temps ; des plus pro-
fonds juriſconſultes. L'une eſt le ſénat de Catalogne (1) , l'autre le conſeil ſouverain de Brabant (2).

Au reſte , il eſt un cas où ceux même qui tiennent le parti de l'impreſcriptibilité , rendent hommage à cette juriſprudence. C'eſt lorſque la conteſtation eſt entre le créancier & un tiers-acquéreur
du bien affecté à la preſtation annuelle. On a vu
plus haut que les parlemens de Toulo-ſe & de Bordeaux ne permettent pas à celui - ci de preſcrire
contre l'égliſe ; mais c'eſt une maxime abſolument
particulière à ces deux cours ; & par-tout ailleurs,
il paſſe pour indubitable qu'en faveur du tiers-ac-

---

(1) Cancerius , *variæ reſolutiones* , liv. 1 , chap. 15 ,
nomb. 40.

(2) Fuit hæc quondam controverſia celebris inter primos
juris noſtri proceres *Martinum & Bulgarum* , illo negante
Præſcriptionem habere locum præterquàm in penſionibus
ceſſis antè annos triginta ; quod quæ citrà ceſſerunt dici
non poſſunt per tricennium neglectæ fuiſſe , quia à tricennio
nondùm natæ. — Sed in foro jam pridem obtinuit bulgari
opinio-perimens ex lapſu triginta annorum ſortem unà cùm
penſionibus omnibus.... pleræque conſuetudines belgii hanc
opinionem expreſſim ſtabiliverunt , ET CONSTANTER ITA
JUDICAVIMUS.

(*M. STOCKMANS* , *conſeiller au conſeil ſouverain
de Brabant* , *déciſ.* 81.)

quéreur qui n'a point reconnu la rente, la Préscription opère contre tous indistinctement. C'est même la disposition expresse de plusieurs coutumes, notamment de celles d'Etampes, articles 63 & 64 ; de Montfort, article 62 ; de Mantes, articles 108 & 109 ; de Melun, article 170 ; Vermandois, article 142 ; de Reims, article 380, 381 & 384 ; de Senlis, article 173 ; de Clermont en Beauvoisis, article 69 ; de Valois, article 123 ; de Sedan, article 309, &c.

II. Mais c'est une question si ce tiers-acquéreur peut prescrire, tandis que le débiteur de la rente continue de la payer ?

Il y a là-dessus un grand conflit d'opinions & d'autorités. On dit en faveur du tiers - possesseur, qu'il a tout ce qui est requis pour acquérir la Préscription ; que s'il a pu prescrire le fonds même, il a dû, à plus forte raison, prescrire l'exemption quand il a ignoré la charge, & qu'on ne lui en a pas demandé le payement ; que, suivant les lois romaines, le tiers - possesseur avec titre & bonne foi, prescrit contre l'action hypothécaire par dix & vingt ans, & sans titre par trente années (1) ; qu'il est juste de mettre à couvert des rentes ceux qui ne les ont pas constituées, & de ne les pas laisser exposés à des recherches perpétuelles ; enfin que c'est à celui à qui elles sont dues de s'imputer de n'avoir pas interrompu la Préscription par une demande en déclaration d'hypothèque. On peut d'ailleurs employer pour ce parti la loi 29, D. *quibus modis usufructus amittatur* (2).

____

(1) *Loi* cùm notissimi, *C.* de Præscriptione 30 vel 40 annorum.

(2) Pomponius quærit si fundum à me proprietarius con-

Les partifans de l'opinion contraire répondent que celui à qui le cens ou la rente font dus, en retient la poffeffion fur les fonds qui y font affectés ou hypothéqués, quoique poffédés par un tiers, tandis qu'on les lui paye : que cela réfulte de la loi 31, §. 1, au digefte *de acquirendâ, vel amittendâ, poffeffione* (1) ; que la Prefcription eft interrompue même à l'égard du tiers, par les payemens que fait le débiteur, parce qu'ils empêchent la Prefcription de l'action hypothécaire (2) ; qu'on ne peut pas imputer au créancier, s'il n'agit pas contre le tiers-poffeffeur, parce qu'il n'a ni droit ni prétexte de le faire, tandis qu'il eft payé par le débiteur ; que l'action en déclaration d'hypothèque eft inconnue dans le droit romain, qui veut au contraire qu'on difcute le débiteur & fes cautions, avant de recourir à la chofe hypothéquée, & que cette action ne peut être exercée que dans les lieux où elle a été introduite par l'ufage, ou par les ordonnances ; que le titre, & la bonne foi du tiers-acquéreur n'opèrent pas contre le créancier qui n'a rien à fe reprocher ; que les lois qui difent qu'il prefcrit l'hypothèque, doivent être entendues du cas où elle n'eft pas confervée par des payemens ;

---

duxerit, eumque fundum vendiderit Seio, non deducto ufufructu, an ufumfructum per emptorem retineam ? & ait : licet proprietarius mihi penfionem folverit, tamen ufumfructum amitti ; quia non meo nomine, fed fuo fruitus eft emptor.

(1) Si conductor rem vendidit, & eam ab emptore conduxit, & utrique mercedes præftitit, prior locator poffeffionem per conductionem retinet.

(2) Loi dernière, C. *de annali exceptione.*

enfin, que deux perfonnes ne pouvant poſſéder ſolidairement la même choſe, le tiers-acquéreur ne peut pas être cenſé jouir de l'exemption, tandis que le créancier poſſède la rente par le payement qu'il reçoit.

C'eſt ainſi que raiſonnent, avec Dunod (1), tous les antagoniſtes de la Preſcription dans le cas dont il s'agit; &, comme l'on voit, ils conviennent du moins que leur ſentiment eſt inſoutenable dans les pays où eſt établi l'uſage des demandes en déclaration d'hypothèque. En effet, comme l'obſerve M. Pothier, partie 1, chapitre premier, de dire que « le créancier ne peut point agir contre le » tiers-détenteur pour le payement de la rente, » pendant que le débiteur la lui paye exactement » chaque année; cette raiſon eſt bonne pour ce » qui regarde la rente; mais pour ce qui concerne » l'hypothèque, rien n'empêche le créancier de » ſe pourvoir contre le tiers-détenteur, pour en » avoir un titre contre lui, & arrêter le cours de » la Preſcription ».

Diſons même qu'on doit juger ainſi par-tout; parce que par-tout il doit être permis à un créancier d'agir en reconnoiſſance & en titre nouvel contre le détenteur d'un bien hypothéqué à ſa créance: que les lois romaines ne le permettent pas expreſſément, ſoit; mais le défendent-elles? Non ſûrement. Or, en fait d'actions, & ſur-tout d'actions conſervatoires, les plus favorables de toutes, on peut bien regarder comme permiſes celles qui ne ſont pas défendues. Il ſeroit étrange que des lois,

____

(1) Des Preſcriptions, part. 3, chap. 7.

qui

qui nous recommandent avec tant de foin de veiller à nos droits, qui nous difent par-tout qu'elles favorifent la vigilance (*jura vigilantibus fubveniunt*), fermaffent la bouche à un créancier dont l'hypothèque eft tranfportée en main tierce, fous prétexte que fon débiteur le paye exactement, & n'a pas encore manifefté une impuiffance de continuer, qui éclatera peut-être d'un moment à l'autre. Or, fi ce créancier peut agir, pourquoi ne pourroit-on pas prefcrire contre lui? A-t-on oublié que par les lois du code *de Præfcriptione trigenta vel quadraginta annorum*, il n'y a d'affranchiffement de la Prefcription de trente ou quarante ans, que les actions & les droits fur lefquels le légiflateur a déclaré lui-même qu'elle n'auroit aucune prife?

Qu'importe que le débiteur continue de payer la rente, pendant que le tiers-acquéreur jouit librement de l'hypothèque, & ne paye rien? Le fait du premier eft étranger au fecond; il ne peut nuire ni profiter à celui-ci, parce qu'il n'y a entr'eux aucune de ces relations qui identifient, par exemple, l'héritier avec la perfonne dont il recueille la fucceffion. Une fois l'aliénation confommée, l'acquéreur pofsède en fon nom (*pro fuo*), il n'a plus rien de commun avec fon vendeur; & tout ce que le vendeur peut faire ou ne pas faire, foit pour aggraver, foit pour améliorer fa condition, eft pour lui la chofe la plus indifférente. M. le préfident Favre l'a très-bien démontré, en expliquant, dans fes *rationalia*, la loi 29, *quibus modis ufusfructus amittatur*, qui a beaucoup d'analogie à notre efpèce; & ce qu'il dit à ce fujet, reçoit ici une application exacte (1).

La loi 32, *de acquirendâ poffeffione*, contredit fi peu fa doctrine, que malgré le defir qu'il femble toujours avoir de mettre les textes du droit romain en oppofition les uns avec les autres, il ne dit pas le mot de celle-ci, dans le commentaire de cette loi. Auffi que décide-t-elle? Précifément que fi mon locataire vend le bien qu'il tient de moi à bail, & qu'il continue de le tenir de fon acheteur, au même titre, ma poffeffion ne fera point intervertie, dès qu'il ne ceffe pas de me payer les loyers. Sans doute, dans ce cas, je refte poffeffeur, & l'on ne prefcrit pas contre moi; mais quelle en eft la raifon? C'eft qu'il n'y a eu dans la détention que le locataire fait en mon nom du bien dont je lui ai paffé bail, aucun changement extérieur & capable de m'apprendre qu'il avoit tranfporté à un tiers ce qui ne lui appartenoit pas; que par conféquent la poffeffion civile réfide toujours dans mes mains, & que l'acquéreur n'ayant pour lui qu'une

---

(1) *Voici les termes de ce grand magiftrat.*

Non tam enim quid fructuarius fecerit infpiciendum eft, ut ufumfructum non amitteret, quàm quid emptor, ut ufumfructum fibi acquireret; cùm amiffio ufusfructûs lucro ejus & emolumento cedat. Quid enim refert emptoris an fructuarius penfionem à proprietario exegerit, an non exegerit? An fortè imputabimus ei quòd paffus fit penfionem à proprietario folvi, quàm prohibere ne folveretur, etiamfi maximè voluiffet, non tamen potuiffet? at è contrario imputari aliqua negligentia poteft ei quoque fructuario qui penfionem à proprietario eodemque conductore percepit, aut emptoris poffeffionem non interpellaverit, &c.

Jouiſſance *clandeſtine*, il n'eſt pas poſſible qu'il preſcrive contre moi.

Ici, l'eſpèce eſt bien différente : votre débiteur a aliéné l'hypothèque qu'il vous avoit donnée. Cette aliénation n'a pas été couverte des ombres du myſ-tère, ni voilée par un bail ; du moins on le ſup-poſe ainſi. Rien ne vous a donc empêché d'en être inſtruit : ſi vous ne l'avez pas été, c'eſt ou une faute, ou un accident que vous ne pouvez impu-ter qu'à vous-même ou à votre mauvais ſort.

Eſt-il plus exact d'objecter, d'après la loi der-nière, aù code, *de annali exceptione*, que les paye-mens faits par le débiteur empêchent le tiers-déten-teur de preſcrire l'action hypothécaire ? Non, cette loi décide ſeulement que celui qui a contre une même perſonne deux actions, l'une perſonnelle, l'autre hypothécaire, eſt cenſé les exercer toutes deux, lorſqu'il attaque cette perſonne pour toutes les prétentions qu'il a contre elle, & qu'en ce cas la Preſcription de l'une eſt auſſi bien interrompue que celle de l'autre. Déciſion vraie, ſimple & in-conteſtable, mais qui n'a pas le moindre rapport avec notre queſtion.

C'eſt encore un bien mauvais ſophiſme de dire que deux perſonnes ne pouvant poſſéder ſolidaire-ment la même choſe, il eſt impoſſible que le tiers-détenteur poſsède l'exemption de la rente, tandis que le créancier jouit de cette rente par les paye-mens que lui en fait le débiteur qui y eſt obligé perſonnellement.

Eſt-ce donc poſſéder une rente que de ne point la payer ? La poſſeſſion qui par ſa nature eſt *active*, & qui ſuppoſe une *action* continuelle de la part de celui ſur la tête duquel elle réſide, pourroit-elle ſe

trouver là où il n'y a qu'un défaut d'*action*; &, s'il
est permis de s'exprimer de la forte, qu'une néga-
tion de pourfuites qui, fi elles exiftoient, feroient
purement *paffives* pour le tiers-détenteur.

Tous les poffeffeurs de dixmes doivent contri-
buer à l'entretien des églifes, jufqu'à une certaine
concurrence. Celui qui a prefcrit l'exemption de la
dixme, comme on peut le faire en quelques pays
(1), entre-t-il pour cela dans la contribution aux
charges décimales ?

D'ailleurs, quand on dit que deux perfonnes ne
peuvent pas pofféder folidairement une chofe,
cela s'entend d'une poffeffion du même genre. Rien
n'empêche que je ne poffède d'une manière, un
droit ou un bien que vous poffédez d'une autre
manière. Ainfi, quand on reconnoîtroit dans le
tiers-détenteur dont nous parlons, un poffeffeur
proprement dit, qu'y gagneroient les adverfaires ?
A coup fûr, fa poffeffion feroit d'un genre différent
de celle du créancier : dès-lors, l'une ne feroit pas
obftacle à l'autre.

Une dernière confidération bien capable de déterminer ceux qui pourroient encore balancer fur
la queftion, c'eft, comme l'obferve M. Pollet,
que « la condition des acquéreurs feroit bien mal-
» heureufe, fi après une poffeffion de trente ou
» quarante ans, *ou même davantage, car la raifon*
» *qu'on apporte pour empêcher la Prefcription, ne*
» *fouffre prefque point de bornes,* ils pouvoient
» encore être évincés ».

Au furplus, qu'eft-il befoin de tant differter fur

---

(1) Voyez l'article DIXME.

cette queſtion ? Il n'eſt preſque pas de pays où elle ne ſoit décidée d'une manière ou d'une autre, ſoit par la coutume, ſoit par la juriſprudence des arrêts ; &, probablement, tous les argumens poſſibles ſeront auſſi impuiſſans contre celle-ci que contre celle-là.

Voyons donc d'abord quel parti ont pris là-deſſus nos coutumes.

Celle de Paris, article 115, déclare que la preſcription a lieu en faveur du tiers-acquéreur des biens hypothéqués à une rente, encore que cette rente ſoit payée par le débiteur ou par tout autre.

Cependant, ajoute la coutume, ſi le débiteur étoit toujours demeuré en poſſeſſion de l'héritage, à titre de bail, de conſtitution, de précaire, d'uſufruit, ou autre ſemblable, il n'y auroit point de preſcription, parce que le créancier auroit eu un juſte ſujet d'ignorer l'aliénation ; exception très-juſte, & calquée, comme l'on voit, ſur la loi 32, §. 1, D. *de acquirendâ poſſeſſione.*

Ces diſpoſitions méritent d'autant plus d'égards, qu'elles ont été ajoutées à l'ancienne coutume, lors de la réformation de 1580.

On les retrouve d'ailleurs dans pluſieurs autres coutumes, notamment dans celle de Calais, article 207.

Mais l'opinion contraire a été adoptée par les coutumes de Berry, titre 12, article 14 ; de Nivernois, chapitre 36, article 6 ; de Bourbonnois, article 32 ; d'Auxerre, article 187 ; de Liege, chapitre 9, article 2.

Il exiſte dans le comté de Bourgogne une loi ſemblable ; une ordonnance de Philippe II, roi

d'Espagne, de 1564, qui porte, « que toutes rentes
» & redevances annuelles, confeſſées & reconnues
» par écrit, & portant hypothèque, ſeront preſ-
» crites par quarante ans, *au cas que le payement*
» *n'en ait pas été fait par les principaux débiteurs,*
» *héritiers ou tenementiers des aſſignaux* ». Tels
ſont les termes dans leſquels Dunod rend compte
de cette loi ; & comme il l'obſerve très-bien, « elle
» ſemble ſuppoſer que tandis que la rente eſt
» payée, elle ne ſe preſcrit pas même par le tiers-
» poſſeſſeur ».

Parcourons maintenant la chaîne des arrêts rendus ſur cette matière, dans les coutumes qui ne
s'en ſont pas occupées ſpécialement.

Ceux du parlement de Paris doivent être diſtin-
gués par trois époques différentes ; l'une, qui a
précédé la première rédaction de la coutume de la
capitale ; l'autre, qui embraſſe tout le temps écoulé
depuis 1510 juſqu'en 1580, date de la réformation
la plus moderne de cette loi ; & la troiſième, à laquelle ſe rapportent tous les arrêts poſtérieurs à
cette réformation.

La première époque nous fournit un arrêt conforme au ſentiment de Dunod, & par conſéquent
oppoſé au nôtre. Il eſt rapporté parmi les déciſions
de Jean des Mares, article 309 ; & il contient un
détail curieux des moyens des parties.

Dans la ſeconde époque, la juriſprudence a
varié.

Brodeau ſur Louet, lettre P, §. 2, dit que par
arrêt du 23 février 1543, confirmatif d'une ſentence du châtelet du 21 mars 1542, François Vau-
dour a été condamné, comme détenteur d'une
partie d'héritage affecté à une rente foncière de ſept

feptiers de grain, à payer & continuer cette rente, quoiqu'il eût joui de bonne foi, fans trouble, & pendant plus de trente ans, depuis fon contrat d'acquifition. L'unique motif de l'arrêt, ajoute Brodeau, a été que le bailleur de fonds « avoit » toujours été payé des arrérages de fa rente par » les héritiers du preneur ; & que pendant ce » temps, la Prefcription n'avoit pu courir contre » lui ».

Mais par un autre arrêt du mois de février 1549, rapporté d'après Papon & Carondas, dans le commentaire de Ferrière, article 115, glofe unique, nombre 2, il a été jugé que le tiers-détenteur pouvoit acquérir la libération de la rente par le feul laps de dix ans, quoique le débiteur priucipal en eût toujours continué le payement.

La même année, le 2 avril, il a été rendu contre les héritiers de François de Noyon, un arrêt exactement femblable. Il eft rapporté par le Veft, §. 39.

Carondas & Ferrière font mention d'un quatrième arrêt du 5 juillet 1568, qui a été plus loin ; il a rejeté les lettres de reftitution en entier qu'un créancier avoit obtenues du prince pour fe faire relever d'une Prefcription de cette efpèce, fous prétexte qu'il avoit ignoré l'aliénation & le changement de main.

Mais, quelque temps après, le 15 mars 1573, le parlement de Paris en a rendu un autre, qui a fans doute donné lieu, en 1780, à la reftriction qui termine l'article 115 de la nouvelle coutume. Cet arrêt, dont nous devons encore la confervation à Carondas, a jugé qu'un mari, donataire de fa femme par acte duement infinué, n'avoit pas prefcrit, par le laps de quinze ans, l'exemption de la rente à laquelle le bien donné étoit affecté envers un créancier de la donatrice ; & la raison en a été, que le créancier avoit eu une juste cause d'ignorer le changement de main qui étoit survenu, parce que le mari avoit constamment demeuré avec sa femme, outre qu'en qualité de chef de la communauté, il avoit droit de jouir de tous les biens qu'elle possédoit.

A l'égard des arrêts postérieurs à la réformation de 1580, on devine bien qu'ils ont invariablement étendu aux coutumes muettes la disposition de l'article 115.

Brillon, article *Prescription*, nombre 105, en a remarqué un du 25 octobre 1592.

Le recueil de Papon, & la bibliothèque civile de Bouchel nous en fournissent deux qui jugent contre la Prescription ; mais c'est dans des cas particuliers.

Par le premier, du 28 février 1592, il a été jugé que celui qui a promis de payer une rente en cas qu'elle cessât de l'être par le débiteur, ne peut pas en prescrire l'exemption, tant qu'elle est payée par celui-ci (1).

Le second est intervenu dans l'espèce suivante. Le sieur de l'Isle-Baraton constitue une rente de cent livres au profit du chapitre d'Angers. Ensuite, il vend sa terre au sieur de la Jousseliniere, qui, dans les cinq ans, est assigné en reconnoissance de la rente. Il consent une sentence, portant qu'il ne pourra prescrire. Le chapitre continue pendant

____

(1) Papon, liv. 12, tit. 13, nomb. 5.

foixante ans d'être payé par le fieur de l'Ifle-Baraton & fes héritiers. Ce temps écoulé, ceux ci manquent au payement : le chapitre recourt fur le fieur de la Jouffeliniere, qui fe défend par la Prefcription. Par arrêt du 20 janvier 1600, cette exception eft rejetée ; & le fieur de la Jouffeliniere eft condamné à continuer la rente (1).

Ces décifions ne frappent, comme l'on voit, que fur des époques particulières : aufli n'ont-elles porté aucune atteinte à la jurifprudence du parlement de Paris fur notre queftion.

M. Maynard, livre 7, chapitre 61, dit qu'après beaucoup de variations, le parlement de Touloufe s'eft enfin déterminé pour la même jurifprudence, & le prouve par un arrêt de l'année 1587.

Il en été rendu un femblable au parlement de Grenoble le 10 décembre 1641.

La même jurifprudence eft établie au parlement d'Aix; & quoiqüe le favant & fubtil Duperrier ait fait tous fes efforts pour la renverfer (2), il n'a pu y parvenir. Lui-même, tome 2, lettre P, nombre 40, rapporte deux arrêts qui la confirment de la manière la moins équivoque : le premier eft du 20 mai 1636; le fecond, du 4 mars 1640. M. Julien, dans fon commentaire fur les ftatuts, tome 2, page 565, en cite un troifième du 11 mars 1671 ; & il ajoute : « C'eft la jurifprudence que nous fui- » vons ; les inconvéniens feroient trop grands, » & les acquéreurs toujours incertains dans leur » poffeffion, fi la Prefcription n'avoit pas lieu » dans ce cas ».

____

(1) Bouchel, *verb.* Prefcription.
(2) Tom. 1, liv. 1, queft. 12.

Le parlement de Dijon a consacré la même opinion par plusieurs arrêts. Dunod, partie 3, chapitre 7, dit que M. le président Bouhier a bien voulu lui en communiquer deux, « par lesquels il » a été jugé en ce parlement, que le tiers-posses- » seur prescrit l'exemption du cens foncier, quoi- » que le débiteur principal en fasse le payement. » Le premier a été rendu au rapport de ce savant » & illustre magistrat, le 17 janvier 1696, au » profit de Jean Quillaud & consorts, contre » François Pinot ; & le second, le 14 juin 1709, » au rapport de M. Perard de la Vaivre, pour » Charles Guiard, contre l'abbé de Sainte-Mar- » guerite ». On nous a assuré que ces arrêts sont encore rapportés, mais avec plus de détail, dans une dissertation de M. Bouhier même, qui est co- piée aux folios 17 & suivans du tome 3 des ma- nuscrits de Me. Menelet, déposés à la bibliothèque de l'université de Dijon.

C'est aussi la jurisprudence du parlement de Flandres. M. Pollet, partie 1, chapitre premier, en rapporte cinq arrêts.

Le premier a été rendu à la seconde chambre, le 1 février 1690 : par cet arrêt, dit le magistrat cité, « il a été jugé *tout d'une voix* pour la Pres- » cription, après qu'on eut *consulté les autres* » *chambres*, sur ce qui avoit été jugé au paravant » pour la Flandre flamande ».

Le second arrêt est de la même chambre, & du 3 du même mois. Il intéressoit, comme le pré- cédent, des parties domiciliées dans la Flandre flamande.

Le troisième, du 19 décembre 1695, est inter- venu à la première chambre, sur l'appel d'une sen- tence des échevins de Valenciennes.

Le quatrième a encore été rendu à la seconde, le 21 mars 1696, entre le sieur d'Agrinsart, appelant de la gouvernance de Lille, & le seigneur d'Harencourt. Il est aussi rapporté par M. le président Desjaunaux, tome 1, §. 99.

Le cinquième arrêt, qui est du 23 juin 1703, a infirmé une sentence du bailliage d'Ipres, qui avoit rejeté la Prescription. Il mérite d'autant plus d'attention, que la partie contre laquelle il a prononcé, produisoit, pour soutenir son système, plusieurs sentences, tant du conseil provincial de Flandrès, que des sièges qui y ressortissent, & qu'elle offroit de faire preuve que c'étoit un usage constant dans la Flandre flamande. Elle citoit même en sa faveur un arrêt du mois de février 1671, rapporté par M. de Flines, dans son commentaire manuscrit sur la coutume de Tournay, titre des *hypothèques*, verset *hypothecæ non præscribitur*. Mais la jurisprudence étoit trop bien établie par les quatre arrêts précédens, pour qu'il fût possible de l'ébranler : le parti de la Prescription a encore triomphé.

On a vu plus haut, que le parlement de Besançon est forcé par une ordonnance de 1564, qui est particulière à son ressort, de juger tout différemment.

Cependant Dunod pense « qu'on doit en excep- » ter les cens fonciers & les rentes spécialement » assignées ». Il faut voir dans le texte même de cet auteur les raisons sur lesquelles il établit cette différence (1).

____

(1) Voici ces raisons telles qu'il les expose :

« Je conclus de l'ordonnance de 1564, & de ce que les

Jetons un coup-d'œil fur quelques-uns des tribunaux voifins de la France, & voyons comment ils
jugent notre queſtion.

Le conſeil provincial de Hollande a décidé le 5
feptembre 1581, que la continuation du payement
de la rente par le débiteur principal, n'empêchoit
pas la Prefcription de courir en faveur du tiers-
poſſeſſeur (1).

Le conſeil fouverain de Brabant a embraſſé
l'opinion contraire le 26 août 1649. L'arrêt eſt
rapporté par M. Stockmans, conſeiller à ce tribunal, décifion 83.

M. le préfident Favre en difcutant ce point dans
fon code, livre 7, titre 13, définition 19, nombre

» affignations en déclaration d'hypothèque ne font pas en
» ufage parmi nous, que nous avons reçu l'opinion qui
» tient que tandis que le créancier eſt payé de la rente,
» la Prefcription ne court pas contre lui en faveur du
» tiers-acquéreur ; mais je crois qu'on en doit excepter les
» cens fonciers & les rentes fpécialement affignées, parce
» qu'il n'eſt pas probable que le créancier ait ignoré l'alié-
» nation & le changement de main de fes affignaux, &
» qu'il a pu agir fur iceux, foit en demandant le renou-
» vellement de fes titres, foit en fe pourvoyant fur les
» héritages tenus par les tiers-poſſeſſeurs, puifqu'il peut
» le faire fans difcuſſion : il n'en eſt pas comme des héri-
» tages qui ne lui font hypothéqués qu'en général, fur
» lefquels il ne peut agir qu'après une difcuſſion préalable &
» contre les poſſeſſeurs defquels il n'a point d'action ; il ignore
» même fouvent qu'ils foient aliénés & poſſédés par des
» tiers. Rien n'eſt plus gênant que d'obliger un créancier
» à veiller fur les aliénations que fait un débiteur ; & il
» me paroît que la liberté du commerce fouffre des actions
» en déclaration d'hypothèque. »

(1) Decifiones curiæ Hollandiæ, pag. 44.

13, ne nous apprend pas comment on la juge au sénat de Chambéry ; mais il la décide lui-même en faveur de la Prescription.

Enfin, on peut dire que c'est le parti le plus généralement adopté.

Une question qui a beaucoup de rapport avec celle qu'on vient d'agiter, est de savoir si dans le temps que l'un des codétenteurs partiels d'un héritage paye les rentes & prestations dont il est chargé solidairement, l'autre peut prescrire l'exemption ?

Le cas s'est présenté au parlement de Franche-Comté le 27 octobre 1607. Il ne s'agissoit pas d'une rente constituée ou foncière, mais d'un cens emphytéotique, qui dans cette province se prescrit, comme on l'a vu plus haut , par le tiers-acquéreur auquel il n'a été rien demandé pendant quarante ans.

On disoit contre la Prescription, que le cens est de sa nature individu & solidaire ; qu'ainsi on devoit considérer comme coobligés tous les coportionnaires d'un héritage chargé d'un cens ; qu'il falloit donc leur appliquer la loi dernière, au code, *de duobus reis*, suivant laquelle les payemens faits par l'un des coobligés empêchent la Prescription de courir en faveur des autres ; & qu'en tout cas, le seigneur direct avoit conservé sa possession relativement à chacun d'eux, par les arrérages qu'il avoit reçus de quelques-uns.

Mais ces raisons, dit M. Grivel (décision 141), n'ont fait aucune impression sur les juges, & il a été décidé que la Prescription avoit libéré ceux des codétenteurs qui n'avoient rien payé.

Trois grands motifs ont dicté cet arrêt : 1°, l'in-

convénient qu'il y auroit à faire revivre, après quarante ans, & contre un tiers-acquéreur, une charge
dont il a été exempt pendant tout cet intervalle;
2°. la négligence du feigneur qui ayant pu fe faire
payer ou paffer titre nouvel par chacun des por-
tionnaires, ne l'avoit point fait; 3°. l'impuiffance
où avoient été ceux des codétenteurs qui avoient
payé, de nuire ni de préjudicier par leur fait, à
ceux qu'on laiffoit tranquilles (1).

Le cas des coobligés dont parle la loi dernière,
au code, *de duobus reis*, eft bien différent. Dans
cette efpèce, chaque codébiteur peut s'imputer
d'avoir affocié tel ou tel à fon obligation; il favoit
où il devoit favoir, lorfqu'il a contracté, que le
fait de fon codébiteur feroit regardé comme le
fien propre, & que celui qui pourroit lui préjudicier étant fait par lui-même, lui préjudicieroit également étant fait par fon codébiteur (2). Mais ici,
aucun des codétenteurs n'eft obligé perfonnelle-
ment : c'eft l'héritage feul qui doit : il ne fe rencontre donc pas de codébiteur qui, par fon fait,
puiffe nuire à fes coobligés; & dès-lors comment
les payemens de l'un empêcheroient-ils les autres
de prefcrire?

C'eft ainfi que raifonnne M. Grivel, &, comme
on voit, tout ce qu'il dit s'applique naturellement
aux rentes foncières, & même aux rentes confti-

---

(1) Res inter alios acta aliis nec prodeffe nec nocere debet,
loi 1, C. *res int. al. act.* & non debet effe in poteftate
alterius conditionem meam deteriorem facere me invito,
infcio & ignorante. (Grivel, *loc. cit.*)

(2) §. ult. inft. *de fociat.* L. *fi Titius*, D. *de fide-
juftoribus.*

tuées à prix d'argent dont les hypothèques font paſſées en mains tierces.

Auſſi voyons-nous que le parlement de Paris a rendu pour ces deux eſpèces de preſtations, pluſieurs arrêts conformes à celui du parlement de Franche-Comté du 27 octobre 1607.

M. Louet, lettre P, §. 2, en rapporte deux, l'un qu'il ne date point, mais qui a été rendu dans ſa chambre; l'autre du 6 octobre 1587. Et il remarque, comme le fait auſſi Brodeau en citant un arrêt du 5 mai 1625, qu'il en eſt autrement à l'égard de deux coobligés.

Baſnage, article 521, dit qu'on juge de même en Normandie, quand il eſt queſtion de rentes conſtituées; mais qu'à l'égard des rentes foncières, on tient dans cette province que le tiers - détenteur d'une partie de l'héritage ne peut pas les preſcrire , tant qu'elles ſont payées par ſes coportionnaires; & il le prouve par un arrêt du 20 décembre 1681.

Nous devons pourtant remarquer que dans l'eſpèce ſur laquelle a été rendu cet arrêt, il ſe trouvoit des particularités très défavorables à celui qui prétendoit avoir preſcrit. Mais M. de la Queſnerie dans ſes notes ſur Baſnge lève, par un arrêt beaucoup plus récent, tous les doutes qu'on pourroit avoir ſur la réalité de cette juriſprudence. « La » même choſe, dit-il, a été jugée depuis par arrêt » rendu au rapport de M. du Boſguerard, le 22 » mars 1754, dont voici l'eſpèce : Geffroy le » Bugle fieffa (c'eſt-à-dire bailla à rente) le 10 » octobre 1678, à Jean le Bugle, ſon frère, pluſieurs héritages pour 9 livres de rente foncière,

» perpétuelle & irracquitable. Jeanne le Bugle,
» fille & héritière de Geffroy, vendit en 1693,
» cette rente au nommé Desrues. Le 14 octobre
» 1698, Simon le Bugle, fils & héritier de Jean
» le Bugle, fieffataire, vendit au nommé Guérin
» une partie des héritages fieffés. Desrues se fit
» payer de la rente de 9 livres par les héritiers de
» Jean le Bugle, fieffataire, jusqu'en 1746, que
» pour éviter aux frais d'envoi en possession des
» fonds affectés à la rente de 9 livres, les héri-
» tiers de Jean le Bugle firent remise à Desrues de
» la totalité des fonds contenus au contrat de fieffe
» du 10 octobre 1678. Guérin, qui avoit acquis
» dès le 14 octobre 1698, une partie des héritages
» affectés à la rente de 9 livres, & qui en avoit joui
» paisiblement jusqu'à ce jour, refusa d'en aban-
» donner la propriété, possession & jouissance;
» mais il y fut condamné par l'arrêt. Il lui fut ce-
» pendant permis de se faire envoyer en possession
» de la totalité des fonds mentionnés au contrat de
» fieffe, en payant les arrérages échus de la rente
» de 9 livres, & en se chargeant de la continuer à
» l'avenir ».

§. *De la Prescription entre associés, cohéritiers
ou autres communiers. — Entre l'héritier & le légitimaire ou légataire. — Entre le donateur & le
donataire.*

Ce paragraphe a, comme on voit, différens
objets qu'il est à propos de discuter séparement.

I. De

I. *De la Prescription entre associés.*

M. de Catellan, livre 7, chapitre 8, rapporte
un arrêt du parlement de Toulouse du 2 janvier
1669, par lequel il fut jugé que de deux seignéurs
qui avoient originairement des rentes par indivis,
l'un d'eux n'avoit pas pu prescrire ces rentes contre
l'autre, quoiqu'il en eût joui en totalité pendant
deux siècles. « La bonne foi de la société (dit à ce
» sujet M. de Catellan), l'union qui est entre les
» associés, & qui les fait veiller l'un pour l'autre,
» s'opposent à cette Prescription ». Vedel en donne
une raison plus satisfaisante pour les jurisconsultes.
Le copropriétaire par indivis, dit-il, possède tant
en son nom qu'en celui de son communier ; cette
possession est solidaire entr'eux : elle n'est divisée
que par leur concours dans les portions, suivant
la loi 8, au digeste, *de legatis* ; 3°. or il est décidé
par la loi 11, au digeste, *de diversis temporibus
Præscriptionibus*, & par le chapitre 17, aux décrétales, *de Præscriptionibus*, qu'on ne peut jamais
prescrire ce qu'on possède au nom d'autrui.

La Peyrere, lettre P, nombre 67, prétend au
contraire que la Prescription peut avoir lieu entre
copossesseurs d'un même fonds, & il rapporte un
arrêt du parlement de Bordeaux qui le juge ainsi (1).

____

(1) Voici les termes de cet auteur :

« On peut prescrire contre son consort : ainsi jugé par
» l'arrêt suivant.

» Plusieurs frères partagent l'hérédité de leur père, &
» il est stipulé qu'ils jouiront en commun de certains biens

M. Julien, dans fon commentaire fur les ftatuts
de Provence, tome 2, page 514, effaye de concilier cet arrêt avec la décifion établie par le précédent. « La Prefcription, dit - il, ne court pas
» entre affociés tant que la fociété dure & qu'ils
» pofsèdent en nom commun. La Prefcription ne
» commence qu'après la fociété finie, comme l'a
» remarqué Felicius dans fon traité *de focietate*,
» chapitre 31, nombre 75. Toutefois fi l'affocié
» a poffédé en fon propre nom, la Prefcription
» peut avoir lieu dans ce cas, comme il fut jugé
» par l'arrêt rapporté par la Peyrere.... ».

Nous ne voyons pas en effet ce qu'on pourroit
oppofer de raifonnable à cet arrêt. Dans un efpace
de trente ans, qui eft le terme fixé pour la Prefcription de l'action en partage, n'a-t-il pas pu arriver que mon affocié m'ait vendu ou donné fa portion ? Or, on l'a déjà dit, la poffeffion trentenaire
fait préfumer tout ce qui eft poffible. J'ai joui feul
& fous mon feul nom, au vu & fu de mon affocié :
celui-ci ne s'eft pas plaint; il a donc reconnu qu'il
ne pouvoit pas fe plaindre. Son filence établit donc
en ma faveur une préfomption de titre, & après

» qui ne fe pouvoient divifer commodement. Dans la fuite,
» l'aîné feul en jouit cinquante-un ans. Chiquet pour les
» frères qui avoient fait l'action en partage après cin-
» quante-un ans, dit que l'aîné n'a pu prefcrire contre fon
» titre, *quia focius rem communem contra focium*
» *non præfcribit.* Hugon répond pour l'aîné que la maxime
» a lieu *quando focius nomine communi poffidet, fecus*
» *fi nomine proprio,* L. *fervus communis,* ff. *communi*
» *dividundo.* La cour, préfidant M. de Pontac, jugea qu'il
» y avoit Prefcription, & mit les parties hors de cour &
» de procès fur les conclufions en partage. »

trente ans cette préfomption a une force qui exclut toute preuve contraire.

C'eft ce que décide la coutume de Metz, titre 14, article 14.

Celle de Lorraine, titre 18, article 3, approuve cette décifion, mais elle y met une condition fort fage. Pour qu'un *parfonnier*, dit elle, prefcrive contre celui qui eft affocié à fa propriété, il faut qu'il ait poffédé en fon nom privé, & de *fon droit particulier*.

Cette condition eft auffi requife de droit commun. Un arrêt du parlement de Languedoc du 3 feptembre 1705, rapporté au journal du palais de cette cour, tome 3, §. 96, page 217, a jugé « qu'afin qu'un affocié pût prefcrire contre l'autre, » il ne fuffifoit pas qu'il poffédât feul, ni qu'il fît » des payemens de fes deniers, parce que ce » qu'il fait eft cenfé fait pour la fociété; mais qu'il » falloit qu'il parût qu'il avoit prétendu jouir *no- » mine proprio* ».

Au refte, il n'y a aucun doute que dans le cas d'une fucceffion déférée à plufieurs & appréhendée par quelques-uns feulement, ceux qui en ont joui pendant trente ans après leur appréhenfion, ne puiffent oppofer la Prefcription aux autres.

Maillart fur l'article 72 de la coutume d'Artois nombre 159, rapporte un arrêt du parlement de Paris du 17 mai 1735, qui le juge ainfi. Voici comment il en exprime la décifion : « Le cohéri- » tier qui jouit de tous les biens de la fucceffion » commune, ou de plus grande part qu'il ne lui » en appartient *ab inteftat*, peut oppofer la Pref- » cription au cohéritier, puifque fa qualité d'hé- » ritier lui donne la capacité de poffeder la totalité

» jufqu'à ce qu'il fe préfente un cohéritier dans
» les temps utiles ».

Le journal du palais de Touloufe, tome 2, page
première du fupplément, nous fournit un arrêt du
parlement de Languedoc du mois de juillet 1742,
qui décide pareillement que « la Prefcription de
» trente ans a lieu pour un cohéritier contre
» fon cohéritier ». Dans le fait, il n'y avoit de
la part de celui-ci aucune preuve qu'il eût accepté
la fucceffion ; & on difoit que fon défaut d'accep-
tation, joint au laps de temps, faifoit préfumer une
renonciation par le moyen de laquelle tout accroif-
foit à fon cohéritier.

L'ancienne coutume de Bretagne, article 225,
avoit adopté l'opinion contraire. Mais d'Argentré
la trouvoit fi déraifonnable, qu'il s'efforçoit de la
plier à nos principes : fuivant lui, toutes les fois
qu'il y avoit lieu, après un certain temps, de préfumer que les partages avoient été faits, il falloit
admettre cette préfomption, & lui donner tout
fon effet.

Mais l'article 282 de la nouvelle coutume a fait
ceffer le befoin de ces interprétations arbitraires,
en ftatuant que la Prefcription auroit *lieu même
contre les frères & fœurs pour leur partage*.

Il y a cependant quelques coutumes qui en dif-
pofent autrement. Celle de Normandie, article
529, porte qu'entre cohéritiers la Prefcription
quadragénaire n'a point lieu avant le partage, &
que ni les aînés ni les puînés ne peuvent s'en prévaloir pour fe difpenfer de partager ce qu'ils ont
hérité en commun.

Bafnage fait plufieurs obfervations importantes
fur cet article.

Il remarque d'abord que la disposition n'est pas bornée aux successions directes, & qu'elle s'applique également aux collatérales.

Il dit ensuite qu'on ne doit pas l'étendre aux biens que des cohéritiers ont omis de partager, parce que, pour empêcher la Prescription, il suffit qu'il y ait eu des partages faits : en effet, la coutume ne l'exclut qu'*avant le partage*, & lorsqu'on voudroit s'en faire un titre *pour empêcher l'action de partage.*

L'auteur ajoute, & il prouve par deux arrêts du parlement de Normandie de l'année 1606 & du mois de mars 1657, que la Prescription immémoriale & centenaire n'est pas exclue par la coutume, & qu'on ne peut pas étendre jusques-là une disposition qui ne porte expressément que sur la *Prescription quarantenaire.*

La coutume de Gorze, titre 14, article 23, décide, comme celle de Normandie, qu'entre frères & sœurs & leurs représentans, « nulle longue » tenue ne nuit, quant au fait de leurs partages ».

Mais cette disposition paroît limitée aux successions directes ; & elle n'a pas lieu entre simples associés. C'est ce qu'annoncent les termes de *frères & sœurs* ; & cela résulte de la combinaison de l'article que nous venons de citer avec les trois suivans.

L'article 24 porte que tant qu'une chose tenue en indivis est possédée en non commun, nul ne peut prescrire le droit de son coportionnaire, soit au possessoire, soit au pétitoire.

L'article 25 ajoute que cette imprescriptibilité a lieu *entre comparsonniers* INDIFFÉREMMENT.

Mais l'article 26 en excepte le cas où l'un des

copropriétaires *a joui des parts de ses* COHÉRI-TIERS *paisiblement, sans contraste, à leur vu & su, par vingt ans.....*

Dans la coutume de Bordeaux, lorsqu'il y a, suivant l'article 80, plusieurs frères, cousins germains, *ou remués de germains qui ont leurs biens en commun*, & qu'un seul d'entr'eux les possède tous, les autres sont censés posséder par lui, & il ne peut prescrire contre ceux qui ne jouissent de rien.

La coutume locale de Saint-Sever, titre 7, article 3, porte également que des *frères ou descendans* dont les biens sont en commun, ne peuvent prescrire les uns contre les autres, soit en absence, soit en présence, à moins qu'ils n'aient fait un partage.

Au surplus, il est universellement avoué que le tiers à qui un communier, quel qu'il soit, a vendu ou transféré à tout autre titre de propriété, la totalité du bien qu'il tenoit par indivis, peut prescrire contre les consorts de son auteur. M. de Catellan, livre 7, chapitre 8, en cite un arrêt du parlement de Toulouse, rendu à son rapport le 4 juillet 1663.

II. *De la Prescription entre l'héritier & le légitimaire ou légataire.*

Nous avons parlé à l'article LÉGITIME, sect. 5, §. 6, de la Prescription que l'héritier peut opposer à la demande d'une portion légitimaire, & des moyens par lesquels cette Prescription peut être écartée.

Nous y avons dit, entr'autres choses, que tant

que le légitimaire eſt nourri dans la maiſon & ſur les biens de la ſucceſſion ſur laquelle il a une légitime à prendre, nulle Preſcription ne peut courir contre lui.

Cette maxime a auſſi lieu entre l'héritier & le légataire.

Boniface, tome 4, livre 9, titre 1, chapitre 17, rapporte un arrêt du parlement d'Aix du 24 janvier 1664, par lequel il fut jugé que la Preſcription n'avoit point couru contre un frère légataire de 6000 livres, & ne pouvoit être oppoſée à ſon héritier, quoiqu'il ſe fût écoulé plus de trente ans depuis le jugement qui avoit ordonné la délivrance de ſon legs. La raiſon de décider ainſi fut que dans cet intervalle, il avoit été nourri ſur les biens du père.

M. Julien, dans ſon commentaire ſur les ſtatuts de Provence, tome 2, pages 982 & 983, dit que la même choſe fut encore jugée au parlement d'Aix par arrêt du 13 juin 1731.

Il y a dans le recueil de la Peyrère, lettre L, nombre 73, un arrêt du parlement de Bordeaux du 21 mars 1673, qui paroît contraire à cette juriſprudence; il déclare un légitimaire non-recevable, pour n'avoir pas formé ſa demande dans les trente ans, «quoiqu'il eût été nourri dans la maiſon » de ſon frère ».

L'annotateur de la Peyrère a cru concilier cet arrêt avec ceux dont nous avons parlé en diſant, qu'on auroit jugé autrement ſi le légataire eût été nourri «ſur les biens de l'hérédité paternelle »: mais n'eſt-ce pas dans cette eſpèce même que l'arrêt a été rendu? Le frère qui avoit nourri le légitimaire dans ſa maiſon, étoit *héritier inſtitué* du père com-

mun. C'étoit donc *sur les biens de l'hérédité paternelle* qu'avoient été prises les nourritures ; ou du
moins ils y avoient contribué avec les autres biens
qui pouvoient appartenir à l'héritier.

III. *De la Prescription entre le donateur & le donataire.*

L'orsqu'un donataire, par complaisance pour son
bienfaiteur, l'a laissé jouir pendant trente ans de la
chose que celui-ci lui avoit donnée, peut-on lui
opposer la Prescription, & par ce moyen anéantir
la libéralité qui lui a été faite ?

Il paroît du premier coup-d'œil qu'on ne le peut
pas, & qu'il y a une certaine équité qui réclame
en faveur du donataire.

Mais qu'est-ce que cette équité arbitraire auprès
de la loi ? La véritable justice ne peut pas s'écarter
ainsi des règles générales. La possession de trente
ans, nous ne l'avons déjà que trop répété, fait
présumer tout ce qui est possible & nécessaire pour
la maintenir & la faire répéter. Or, dans un intervalle aussi long, n'a-t-il pas pu arriver que le donateur & le donataire aient, d'un commun accord,
résilié la donation ? Seroit-il d'ailleurs extraordinaire que cette donation eût été feinte & simulée
dans son principe ? Enfin, le donataire doit s'imputer sa négligence : il a dû savoir qu'il n'y a que
des privilèges exprès qui puissent faire cesser la
Prescription de trente ans, & qu'il n'en existe
aucun en faveur des donations.

C'est précisément ce qui a été jugé au parlement
de Toulouse par arrêt du 10 juin 1667, rendu au
rapport de M. de Catellan, & recueilli par ce

magiſtrat, livre 7, chapitre 17. Le donataire l'a attaqué par la voie de requête civile, mais il a été débouté.

§. IV. *De la Preſcription contre l'égliſe.*

Nous avons ici huit objets à diſcuter.

1°. Combien de temps faut-il en général pour acquérir par Preſcription contre l'égliſe ?

2°. Doit-on compter dans cette Preſcription le temps qu'a vécu le bénéficier qui a aliéné, & celui durant lequel le bénéfice a été vacant, ou tenu en confidence ?

3°. En quels cas & par quel temps peut-il y avoir lieu à la Preſcription des biens d'égliſe qui ont été aliénés indûment ?

4°. Quels ſont les conditions & les effets de la Preſcription contre l'égliſe, lorſqu'elle n'a pour objet que la libération des dettes, des droits & des preſtations qui lui ſont dus ?

5°. L'égliſe jouit-elle de ſon privilège, en matière de Preſcription, lorſqu'elle ſuccède à un laïc contre lequel la Preſcription a commencé de courir.

6°. Pour preſcrire d'égliſe à égliſe, la bonne foi eſt-elle néceſſaire, & en cas qu'elle le ſoit, peut-on la préſumer quand il y a un titre contraire à la poſſeſſion ?

7°. L'égliſe peut-elle être reſtituée contre la Preſcription ?

8°. Le bénéficier qui a laiſſé preſcrire les biens de l'égliſe par ſa faute, en eſt-il reſponſable envers ſes ſucceſſeurs ?

DISTINCTION I. *Combien de temps faut-il, en général, pour preſcrire contre l'égliſe ?*

Suivant la loi *ut inter*, au code *de ſacroſanɕtis eccleſiis*, faite par l'empereur Juſtinien en 526, toute Preſcription étoit inutile contre l'égliſe ſi elle n'étoit de cent ans.

Mais par le chapitre 6 de la novelle 131 faite en 541, le même empereur abrogea cette loi ; & déclara, 1°. que dans les matières où les particuliers ſont ſujets à la Preſcription de dix, de vingt ou de trente ans, il pourroit être preſcrit contre l'égliſe par quarante ans ; 2°. que les Preſcriptions de trois & de quatre ans auroient contre elle le même effet que contre les ſimples citoyens ; 3°. que l'égliſe de Rome jouiroit ſeule du privilège de n'être ſoumiſe qu'à la Preſcription centenaire.

Les conſtitutions canoniques ſont conformes à cette diſpoſition. Elle eſt adoptée notamment par le canon 15, §. 6, cauſe 16, queſtion 3 ; par le canon 3, cauſe 16, queſtion 4 ; & par les chapitres 4 & 8, aux décrétales *de Præſcriptionibus.*

Nous voyons d'ailleurs dans les capitulaires de Charlemagne, que la réduction de la Preſcription contre l'égliſe, au terme de quarante ans, étoit ſuivie en France, même ſous la ſeconde race de nos rois (1).

---

(1) Ne decem anni, neque vicenni vel triginta annorum Præſcriptio religioſis domibus opponatur, ſed ſola quadraginta annorum curricula : & non ſolùm in cæteris rebus, ſed etiam in legatis & hæreditatibus. *Capitul. lib. 5, cap. 389.*

Le pape Urbain VIII a tenté en 1641 d'étendre le privilège du saint siège à toutes les églises. Suivant la bulle qu'il a publiée à cet effet, elles ne sont sujettes, pour les choses & les droits qui leur appartiennent, qu'à la Prescription centenaire ou immémoriale (1).

Mais cette bulle n'a point été reçue en France, & nous tenons pour maxime que la Prescription de quarante ans a lieu contre l'église.

C'est même ce que décident plusieurs de nos coutumes, notamment celles de Vermandois, art. 142; de Châlons, art. 147; de Chaulny, art. 63; de Bouillon, chap. 23, art. 8; de Clermont en Beauvoisis, chap. 14, art. 1; d'Artois, art. 72; de Blois, tit. des Prescriptions, art. 1, &c.

La coutume de la gouvernance de Douai, chap. 10, art. 1, contient la même disposition; mais parce que cette coutume n'est pas homologuée, on a prétendu depuis peu qu'elle ne devoit pas être suivie en ce point, & qu'il falloit, dans son territoire, cent ans pour prescrire contre l'église. Voici l'espèce dans laquelle ce systême a été soutenu.

Le 26 août 1698, le Prince de Raches vendit, par le ministère du bénéficier de la chapelle de Saint-Léonard, son fondé de pouvoir, un héritage de

---

(1) Hodiè in rebus & juribus pertinentibus ad quascumque ecclesias sola centenaria & immemorabilis Præscriptio admittitur, exclusâ quâcumque aliâ minoris temporis Præscriptione, juxtà bullam Urbani VIII, editam de anno 1641. (*Urceolus*, de transactionibus, *quæst.* 79, *n. 12.*)

ſept bonniers & demi, à Jeanne - Françoiſe Delcourt, veuve de Pierre Deſcarpenteries.

Le 6 mars 1753, le ſieur Deſcarpenteries, chanoine de la collégiale de Saint - Amé de Douai, héritier médiat de la demoiſelle Delcourt, légua cet héritage à la demoiſelle de Camuſel, qui le tranſmit à la dame de Vaumor, épouſe du ſieur de Lenfernat.

Le 24 janvier 1766, ceux - ci vendirent le même héritage au ſieur Chaffart.

Le 30 novembre 1780, le ſieur Obrien, titulaire actuel de la chapelle de Saint-Léonard, a revendiqué cet héritage, comme faiſant partie de la dotation de ſon bénéfice.

Il a fondé ſa demande ſur différens cartulaires de la principauté de Raches, dont le plus ancien étoit de 1532 (1).

Le ſieur Chaffart a aſſigné en garantie les ſieurs de Lenfernat, héritiers de ſes vendeurs.

Ceux-ci ſont venus ſoutenir que depuis le 26 août 1698, date de la vente faite à leurs auteurs par le prince de Raches, il s'étoit écoulé deux fois plus de

____

(1) On y liſoit en effet ce qui ſuit :

« S'enſuivent autres terres ſéantes au terroir de Landas,
» en maſſe ſept bonniers & demi, leſdites terres appar-
» tenantes à la chapelle M. ſaint Léonard audit Raches ;
» mais pour le préſent mondit ſeigneur prend les profits &
» levées, en payant les meſſes de la chapelle ; mais ſi
» mondit ſeigneur étoit refuſant de payer leſdites meſſes,
» le chapelain dudit ſaint Léonard peut, pourra & doit
» avoir les profits & revenus deſdites terres, en diſant
» chacune ſemaine deux meſſes ; deſquelles terres la décla-
» ration s'enſuit.... »

temps qu'il n'en falloit pour acquérir la preſcription contre l'égliſe.

Le ſieur Obrien a oppoſé à ce moyen différentes réponſes, dont une ſeule a touché les premiers juges, ſuivant ce que j'ai appris de l'un d'eux , le jour du jugement de cette affaire. Elle conſiſtoit à dire que pour preſcrire contre l'égliſe , même dans le cas où l'aliénation de ſes biens eſt faite, ſans aucune forme, à la vérité, mais par un tiers, tel qu'étoit en 1698 le prince de Raches , il étoit beſoin d'une poſſeſſion paiſible & continuelle de cent ans.

Ce moyen , foiblement combattu, a d'abord fait pancher la balance en faveur du ſieur Obrien. Par ſentence rendue à la gouvernance de Douai , le 28 mai 1782 , le ſieur Chaffart a été condamné au délaiſſement des ſept bonniers & demi , & les ſieurs de Lenfernat , chargé de le garantir & indemniſer.

Mais ſur l'appel, le ſyſtême du bénéficier s'eſt écroulé, comme de lui - même ; & à peine a -t-il oſé le faire reparoître ; par arrêt du 23 décembre 1783 , rendu en la troiſième chambre, au rapport de M. Bergerant, le parlement de Flandres a mis l'appellation & ce au néant , émendant , a débouté le ſieur Obrien de ſa demande , & l'a condamné à tous les dépens.

En Normandie , le clergé a prétendu, lors de la rédaction de la coutume , qu'il n'étoit pas ſujet à la Preſcription de quarante ans. Mais on n'eut aucun égard à ſon oppoſition , & l'on arrêta purement & ſimplement par l'article 521 , que la « Preſ » cription de quarante ans vaut titre en toute juſ » tice , *pour quelque choſe que ce ſoit , excepté le* » *droit de patronage des égliſes* ». Cette diſpoſition étoit bien générale : cependant elle ne fit pas encore taire les ecclésiaſtiques ; ils prétendirent n'y être pas compris ; & il a fallu, pour leur impoſer ſilence, que le parlement de Rouen les aſſujettît nommément à la Preſcription quadragénaire. C'eſt ce qu'il a fait par l'article 117 des *placités* de 1666.

Il y a cependant en France des corps ecclésiaſtiques qui prétendent n'être ſujets qu'à la Preſcription centenaire.

Un des mieux fondé de tous, c'eſt l'abbaye de Gorze (1) ; mais ſon privilège ne peut avoir lieu que dans le territoire de la coutume qui l'établit, & il eſt limité à l'ancien domaine de ce monaſtère.

Les religieux de Saint-Denis ont obtenu du roi Henri III, en décembre 1577, des lettres-patentes qui les exemptent de toute Preſcription, excepté de celle de cent ans. Elles ont été enregiſtrées au parlement de Paris le 17 mars 1578 (2).

Les chevaliers de Malthe portent leurs prétentions plus loin : ils ſoutiennent, comme on l'a vu ci-devant, §. I, diſtinction XI, qu'ils ſont exempts même de la Preſcription centenaire. Voyez l'article MALTHE.

Les religieux de la Merci ont voulu s'aſſimiler,

____

(1) « Touchant l'ancien domaine de l'abbaye de Gorze, » bénéfices en dépendans ou mouvans, appelés vulgaire- » ment le patrimoine de ſainte Gorgonne, il eſt eſtimé » d'ancienneté à l'inſtar du patrimoine ſaint Pierre, ou » domaine papal, contre lequel Preſcription ne court que » de cent ans & jour ». (Coutume de Gorze, chap. 14, art. 8 & 9.

(2) Voyez au greffe le troiſième volume des ordonnances d'Henri III, fol. 133.

fur cette matière, aux chevaliers de Malthe. Mais un arrêt du parlement de Touloufe du 22 janvier 1673, a décidé qu'on pouvoit prefcrire contr'eux par le laps de quarante ans.

D'autres communautés eccléfiaftiques ont prétendu qu'il fuffifoit qu'elles fuffent foumifes immédiatement au faint-fiège, pour qu'on ne pût prefcrire contr'elles par un temps moindre de cent ans. Mais ce fyftême a été profcrit au parlement de Grenoble par un arrêt du 5 feptembre 1469, qu'on trouve dans le recueil de Guy-Pape, queftions 36 & 416.

La même chofe a été jugée au grand-confeil par un arrêt plus récent.

Dans le fait, M. le cardinal de Bouillon, en qualité d'abbé & de chef de l'ordre de Cluny, avoit obtenu une fentence qui condamnoit le fieur de Vaux, propriétaire du fief du Puy-Gerard, en Bourbonnois, à reconnoître fa directe, à payer les droits, &c. Le fieur de Vaux en avoit appelé, & il fe fondoit fur l'article 23 de la coutume de Bourbonnois, aux termes duquel le cens eft prefcriptible par quarante ans contre l'églife.

M. le cardinal de Bouillon répondoit, 1°. que la Prefcription avoit été interrompue par des payemens annotés fur le regiftre d'un des fermiers. 2°. Que les anciens privilèges de l'ordre le mettoient à l'abri de toute Prefcription. 3°. Que les lettres-patentes obtenues par l'abbaye de Cluny, pour la renovation de fon terrier, confirmoient expreffément ces privilèges.

Après les plaidoiries des parties, M. Benoît de Saint-Port, avocat-général, a dit qu'on avoit fait une critique inutile de l'adminiftration des anciens

abbés de Cluny , & que cela ne pouvoit pas empêcher le cours de la Prefcription en faveur des fujets
du roi, que leur bonne foi, jointe à une longue
poffeffion, met en sûreté; que la coutume de Bourbonnois étoit précife , & que le temps requis par fa
difpofition étoit plus qu'écoulé. Qu'à l'égard des
chapitres généraux qu'on avoit cités , ils ne pouvoient avoir d'exécution que dans l'ordre, & qu'ils
étoient fans application à l'égard des autres perfonnes. Enfin , que la claufe appofée aux lettres-
patentes étoit une claufe inutile , une claufe inférée
par furprife ou par faveur, & qui ne fignifioit abfo-
lument rien. Que fi l'intention du roi avoit été d'affranchir l'ordre de Cluny de la loi des Prefcriptions,
l'on n'auroit pas manqué de mettre *nonobftant toutes
coutumes à ce contraires*; que ce qui avoit empéché
d'inférer ces mots, étoit fans doute la difficulté de
les faire paffer.

Sur ces raifons, arrêt du 28 février 1708 , qui
infirme la fentence , & faifant dépendre le fort de
la caufe du fait d'interruption allégué par M. l'abbé
de Cluny, ordonne qu'il fera informé pour favoir
quel étoit le fermier en 1702, compenfe la moitié
des dépens, & réferve le furplus.

On a donc jugé que l'ordre de Cluny eft fujet ,
comme les autres gens de main - morte eccléfiaftiques , à la Prefcription de quarante ans.

Quoique cette Prefcription foit parmi nous de
droit commun , & qu'elle paroiffe autorifée, tant
par l'article 26 de l'édit de février 1580, que par
l'article 49 de l'édit de 1695 , il ne laiffe pas d'exif-
ter un certain nombre de coutumes dans lefquelles
on prefcrit contre l'églife par un moindre temps.

Ces coutumes font de deux fortes : les unes
distinguent

diſtinguent les biens qui compoſent l'ancien domaine du corps eccléliaſtique, du bénéfice ou de
l'établiſſemenṭ pieux contre lequel il s'agit de preſcrire, d'avec ceux qu'il a acquis par la ſuite:
les autres ne font aucune diſtinction.

La première claſſe comprénd les coutumes du
Maine, d'Anjou, de Loudun, de Metz & de
Gorze.

Par l'article 459 de la coutume du Maine, il
faut quarante ans pour preſcrire l'ancien domaine
de l'égliſe ; mais à l'égard de tout ce qu'elle a acquis
dans les quarante ans qui ont précédé la rédaction
de cette coutume, on preſcrit contr'elle par le
même temps que contre les laïcs, c'eſt-à-dire, par
cinq, dix, vingt ou trénte ans, ſuivant les circonſtances.

L'article 448 de la coutume d'Anjou porte la
même choſe, ſi ce n'eſt qu'il fixe à trente ans l'eſpace de temps que l'égliſe doit avoir poſſédé avant
la rédaction de cette loi, pour qu'un bien ſoit cenſé
faire partie de ſon ancien domaine.

Mais à ce point, les articles 431 & 447 contre-
diſent formellement l'article 448 ; ils exigent quarante ans comme la coutume d'Anjou ; & c'eſt ce
qui fait croire que dans l'article 448, le mot *trente*
a été ſubſtitué par erreur au mot *quarante.*

Tel eſt auſſi l'eſprit de la coutume de Loudun.

Cela réſulte des articles 7 & 9 du chapitre 20 de
cette loi.

A l'égard des coutumes de Metz & de Gorze,
elles portent, chap. 14, art. 16, & chapitre 14,
articlés 5 & 6, qu'« on preſcrit contre l'égliſe
» pour choſe dépendante de l'ancien domaine d'i-

» celle par quarante ans , & pour les biens d'autre
» qualité , par *vingt ans , vingt jours* ».

Ces coutumes ont , comme l'on voit , rejetté la
doctrine de d'Argentré (1), ou plutôt de tous les
auteurs, qui ne mettent aucune différence, par
rapport à la néceſſité du terme de quarante ans pour
preſcrire contre l'égliſe, entre l'ancien & le nouveau domaine de celle-ci.

Les coutumes de la ſeconde claſſe fixent indiſ-
tinctement à trente années l'eſpace de temps qu'il
faut, dans leur reſſort, pour acquérir la Preſcription dont il s'agit. Ces coutumes ſont Berry, titre
12, article 1, & Hainault, chapitre 107, article 1.

Mais il y en a pluſieurs autres dans leſquelles on
ſuit la méme juriſprudence, quoiqu'elle n'y ſoit
pas nommément adaptée par leurs diſpoſitions.

Telle eſt d'abord celle d'Auvergne. Lors de ſa
rédaction , le clergé de cette province fit des proteſtations contre différens articles , & notamment
contre celui qui n'admet qu'une Preſcription de
trente ans , en tant qu'on voudroit l'étendre contre
l'égliſe. Mais du Moulin (2) nous apprend que ces
proteſtations ont été jugées inutiles, & que le clergé
eſt ſoumis aux articles qui en ſont l'objet. C'eſt,
continue - t - il , ce qui a été expreſſément décidé
par un arrét dont M. l'avocat - général de Riant a
atteſté l'exiſtence & détaillé l'eſpèce , en portant
la parole à l'audience du 27 juillet 1551.

---

(1) Sur l'article 266 de la coutume de Bretagne , chap.
20 , nomb. 4.

(2) Coutumier général de Richebourg, tome 4, page
213 , note *a*.

Touſſaint Chauvelin ſur la même coûtume, titre 17, article premier, aſſure également que dans cette province l'égliſe eſt ſujette à la Preſcription de trente ans, & il en cite un arrêt du 7 ſeptembre 1624, rendu à la quatrième chambre des enquêtes, au rapport de M. le Nain, contre le chapitre de Lanſac.

La même année, il eſt intervenu à la grand'-chambre, au rapport de M. Boucher, un autre arrêt qui a jugé que cette Preſcription couroit en Auvergne, même contre l'ordre de Malthe; & Brodeau, dit en le rapportant dans ſa note ſur l'article cité, que cela étoit déjà décidé *par d'autres anciens arrêts*.

Cet auteur cite encore, ſur l'article 2, un arrêt du 7 février 1643, qui juge que la Preſcription du cens par trente ans, a lieu *au pays coutumier d'Auvergne, même contre l'égliſe*. Il ajoute qu'il avoit été rendu précédemment *divers arrêts* ſemblables.

Et au vrai, il auroit été difficile de juger autrement : la coutume annonce elle - même très-clairement qu'elle regarde les biens d'égliſe comme preſcriptibles par trente ans, lorſque, par l'article 18 du chapitre cité, elle déclare que cet eſpace de temps ſuffit pour preſcrire la quotité de la dîme & la manière de la percevoir, ſoit contre le *curé* ou *vicaire*, ſoit contre tout autre décimateur.

L'uſage de l'Auvergne à cet égard, eſt très-ancien. Maſuer, ce praticien ſi inſtruit de la juriſprudence de cette province, atteſte, dans ſa *pratique*, titre 22, nombre 7, qu'on le tenoit ainſi de ſon temps; & Brodeau ſur l'article 123 de la cou-

tume de Paris, nombre 4, en attribue l'origine
la faveur que le code Théodofien avoit acqui
chez les Vifigoths, fous la domination defquel
étoit l'Auvergne, avant la conquête qu'en fi
Clovis (1).

Le clergé d'Auvergne fit, en 1641, tous le
efforts imaginables pour changer cet ufage. Loui
XIII, cédant à fes inftances, lui accorda, le 24
juillet, une déclaration portant « que les dîmes
» les cens & rentes eccléfiaftiques, ou autres do-
» maines & revenus des provinces du haut & ba
» Auvergne, auront le même cours & le même
» temps ordonné par le droit & les conftitution
» eccléfiaftiques obfervées dans les autres diocèfe
» du royaume, nonobftant ce qui eft ftatué &
» porté par cette coutume, à laquelle pour ce

____

(1) Voici les termes de Brodeau :

« Depuis Théodofe le jeune jufqu'à Juftinien, la Pref-
» cription de trente ans a eu lieu contre l'églife, auffi
» bien que contre les perfonnes laïques, & celle de qua-
» rante ans depuis Juftinien, le code duquel n'ayant point
» été reçu en Efpagne, ni aux autres provinces circonvoi-
» fines qui étoient fous la domination des Goths, mais
» celui de Théodofe, fuivant la conftitution d'Alaric, roi
» des Goths, c'eft-à-dire, des Vifigoths.... il ne faut pas
» s'étonner fi quelques canons, qui font tirés des conciles
» d'Efpagne, font mention de la Prefcription de trente ans
» contre l'églife, quoiqu'ils foient poftérieurs au temps de
» Juftinien.... & de là vient que par la coutume d'Au-
» vergne, la Prefcription uniforme de trente ans a lieu
» contre l'églife en chofes prefcriptibles, même contre
» les chevaliers de Malthe, nonobftant leurs privilèges,
» fuivant les arrêts de la cour ; car cette province, qui
» a été fous la domination des Goths, a fuivi les lois de
» Théodofe. »

regard feulement , & fans tirer à conféquence , il eft dérogé ». Mais cette déclaration n'ayant pas été enregiftrée (1), on a continué en Auvergne d'admettre contre l'églife la Prefcription de trente ans ; c'eft ce que prouve l'arrêt de 1643, & ce qu'attefte Prohet dans fon commentaire fur la coutume de cette province, titre 17, article 1 , 2 , 4 & 18.

Nous trouvons le même ufage établi dans le duché de Bourgogne. On y regarde comme faifant auffi bien la loi aux gens d'églife qu'aux féculiers, l'article de la coutume qui réduit à trente ans toutes les Prefcriptions du droit civil ; & Taifand titre 14, article 1, nombre 10, dit qu'on n'y doute nullement « que les eccléfiaftiques ne peuvent » plus, depuis le confentement qu'ils ont donné » à cet article, fe prévaloir de leur privilège ». C'eft, continue le même auteur, ce qu'a jugé un arrêt du 14 février 1636.

Bouvot, fur le même article de la coutume de Bourgogne, cite deux autres arrêts qui avoient précédemment décidé la même chofe ; l'un eft du 6 juillet 1587, l'autre du 14 août 1607.

Et dans ces arrêts, tome 2 , article *Prefcrip-tion*, queftion 2, il en rapporte encore un qu'il date du mois de juillet 1623.

La raifon qu'il donne de cette jurifprudence, eft que la coutume a été faite du confentement des trois ordres, & que par conféquent elle lie les gens d'églife comme les autres.

---

(1) Voyez dans les mémoires du clergé , le procès-verbal de l'affemblée de 1645.

Raviot, fur Perrier, queſtion 226, nombre 8 rapporte deux autres arrêts qui jugent abſolument de même. L'un eſt du 11 août 1644, & l'autre du 21 août 1725. Il s'efforce pourtant dans ſes réponſes aux notes de Bannelier ſur cet endroit, de faire voir que cette juriſprudence n'eſt pas exacte. Mais il convient qu'elle exiſte; & Bannelier dit qu'elle forme *une maxime en Bourgogne*.

Deniſart, au mot *Preſcription*, nous fournit une autre preuve de cette vérité. C'eſt un acte de notoriété du 6 décembre 1698, par lequel les avocats au parlement de Dijon atteſtent que « par » une exception à la règle générale, la Preſcrip- » tion de trente ans eſt admiſe dans le reſſort de » ce parlement contre les eccléſiaſtiques, de même » qu'à l'égard de toute autre perſonne ».

La coutume de Touraine paroît devoir admettre la même interprétation.

Lorſqu'il fut queſtion de travailler pour la pre- mière fois à la réformation de cette loi municipale, le roi donna, le 2 juin 1506, des lettres-patentes dans leſquelles il eſt dit que, ſi ſur quelques-uns des articles de la rédaction projetée, il ſurvient des oppoſitions, elles ſeront « rapportées pardevant » les gens de parlement, pour par eux en ordon- » ner comme de raiſon; & quant aux autres ar- » ticles deſdites coutumes qui ſeront accordés, » iceux ſeront obſervés comme loi … déclarant » *tous les ſujets* deſdits bailliages & ſénéchauſſées, » être ſujets ès coutumes arrêtées ».

D'après ces lettres-patentes, il eſt clair que le clergé, en ne s'oppoſant pas à l'article 209 qui établit indéfiniment la Preſcription trentenaire, s'eſt ſoumis virtuellement à ſa diſpoſition.

On dira peut-être qu'il a protesté en général contre tout ce qui pourroit être statué au préjudice de ses privilèges, immunités, libertés & prééminences.

Mais 1°. une protestation aussi vague peut-elle être regardée comme une opposition à l'article 209 ? Les lettres-patentes de 1506 déclarent que tous les articles auxquels on ne se fera pas opposé, *seront observés comme loi.....par tous les sujets* de la Touraine ; & qu'on y prenne bien garde, c'est comme si elles annonçoient que pour faire cesser tel article que ce soit, il faut une opposition expresse & spéciale : en effet, une *loi* ne peut pas demeurer dans l'incertitude, elle ne peut pas rester indéterminée ; il est de son essence d'être connue, & susceptible d'une application fixe & assurée : ainsi, dire que les articles auxquels il n'aura pas été formé opposition, *seront observés comme loi*, c'est-à-dire qu'on n'admettra que des oppositions directes & formelles.

2°. Le procureur du roi a répondu à la protestation du clergé, quoique vague & générale ; & comme le clergé ne s'est pas mis depuis en peine de la *rapporter pardevers les gens de parlement*, il est évident qu'elle doit être considérée comme non avenue.

Il faut pourtant convenir que les deux commentateurs de cette première rédaction, Saison & Breche, ont été divisés sur la question de savoir si le clergé étoit compris dans l'article 209. Saison, titre 18, article 2, soutenoit la négative ; Breche, même titre & même article, enseignoit le contraire.

Mais entre ces deux interprètes, la préférence

n'est pas difficile à régler. Bernard, décédé doyen du barreau de Tours en 1763, & de qui nous avons des observations manuscrites sur la jurisprudence de sa province, dit en parlant du *commentaire* de Saison, qu'on ne doit pas donner ce nom « à quelques notes noyées dans un fatras de cita- » tions où on se perd ». Breche n'en parle qu'une seule fois dans tout son ouvrage, & c'est pour lui dire de grosses injures (1). Sans doute, il auroit usé de plus de ménagement envers un auteur qui eût été tant soit peu estimé.

Ce qui s'est passé à la seconde réformation de la coutume en 1559, confirme bien tout ce que nous disons. Il y avoit alors six ans que Breche avoit fait paroître son commentaire, & non-seulement cet ouvrage avoit été accueilli du public, mais il avoit valu à son auteur l'honneur d'être appelé à la réformation de la loi qu'il avoit interprétée. Que de raisons pour exciter le clergé à demander qu'on insérât dans l'article 209 l'exception que Sainson avoit tenté d'y mettre, & que Breche avoit reje- tée ! cependant le clergé garde le silence : il laisse passer l'article sans opposition, sans protestation ; & par conséquent il s'y soumet.

En effet, qu'on y fasse bien attention. Pour adopter le système de Sainson, il auroit fallu mo- difier l'article 209 par une exception qui se trouve dans les rédactions ou réformations d'un très-grand nombre d'autres coutumes : on ne l'a point fait ; on a laissé l'article tel qu'il avoit été rédigé en 1507.

---

(1) Factum sanè & delirum somnium hoc loco probert bonus ille vir Joannes Sainson, tit. 25, art. 26.

On y a donc compris les ecclésiastiques : car, encore une fois, si on ne vouloit pas les y comprendre, il étoit indispensable de les exclure.

Ce n'est pas tout. Le clergé renouvela en 1559 les mêmes protestations générales qu'il avoit faites en 1507. Que fit le procureur du roi ? Il requit que le clergé, pour les biens qu'il possède en Touraine, fût déclaré sujet à la coutume, telle qu'elle seroit arrêtée. Elle le fut en effet, sans que le clergé eût dans l'article 209 proposé aucun changement, aucune modification ; & cela fait, les commissaires ordonnèrent que la coutume seroit *observée comme loi tant par les comparans que par les défaillans, soit gens d'église, de noblesse ou du tiers-état.* Si on ne voit point en cela une preuve évidente & sans réplique de l'assujettissement de l'église à la Prescription de trente ans, qu'entend-on donc par *preuve* & par *évidence* ?

Il y a plus encore. Le clergé demandoit par ses protestations qu'il ne fût apporté aucun changement *aux coutumes ci-devant accordées, jugemens & arrêts donnés à son profit,* à moins que cela ne se fît par le vœu unanime des trois ordres. Il consentoit donc que la coutume demeurât à son égard telle qu'elle avoit été rédigée en 1507, si ce n'est dans les points auxquels il avoit pu y être dérogé depuis, soit par des lois, soit par des arrêts ? Or, où sont les lois qui, dans l'intervalle de 1507 à 1559, ont excepté le clergé de la disposition de l'article 209 ? où sont les arrêts qui ont jugé qu'il n'étoit pas compris dans cette disposition ? Il n'en existe pas l'ombre. Donc en demandant qu'il ne fût rien changé *aux coutumes ci-devant accordées,* le clergé a demandé que l'article 209 fût exécuté envers lui comme envers les particuliers.

Au surplus, si cet article laissoit des doutes sur la question, quel seroit l'interprète qu'il faudroit consulter pour les éclaircir ? Sans doute ce seroit l'usage : *optima enim legum interpres est consuetudo* (l'usage est le meilleur interprète des lois), dit l'empereur Justinien, au digeste, titre *de legibus*. Or dans tous les temps, la Prescription de trente ans a été reçue en Touraine contre le clergé, & jamais on n'a exigé celle de quarante ans.

Cet usage remonte très-probablement à la même époque que celui dont nous parlions tout-à-l'heure relativement à l'Auvergne : la Touraine a été, comme cette province, sous la domination des Visigoths. Ils y ont apporté, comme dans l'Auvergne, le code Théodosien auquel ils étoient fort attachés; & la Prescription de trente ans admise par une loi de ce code contre l'église, a du s'établir & se conserver en Touraine avec la même facilité qu'elle s'est établie & maintenue dans l'Auvergne.

Ce qu'il y a de certain, c'est que depuis la réformation de 1559, tous ceux qui ont écrit sur la coutume lui ont donné uniformément l'interprétation que nous croyons devoir lui donner encore, & en ont constamment attesté l'usage.

Boullai, juge prévôt de Loches, dans ses notes imprimées en 1619, dit, page 205, que le clergé nonobstant ses protestations, est soumis à toutes les dispositions de la coutume de Tours, même à l'article 208 qui établit une Prescription de cinq ans.

Le même auteur dans le commentaire manuscrit

qu'il a laiſſé ſur la même coutume, met en principe que *l'égliſe ne peut être reſtituée contre la Preſcrip-tion de trente ans.*

Pallu, conſeiller & avocat du roi au ſiége de Tours, s'exprime ainſi à la page 308 de ſon commentaire, imprimé pour la première fois en 1661 : « Cette coutume ayant été arrétée avec le clergé, » nonobſtant ſes proteſtations qui ſont demeurées » ſans effet, on a toujours tenu que la Preſcrip-» tion de l'article 209 devoit avoir lieu contre » l'égliſe; ce qui a éte jugé à ce ſiège, il y a plus » de vingt ans, contrte le chapitre de Mézieres».

Mes Dubois, père & fils, avocats célèbres à Tours, & décédés l'un en 1683, & l'autre en 1736, aſſurent également dans leurs notes manuſ-crites, qu'on n'admet en Touraine que la Preſcrip-tion de trente ans contre l'égliſe.

Me Bouault, décédé en 1739, doyen du même barreau, après avoir dit dans ſes notes, que Pallu, page 171, ſemble exempter de la Preſcription de trente ans les anciens domaines de l'égliſe, ajoute que cela n'eſt pas ſuivi.

Me Bernard qui a exercé la profeſſion d'avocat au ſiège de Tours pendant plus de cinquante ans, tient le même langage dans ſon commentaire ma-nuſcrit : il n'y a, dit-il, que les articles 105 & 108 « qui étendent à quarante ans le temps de faire » injonction à la main-morte de vider ſes mains ; » mais c'eſt contre l'égliſe, & non en ſa faveur, » que cette Preſcription a été portée à quarante » ans ».

Me Dubrementel, qui a fourni la même carrière que Me Bernard, & pendant le même eſpace de

temps, a décidé, le 15 février 1742, qu'on prefcrivoit par trente ans contre l'églife en Touraine.

Le favant & judicieux auteur du *droit général de
la France & particulier de la Touraine*, confirme
tous ces témoignages par celui de fon père, mort
en 1775, après avoir été pendant cinquante ans
l'oracle de fa province. « Le père de l'auteur (dit-
» il, nombre 7105), a fouvent attefté l'ufage &
» ne s'en eft jamais écarté.

» On tient fi unanimement (ajoute-t-il) au bar-
» reau de Tours la Prefcription de trente ans
» contre l'églife, qu'un jeune avocat ayant donné,
» il y a environ vingt-cinq ans, une confultation
» contraire, il la retira, à la folicitation de fes
» confrères, qui lui repréfentèrent avec amitié les
» fuites de l'erreur dans laquelle il induifoit le
» client qui avoit eu recours à lui ».

M. Cottereau ajoute que cet ufage a encore été
certifié le 17 décembre 1777, par une confultation
fignée de quatorze avocats de Tours.

« On cite peu de jugemens (continue ce jurif-
» confulte), parce que la queftion, toutes les fois
» qu'elle s'eft préfentée, étant réfolue de la même
» manière dans les confultations, on a rarement
» hafardé de la propofer en juftice ».

Cependant on remarque cinq efpèces notables
dans lefquelles elle a été formellement décidée.

La première eft celle dont Pallu fait mention
dans le paffage rapporté ci-deffus.

Voici la feconde, c'eft M. Cottereau qui en rend
compte : « Pierre Guyot ayant été affigné par le
» fieur Archambault, curé de Neuvi, à raifon
» d'une rente de vingt fous due à la cure fur un
» arpent de terre, a été renvoyé de la demande par

» une fentence du juge de Neuvi du 7 juillet 1727,
» *au moyen de la Prefcription de trente ans*, & elle
» a été confirmée au fiège de Tours le 5 mai 1733».

La troifième efpèce nous eft encore retracée par M. Cottereau (1) : « Le fiége de Châtillon, dit-il, » a rendu le 5 feptembre 1770, une fentence qui » prouve qu'il admet la Prefcription de trente ans » contre l'églife. Il y en a eu appel, mais... (on a » enfuite) acquiefcé à la fentence».

La quatrième efpèce s'eft préfentée à l'audience du même fiège le 7 feptembre 1776. Lorfqu'on y propofa, dit M. Cottereau, la queftion de favoir s'il faut quarante ans pour prefcrire en Touraine contre l'églife, « le chef du fiège en témoigna de » l'étonnement, parce qu'il y avoit nombre d'an- » nées que le fiège, dit-il à haute voix, avoit dé- » claré que la Prefcription de quarante ans n'étoit » point reçue. Mais on propofa une autre queftion, » fi un acquéreur qui étoit locataire lors de fon » acquifition, avoit pu prefcrire. Voici les cir- » conftances de l'affaire.

» Le fieur Laurence donna à rente, le 17 juin » 1733, au fieur Croix, une maifon fituée à Tours, » qu'il occupoit à titre de loyer ; quelques jours » après, le fieur Croix fit infinuer fon contrat & » prit poffeffion.

» Le chapitre de Saint-Gatien obtint, le 6 fep- » tembre 1735, contre le fieur Laurence, un ju- » gement qu'il lui fit fignifier le 8 mai 1736, au » domicile du fieur Croix, fon locataire & *rentier*, » portoit l'exploit de fignification. Ce jugement

____

(1) Tom. 1, additions & corrections, pag. 23.

» condamnoit à réformer une déclaration où la
» maiſon étoit dite n'être chargée que du cens,
» ſans faire mention d'une rente de 4 liv. 10 ſous
» & d'une autre de 3 liv. 18 ſous 6 deniers.

» En 1743, le ſieur Croix, actionné pour ex-
» hiber ſon contrat & pour payer les ventes,
» ſatisfit à l'un & à l'autre.

» Le 22 mai 1767, le chapitre de Saint-Gatien
» demanda vingt-neuf années d'arrérages des deux
» rentes, au fils du ſieur Croix, qui appelle en
» garantie l'héritier du ſieur Laurence ; & le 7 ſep-
» tembre 1776, le ſiège de Tours déclara le cha-
» pitre de Saint-Gatien non-recevable dans ſa de-
» mande ».

Le chapitre ſe prévaloit cependant du ſuffrage de
Sainſon. Il y joignoit même un arrêt du 28 août
1739; & comme il avoit, pendant l'inſtruction, découvert dans ſes archives un autre arrêt du 19 mars
1752, il eſſayoit également de s'en appuyer.

Mais l'opinion de Sainſon étoit abandonnée depuis trop long-temps pour qu'on pût ſe flater d'y
ramener le ſiège de Tours : & à l'égard des deux
arrêts par leſquels on prétendoit la juſtifier, M.
Cottereau prouve très-bien qu'ils n'ont pas même
touché la queſtion.

La cinquième eſpèce a été jugée par arrêt. Il
s'agiſſoit d'un droit de dixme qui étoit conteſté
entre le prieur de Channay & le curé de Courçelles.
Le premier ſoutenoit & prouvoit en effet que depuis trente ans il étoit en poſſeſſion de ce droit,
à l'excluſion du curé. Il ajoutoit qu'en Touraine
cet eſpace de temps ſuffit pour preſcrire contre
l'égliſe; & c'eſt ce qu'a décidé le ſiège de Tours
par ſentence du 6 ſeptembre 1774. Le curé de

Courcelles en a appelé, mais par arrêt du 23 janvier 1778, la cour a mis l'appelation au néant avec amende & dépens.

Remarquez, avec le même jurisconsulte, « une » chose qui est peut-être unique en fait d'usage : » c'est que 1°. l'unanimité des jurisconsultes a été si » parfaite pendant deux siècles, qu'on n'en trouve » pas un seul qui n'ait tenu le même langage que » les autres sur le point dont il s'agit ; 2°. les agens » du chapitre de Saint-Gatien, malgré toutes leurs » recherches, n'on pu decouvrir un seul arrêt, un » seul jugement, même un seul fait, qui contredise » l'usage qu'on leur a opposé. Un fait, un juge-» ment, un arrêt ne seroient pas capables d'affoi-» blir l'usage, mais lorsqu'il ne s'en trouve point, » de quel poids l'usage n'est-il pas » ?

Mais voici une objection qui, sans être comme les précédentes, particulière à la coutume de Touraine, s'étend à celles de Berry, d'Auvergne & de Bourgogne (1). Elle consiste à dire que par l'article 26 de l'édit de 1580, & l'article 49 de l'édit de 1695, on ne peut alléguer contre l'église *d'autre Prescription que celle de droit ;* que la Prescription de droit est de quarante ans ; & que puisque ces lois sont postérieures aux rédactions des coutumes citées, on ne peut plus dans leur ressort admettre contre l'église la Prescription de trente ans.

A cela plusieurs réponses.

1°. La Prescription de trente ans est, dans les

____

(1) Nous n'ajoutons pas à cette liste la coutume de Hainaut, parce que ni l'édit de 1580 ni celui de 1695 n'ont force de loi dans cette province.

coutumes dont il s'agit, *la Prescription de droit*
pour les ecclésiastiques comme pour les laïcs.

2°. Les édits de 1580 & 1695 ne contiennent
aucune clause dérogatoire aux coutumes ou usages
qui admettent une Prescription au-dessous de quarante ans.

3°. Il y a d'anciens usages qui, quoique contraires aux dispositions de l'édit de 1695, se sont
conservés depuis (1).

4°. Depuis l'édit de 1580, il a été rendu en
1587, 1607, 1623, 1624, 1636, 1643, & 1644.
des arrêts qui ont maintenu, comme on l'a remarqué plus haut, la Prescription de trente ans contre
l'église, dans les coutumes d'Auvergne & de Bourgogne.

5°. La déclaration de Louis XIII de 1641 prouve
bien qu'à cette époque on ne soupçonnoit pas que
l'édit de 1580 eût dérogé à cet usage dans l'Auvergne.

6°. Si, lors de l'émanation de l'édit de 1695,
on eût vu dans l'article qu'il contient sur la *Prescription de droit*, une dérogation aux coutumes qui
permettent de prescrire par trente ans contre
l'église, on n'auroit pas, trois ans après, certifié,
par un acte de notoriété, la continuation de cette
jurisprudence dans le ressort du parlement de Dijon ; & si cette dérogation n'a pas été apperçue
alors, comment l'admetre aujourd'hui contre l'opinion & la pratique de près d'un siècle? On ne

____

(1) Mémoires du clergé, tom. 7, pag. 404 ; jurisprudence canonique de Rousseau de la Combe, au mot *Confesseur*, n. 5, 7 & 15.

fait

fait donc pas attention qu'un ufage conftamment obfervé pendant un auffi long intervalle de temps, eft lui-même une loi, & qu'on ne peut pas chercher dans une fource plus fûre; l'explication des ordonnances & édits qui l'ont précédé !

Mais c'eft affez nous arrêter au temps qui, en thèfe générale, eft néceffaire dans chaque coutume ou province, pour prefcrire contre l'églife. Defcendons dans les queftions fecondaires auxquelles cet objet important peut donner lieu.

DISTINCTION II. *Du temps qui doit être déduit de la Prefcription contre l'églife.*

D'abord, quand il s'agit de favoir fi on a prefcrit en vertu d'une aliénation faite fans néceffité, fans caufe, ou fans formalités, par le titulaire d'un bénéfice, doit-on compter pour la Prefcription, tout le temps qu'a vécu le bénéficier, après avoir aliéné.

La négative eft adoptée par une de nos coutumes, c'eft celle de Gorze, titre 14, articles 5 & 9.

C'eft ce que décide auffi le canon *fi facerdotes*, caufe 15, queftion 3, dans le décret de Gratien.

Dumoulin dans fes notes fur ce canon & fur Alexandre, tome 3, confeil 9, vers la fin, dit qu'on le pratiquoit ainfi de fon temps : *fervatur in praxi.* Mornac, fur la loi 16, au code, *de facro fanctis ecclefiis*, affure la même chofe : tel eft, dit-il, le droit dont nous ufons conftamment : *eo que jure perpetuò utimur.*

M. Louet, lettre P, §. 1, rapporte trois arrêts conformes à cette doctrine : le premier, du 1 fé-

vrier 1531; le fecond, de l'année 1543; le troifième, du 17 feptembre 1594. Il remarque même
que celui-ci a été rendu à fon rapport.

Le magiftrat à qui nous devons le journal du
palais de Touloufe, dit tome 5, page 241, en
rapportant un arrêt du 28 août 1699, lors duquel
cette queftion étoit agitée, que tous les juges font
convenus dans les opinions, « que cette maxime,
» *la Prefcription ne court pas contre l'églife, pendant
» qu'elle eft privée de fon défenfeur légitime*, eft gé-
» néralement reçue pour tous les bénéfices, &
» que ce défenfeur eft le titulaire. Car (ajoute-t-il),
» quoique l'évêque ou le promoteur puiffent re-
» lever les droits de l'églife, cependant, comme
» ils ne peuvent connoître les droits de tous les
» bénéfices, ni même toutes les chapellenies, il
» n'eft pas difficile qu'on en ufurpe les biens, ou
» même qu'on fupprime des chapellenies, fans
» qu'ils en aient connoiffance ».

Guy Pape, queftion 150, & Chorier, livre 1,
fection 6, article 1, atteftent, en citant un arrêt
du 16 février 1458, que c'eft auffi la jurifprudence du parlement de Grenoble.

C'eft pareillement celle du parlement de Franche-Comté, comme le prouve un arrêt du 4 mai
1728, qui eft rapporté par Dunod, traité de la
Prefcription des biens d'églife, pag. 28.

Au furplus, les raifons fur lefquelles cet auteur
appuie cette jurifprudence, doivent la faire recevoir
par tout fans nulle difficulté : « quoique celui qui a
» mal aliéné, dit il, ait pu agir lui-même, il y au-
» roit du danger à faire courir la Prefcription de
» fon temps : il faudroit qu'il vînt contre fon pro-
» pre fait, & il a ordinairement de la répugnance

» & de la pudeur à le faire. Il y a même fou-
» vent des vues d'intérêt ou de faveur dans les
» bénéficiers qui font des aliénations préjudicia-
» bles ; & quand il n'y en auroit point eu, celui
» qui a fait l'aliénation se feroit souvent une peine
» d'avouer sa faute & sa mauvaise administration :
» il craindroit peut-être aussi de s'exposer à quel-
» que restitution d'argent qu'il auroit reçu, & à
» des dommages & intérêts. Il est donc juste de
» supposer pour règle générale, que la Prescrip-
» tion ne court pas de son temps, quand l'église
» a été lésée, & que les principales solemnités
» ont été omises, parce qu'elle n'est pas valable-
» ment défendue ».

Mais du moins la Prescription courra-t-elle du jour même de son décès, ou dormira-t-elle encore jusqu'à ce qu'il ait un successeur ?

La coutume de Gorze, à l'endroit cité, se détermine pour le premier parti.

Mais elle est en cela contraire aux décisions du droit canonique (1).

M. de Catellan, livre 1, chapitre 35, dit que dans une affaire jugée de son temps au parlement de Toulouse, ces décisions ont beaucoup influé dans les motifs de l'arrêt qui a rejeté la Prescription dont on vouloit se prévaloir contre le titulaire d'une chapelle.

Dunod, traité des Prescriptions, partie 1, chapitre 10, ne critique pas cette jurisprudence, mais

____

(1) Chap. *de quartâ* & *ex transmiss.i*, aux décrét. *de Præscriptionibus.*

il la modifie : « les bénéfices, dit-il, auxquels on
» établit des économes pendant la vacance, pa-
» roiſſent n'être pas dans ce cas, parce qu'ils ont
» des défenſeurs ». Mais en parlant ainſi, Dunod
ne fait pas attention que par une déclaration du
20 février 1725, enregiſtrée le 16 mars ſuivant,
il eſt défendu aux économes-ſequeſtres d'intenter
aucun procès pendant la vacance des bénéfices,
avec ordre de faire ſeulement les diligences né-
ceſſaires pour le recouvrement des droits, fruits
& revenus dont le dernier titulaire étoit actuellement en poſſeſſion lors de ſon décès, & ſurſit à
tous procès intentés juſqu'à ce qu'il y ait un titulaire nouveau.

Auſſi eſt-il dit expreſſément par cette déclaration, que la Preſcription ne court point contre
les égliſes dont les bénéfices ſont en économat.

Mais la diſpoſition n'a point lieu, lorſque l'économat eſt établi pour un temps illimité. C'eſt ce qui
réſulte d'un arrét du conſeil du 14 mai 1775.

Obſervez, au ſurplus, qu'en cette matière on aſ-
ſimile la poſſeſſion d'un confidentaire à une vacance véritable. Ainſi on ne preſcrit pas contre un
bénéfice pendant qu'il eſt tenu en confidence. C'eſt
ce qui a été jugé au parlement de Bordeaux par
deux arrêts, l'un du 6 juillet 1680, inſéré dans le
recueil de la Peyrere, lettre P, nombre 61, & l'autre, du 18 mars 1681, rapporté au même endroit,
nombre 69.

DISTINCTION III. *En quels cas & par quel temps peut-il y avoir lieu à la Preſcription des biens d'égliſe qui ont été aliénés induement ?*

Si l'aliénation faite par un étranger, qui a vendu comme ſien, ce qui appartenoit à l'égliſe, en ſorte que l'acquéreur ait cru acheter un bien laïc, il n'eſt point douteux qu'il ne puiſſe y avoir lieu à la Preſcription ordinaire, Preſcription qui eſt, comme on l'a vu ci-devant, de quarante ans dans le droit commun, de trente ans dans les coutumes de Berry, de Touraine, d'Auvergne, de Bourgogne, de Hainaut, &c. & de vingt ans vingt jours dans celles de Metz & de Gorze pour les nouveaux acquêts. C'eſt l'eſpèce & la déciſion préciſe de l'arrêt du parlement de Flandres du 23 décembre 1783, dont il a été rendu compte ci-deſſus ; & il paroît plus régulier qu'un arrêt du parlement de Toulouſe, du mois de décembre 1691, par lequel M. de Catellan, livre 1, chapitre 35, dit avoir été jugé « que la Preſcription du bien » d'égliſe ne court point, quand c'eſt un laïc » qui a fait l'aliénation ».

Mais ſi l'aliénation a été faite par l'uſufruitier ou l'adminiſtrateur du bien eccléſiaſtique, & que par conſéquent l'acquéreur ait eu en achetant, pleine connoiſſance de la nature de ce bien, peut-il y avoir lieu à la Preſcription contre un titre nul ; & en cas que cela ſoit poſſible, le terme ordinaire de quarante ou de trente ans, ſuivant les coutumes, eſt-il ſuffiſant pour preſcrire ?

L'affirmative eſt aſſez généralement adoptée par les docteurs ultramontains. Ils donnent à la Preſcription de quarante ans la vertu de purifier les aliénations de tout défaut de cause ou de forme, & il paroît qu'ils ne font à ce fujet aucune diftinction. Témoin Rédoan, dans fon traité *de rebus ecclefiæ non alienandis*, queftion 2, chapitre 3, nombre 12 (1).

Parmi nous, on diftingue communément entre le tiers-poffeffeur & celui dans les mains duquel le bien de l'églife a été transféré immédiatement, au moyen du contrat qu'il a fait avec le bénéficier ou l'adminiftrateur.

1°. Il eft conftant aujourd'hui que le tiers-poffeffeur qui a titre & bonne foi, prefcrit par la poffeffion paifible de quarante ans. C'eft ce qu'établit Gueret fur les arréts de M. le Prêtre, centurie 1, chapitre 4, & ce que décide M. le premier préfident de Lamoignon, dans fes arrêtés, titre *des Prefcriptions*, art. 42.

Il y a d'ailleurs une foule d'arrêts qui le jugent ainfi.

M. de Catellan, livre 1, chapitre 35, nous en retrace un du parlement de Touloufe, qu'il date du 28 août 1674.

Baffet, tome 1, livre 2, titre 29, chapitre 1, nous en fournit deux autres, rendus au parlement de Grenoble le 14 décembre 1653, & le 14 mars 1665.

M. le préfident de Béfieux, livre 1, titre 2, chapitre 4, §. 5 & 6, en rapporte deux rendus

---

(1) Quædam, *dit-il*, non poffunt alienari nifi fub certâ formâ, puto cùm decreto; & tunc Præfcriptio habet vim decreti, & res ecclefiæ præfcribuntur & præfcribi poffunt fpatio quadraginta annorum, nifi res romanæ ecclefiæ.

à l'audience de la grand'chambre du parlement d'Aix; le premier, le 11 mars 1700, fur les conclufions de M. l'avocat-général de Pioléne; le fecond, le 20 février 1702, fur les conclufions de M. l'avocat-général de Gaufridy (1).

M. de Bélieux ajoute que la même chofe a été jugée à la chambre des enquêtes où il préfidoit, par arrêt rendu au rapport de M. Ballon, entre le nommé Gardin & les dominicains de Toulon.

C'eft auffi ce qu'avoit jugé précédemment un arrêt du 10 juin 1667, qui eft rapporté par Boniface, tome 1, livre, 1, titre 23, chapitre 1.

Mais fi le tiers-acquéreur n'eft pas de bonne foi, & que par exemple, il foit inftruit par fon titre d'acquifition de la nullité du contrat fait primitivement entre l'églife & fon vendeur; dans ce cas, il n'y a, par rapport à la Prefcription, aucune différence entre fa condition & celle du vendeur même. C'eft ce que prouve l'arrêt du parlement de Paris du 11 décembre 1646, que nous rapporterons dans l'inftant.

Et ce n'eft pas la feule exception que fouffre la règle générale qui vient d'être établie : le parlement de Touloufe en admet encore une lorfqu'il s'agit d'une aliénation faite par l'églife pour le payement d'une taxe impofée par le prince : alors,

---

(1) Voici ce qu'a dit alors ce magiftrat :

« Quoique la jurifprudence des arrêts ait variée pendant
» un temps fur cette matière, il eft préfentement conftant
» & certain qu'avec la poffeffion de quarante ans le tiers
» poffeffeur eft à couvert de toutes recherches, quand
» même le titre du premier acquéreur feroit nul & vi-
» cieux. »

Q iv

& fur-tout fi l'aliénation eft confidérable, il permet aux eccléfiaftiques de retirer leurs biens, même fur les tiers-acquéreurs, en remboursant le prix qu'ils en ont reçu; & ceux-ci ne font pas admis à alléguer la Prefcription, fût-elle centenaire. C'eft l'obfervation de Graverol fur la Rocheflavin, livre 1, titre 2, article 5; il la juftifie d'ailleurs par des arrêts. Vedel fur Catellan, livre 1, chapitre 35, dit la même chofe. Voyez fur cette matière l'article ALIÉNATION DES BIENS D'ÉGLISE.

2°. Mais que faut-il décider, lorfque le bien eft encore dans les mains de celui qui a acquis immédiatement de l'églife, ou dans celles de fes héritiers?

Si le titre de l'acquifition n'étoit pas repréfenté, la chofe feroit très fimple. La poffeffion de quarante ans feroit préfumer que ce titre a été, dans le temps du contrat, revêtu de toutes les formes, & accompagné de toutes les conditions requifes pour le faire valoir; & l'églife feroit non-recevable à inquiéter l'acquéreur ou ceux qui le repréfentent.

La difficulté eft de favoir s'il peut y avoir lieu à la Prefcription, & par quel temps, lorfque le titre paroît, & que ce titre eft vicieux, foit parce qu'il en réfulte que l'aliénation a été faite fans caufe, foit parce qu'il démontre que les formalités principales n'ont pas été obfervées?

L'opinion la plus commune, du moins à Paris, eft que dans l'un ni dans l'autre cas, il n'y a lieu à la Prefcription de quarante ans. Mais peut-être devons nous regarder comme la plus judicieufe, celle qui admet cette Prefcription.

, En effet, que s'agit-il de prescrire? Rien autre chose que des nullités ou une lésion.

Or, d'un côté, pourquoi les nullités ne seroient-elles pas prescriptibles? Elles ne dérivent pas d'une cause publique, mais d'un privilège; elles ne sont pas absolues, mais simples & respectives; en un mot, on ne peut pas mieux les comparer qu'aux défauts de formalités dans l'aliénation du bien des mineurs, défaut qui très-sûrement se couvre par la Prescription. D'ailleurs, puisque le bien de l'église peut être prescrit sans titre par quarante années, pourquoi les nullités du titre ne pourroient-elles pas être effacées par le même temps? On objectera la maxime triviale & si souvent mal appliquée, *melius est non habere titulum quàm habere vitiosum* : mais voyez ce que nous en avons dit ci-devant, section 1, §. 6.

D'un autre côté, la lésion n'est pour l'église qu'un remède ordinaire: & de même qu'elle ne peut pas la proposer, sans prendre la voie de restitution en entier, de même il ne doit pas lui être permis de le faire, après que le temps déterminé pour la Prescription de ses droits est écoulé.

Ce qu'il y a de remarquable, c'est que tel est l'esprit du droit canonique. Le canon *si sacerdotes* qui est tiré du neuvième concile de Tolède, est dans l'espèce d'une aliénation injuste & vicieuse faite par le prélat ou bénéficier d'une église. Ce canon décide qu'alors la Prescription ne doit courir que du jour du décès de celui qui a aliéné. Il suppose donc, ou plutôt il décide que les vices de cette aliénation sont prescriptibles. Or, quel est, aux termes du droit canonique, le terme nécessaire pour prescrire contre le clergé? Nous l'avons dit plus haut: c'eſt quarante ans. Donc l'égliſe elle-même a reconnu que les titrés vicieux ne pou-voient pas triompher, en ſa faveur, de la Preſcrip-tion de quarante ans. Donc c'eſt lui accorder plus qu'elle n'exigeoit dans le principe, que de vouloir exempter de cette Preſcription les biens qu'elle a aliénés, quoique ſans cauſe ou ſans formalités.

Mais voyons comment on juge la queſtion dans les différens parlemens du royaume.

Il y en a trois qui ſont connus pour admettre la Preſcription dont il s'agit.

Le premier eſt celui de Toulouſe. Ancienne-ment, il ne recevoit pas même, relativement à cette matière , la Preſcription de cent ans. C'eſt ce que prouve un arrêt du 9 juin 1666, rapporté par M. de Catellan , livre premier, chapitre 35. Ce magiſtrat obſerve à ce ſujet qu'en jugeant de la ſorte, ſa compagnie étoit « plus favorable à l'é-
» gliſe, que les lois de l'egliſe même . . . . . (puiſ-
» que) par le canon *ſi ſacerdotes* on peut preſcrire
» contre l'égliſe avec un titre vicieux , avec cette
» ſeule modification, que la Preſcription com-
» mence (ſeulement) à courir du temps de la
» mort du prélat qui a mal aliéné ». Mais cette juriſprudence eſt changée depuis quelque temps , & elle eſt aujourd'hui conforme à la règle établie par le canon cité. C'eſt ce qu'obſerve Graverol ſur la Rocheſlavin, livre premier, titre 10 : « Au-
» jourd'hui, dit-il, ſoit qu'il s'agiſſe d'une vente
» ou d'une inféodation, le parlement s'y prend
» d'une autre manière, & s'arrête à la Preſcription
» de quarante ans, quand même il y auroit à dire
» au titre, & qui ne ſeroit pas revêtu des ſolem-
» nités requiſes par le droit, à compter néanmoins

» du jour du décès de l'ecclésiastique qui a mal
» aliéné ; mais il faut que les quarante ans soient
» utiles » ; & il rapporte plusieurs arrêts qui justifient son assertion.

C'est ce qu'atteste aussi Vedel sur Catellan, à l'endroit qu'on vient d'indiquer après avoir rendu
compte des dispositions du canon *si sacerdotes*, il
ajoute : « Voilà la règle adoptée par la nouvelle ju-
» risprudence de ce parlement , qui l'applique à
» toute espèce d'aliénation particulière des biens
» ecclésiastiques ».

Il paroît par les arrêts que rapporte Chorier ,
dans la jurisprudence de Guy-Pape , livre 5, section 5 , article 7 , qu'on juge de même au parlement de Grenoble.

Dunod prouve que cette maxime est également
observée par le parlement de Besançon.

Elle l'est aussi dans les Pays-Bas : du moins,
nous trouvons dans le recueil de M. du Laury,
§. 70 , un arrêt du grand-conseil de Malines , du 15
septembre 1618 , qui décide qu'après quatre-vingt
ans , l'église ne peut pas revenir contre l'aliénation
qu'elle a faite , quoiqu'elle en rapporte le titre , &
qu'il n'y soit fait aucune mention des formalités ,
même les plus essentielles qui auroient dû précéder
& accompagner l'acte.

Le parlement de Paris a sur ce point des principes tous différens.

On trouve dans le recueil du Filleau, partie première , titre premier , chapitre 41 , un arrêt du 6
mai 1623, par lequel cette cour a entériné des lettres de rescision prises en 1620 par l'abbaye de
Saint-Martin-de-Plein-Pied, contre les aliénations
qu'elle avoit faites en 1526 , 1527 & 1573.

Bardet tome 2, livre 7, chapitre 36, en rapporte un autre du 23 juillet 1638, qui rejette la Prescription opposée par les héritiers d'un acquéreur, en faveur desquels il y avoit une possession de plus de soixante ans.

Le 4 décembre 1645, troisième arrêt rapporté au journal des audiences ; qui déclare nul un bail à rente fait en 1590 par le chapitre de Saint - Pierre de Soissons, quoique le preneur se prévalût d'une possession paisible & constante de cinquante quatre ans.

Henrys, tome premier, livre premier, question 81, nous en a conservé un quatrième du 19 février 1658, qui casse une aliénation faite par le chapitre de Saint-Gérand d'Aurillac, nonobstant le laps de cinquane huit ans.

Brillon, au mot *aliénation des biens* d'église, en rappelle un cinquième du 20 juin 1716, qui, nonobstant une possession de quatre - vingt ans, condamne les religieux de l'abbaye de Saint-Mesmin, à délaisser à leur abbé commendataire une maison qui leur avoit été en partie vendue, & en partie donnée en 1622, par l'un des prédécesseurs de celui-ci.

Nous pouvons, nous devons même joindre à ces arrêts celui qui est rapporté au journal des audiences, sous la date du 11 décembre 1646, & par lequel un bail à surcens du 26 mai 1569, a été déclaré nul, quoiqu'il n'eût été attaqué que le 9 janvier 1643. C'étoit pourtant un tiers-acquéreur qui, dans l'espèce, opposoit la Prescription ; mais, en achetant, il avoit eu connoissance du vice de l'aliénation primitive, & dès-lors on devoit prononcer à son égard, comme on l'eût fait contre ce-lui qui avoit traité directement avec l'église.

Mais le parlement de Paris étoit autrefois divisé sur la question de savoir si du moins la Prescription de cent ans ne pouvoit pas, concernant cette matière, prévaloir à un titre vicieux.

La grand'chambre jugeoit que non; Filleau, partie première, titre premier, chapitre 42, en rapporte un arrêt du 13 mai 1622, rendu dans une espèce où il y avoit une possession de cent quarante ans.

Cette jurisprudence fut d'abord suivie par les chambres des enquêtes.

Les 4 octobre 1614 & 5 juin 1615, deux arrêts de la seconde ont cassé, après cent soixante-quinze ans de possession, des baux à vie des preneurs & de leurs descendans à l'infini, faits par une communauté ecclésiastique, sans nécessité pouvée, sans avantage évident, & sans aucune solemnité. Ils sont rapportés par Filleau, partie première, titre premier, chapitre 39.

La quatrième avoit pareillement admis par arrêt du 28 juin 1613, rendu de l'avis des autres chambres, une demande en nullité d'aliénation, formée après cent trente-trois ans de possession paisible (1).

Mais Auzanet, dans ses mémoires, page 66, & sur la coutume de Paris, article 118, nous apprend que de son temps, les chambres des enquêtes avoient abandonné la jurisprudence de la grande chambre, & jugeoit constamment que dans le cas même d'un titre nul & vicieux, l'acquéreur & ses

---

(1) Filleau, *ibid.* chap. 42.

héritiers preſcrivoient le domaine de l'égliſe par cent ans.

Leurs raiſons en étoient que, par une déclaration du mois de mars 1666, le roi avoit exclu, après cent ans, les bénéficiers de la faculté de rentrer dans les biens aliénés pour cauſe de ſubvention; que le défaut de cauſe ſuffiſante & de formalités, ne forme pas dans l'acquéreur une mauvaiſe foi poſitive, & qui tenant du dol, l'exclue à jamais du droit de preſcrire; que cependant il ne doit pas avoir l'avantage de la Preſcription ordinaire, parce que quand l'aliénation eſt défendue par la loi, on ne peut preſcrire que par cent ans, ſuivant la déciſion du Sexte, chap. 1, *de Præſcriptionibus;* & que l'aliénation des biens d'égliſes faite ſans cauſe ſuffiſante, & ſans les formalités requiſes, eſt un abus qui ne peut être couvert par un temps au deſſous de celui qui a les avantages de la poſſeſſion immémoriale.

Mais ces raiſons ont perdu tout leur crédit, & les chambres des enquêtes jugent aujourd'hui comme la grand'chambre, que la Preſcription centenaire eſt inſuffiſante pour mettre à l'abri des recherches de l'égliſe, une aliénation dont le titre vicieux eſt repréſenté.

La première & la troiſième chambre des enquêtes viennent de rendre à ce ſujet deux arrêts très-remarquables. Voici l'eſpèce du premier.

Le 2 avril 1611, Antoine Roze, évêque de Clermont, & abbé de Saint-Meſmin, vendit, en cette dernière qualité, à Claude Fumet « le droit » de châtellenie, droit de juſtice haute, moyenne » & baſſe, de l'abbaye de Saint-Meſmin, ſur la » paroiſſe de Saint-Avit de Maizières, la dixme de » tous les grains, vins, laines, charnages, pois, » chanvres de cette paroiſſe; le droit de patronage

>> & de repréſentation à la cure de Maizières, les
>> cenſives dépendantes tant du Baulin, que de la
>> grange des Muids, que l'abbé de Saint-Meſmin
>> avoit à prendre au-dedans de l'étendue de la pa-
>> roiſſe de Maizières, ſur les maiſons, terre, près,
>> bois, buiſſons, vignes, bruyères, étangs, &
>> généralement tous droits de juſtice, ſeigneurie,
>> châtellenie, cenſives, dixmes, meſures, patro-
>> nage & autres droits ſeigneuriaux, ſans toutefois
>> comprendre dans cette vente les droits de juſ-
>> tice, dixmes & cenſives appartenans à Jacques
>> Duchon, ſeigneur de Maizieres, ſur pluſieurs
>> héritages & territoires de la paroiſſe, ſe réſer-
>> vant néanmoins le ſieur Roze le droit de juſtice,
>> de dixmes, de cens, de profits cenſuels, ſur le
>> lieu & métairie de Baulin, terres, prés, bois,
>> étangs en provenant, tant & ſi longuement qu'ils
>> demeureroient entre les mains des abbés de Saint-
>> Meſmin ; à la charge par Fumet de payer ſur la
>> dixme à lui vendue dix muids une mine un boiſ-
>> ſeau de bled-ſeigle chacun an, au curé de Mai-
>> zières pour ſon gros ; plus de payer la ſomme
>> de 3000 livres pour être employée aux répara-
>> tions à faire à la maiſon abbatiale démolie & en
>> ruine, & que le ſieur Roze veut faire rebâtir,
>> ſelon les baux qui en ſeront faits au rabais, viſite
>> préalablement faite deſdites réparations par le
>> lieutenant général du bailliage d'Orléans, ou
>> autre juge royal, par l'autorité & en vertu des
>> lettres-patentes du roi, a eux adreſſantes, du 6
>> avril 1611 >>.

Le 14 mai de la même année 1611, le ſieur Roze
procéda au bail au rabais des réparations de ſon
abbaye pardevant le juge ſeigneurial de Saint-Meſ-

min; elles furent portées à la fomme de 3050 liv. & adjugées au nommé Dumeau, maître couvreur à Orléans, quoique le procès-verbal du lieutenant général d'Orléans ne les eût fixées qu'à la fomme de 1388 livres.

Le 22 feptembre fuivant, le fieur Duchon de Maizieres cédant, dit l'acte, aux prières & inftances du fieur Roze, retira & acheta du fieur Fumet les droits que celui-ci lui avoit cédés par l'acte du 2 avril, aux mêmes claufes & conditions : le fieur Roze intervint dans cet acte, pour promettre & s'obliger envers le fieur Maizieres, fes héritiers & ayant caufe, de le garantir & défendre de tous troubles & empêchemens quelconques, & pour plus grande sûreté céda, quitta, tranfporta & délaiffa la fomme de 2700 livres à prendre par le fieur Maizieres fur le plus clair & apparent revenu de Saint-Mefmin, en deux termes à un an de diftance.

Le rapprochement de ces deux actes & ce qu'ils contiennent, montroient clairement l'avantage confidérable que l'abbé de Saint-Mefmin avoit voulu faire au fieur Duchon, prefque fans bourfe déliée de la part de ce dernier, qui acquéroit pour rien des droits immenfes; la léfion énorme que l'abbaye fouffroit de ces actes étoit palpable. Heureufement, pour les fuccefeurs du fieur Roze, ces actes n'ont été revêtus d'aucune des formalités requifes pour leur validité; formalités qui feules auroient pu leur donner le fceau de l'irrévocabilité : auffi les différens fuccefeurs abbés commendataires de l'abbaye de Saint-Mefmin fe font-ils portés à faire refcinder des actes auffi préjudiciables aux intérêts de leur bénéfice. Daniel de Vaffan,

premier

premier fucceffeur du fieur Roze en 1618 ; Charles de Vaffan, fecond fucceffeur en 1641 ; Nicolas de Gadoin en 1686 ; l'abbé de Chepy, en 1720 ; l'abbé de Colbert, en 1769 ; enfin en 1775 l'abbé de Raftignac, partie en la caufe, fe font tous élevés contre des actes deftructeurs de leurs droits ; & ce que les premiers n'ont pu faire, ou à caufe de leur mort, ou pour d'autres raifons, le dernier, l'abbé de Raftignac, a eu la fatisfaction de le voir terminer à l'avantage de fon abbaye.

L'affaire a été développée dans des mémoires très-approfondis qui ont été imprimés pour l'abbé de Saint-Mefmin. Celui du fieur le Noir de Maizieres a été fait par M. Laget Bardelin.

Une des fins de non-recevoir qu'on oppofoit à l'abbé de Saint-Mefmin dans le mémoire de M. Laget, étoit que le fieur Duchon ayant payé en 1706, pour les objets aliénés à fon auteur en 1611, la taxe ordonnée par la déclaration du roi du 18 juillet 1702, étoit à l'abri de toute éviction, aux termes de cette loi, qui déclare propriétaires incommutables, les détenteurs des biens d'églife aliénés depuis 1556, au moyen du payement de la taxe.

L'abbé de Saint-Mefmin a répondu & démontré d'une manière auffi lumineufe que folide, que la déclaration de 1702 n'a point pour objet, quant au point dont il s'agit, les biens d'églife aliénés hors des cas *de fubvention* ; qu'elle n'eft applicable qu'aux biens aliénés pour les befoins de l'état en vertu des bulles des papes, & par l'autorité des rois.

Ce point de droit public iutéreffoit le clergé de

France en général ; auffi les agens généraux de ce corps ont-ils accordé leurs bons offices à l'abbé de Saint-Mefmin, principalement pour prévenir l'abus qu'on vouloit faire de la déclaration de 1702, par l'extenfion qu'on cherchoit à lui donner dans le mémoire du fieur le Noir de Maizieres.

Enfin, après la difcuffion la plus approfondie, arrêt eft intervenu le 11 mai 1784, au rapport de M. Lambert, qui, « fans s'arrêter ni avoir égard
» aux demandes, non plus qu'aux fins de non-re-
» cevoir du fieur de Maizieres, & des héritiers
» Duchon dont ils font déboutés, reçoit les
» prieur & religieux de Saint-Mefmin, tiers-op-
» pofans aux fentences des requêtes du palais,
» des 28 juin & 31 août 1624, à l'arrét confir-
» matif d'icelles, du 29 avril 1625, rendu entre
» Daniel de Vaffan, lors titulaire de ladite abbaye,
» & le fieur Duchon ; faifant droit fur ladite op-
» pofition, déclare les procédures fur lefquelles
» lefdites fentences & arrêts ont été rendus, nuls
» & de nul effet ; en ce qui touche l'appel de la
» fentence des requêtes du palais de 1692, ayant
» aucunement égard aux requêtes & demandes de
» l'abbé de Saint-Mefmin, fans s'arrêter à celle
» de fes parties adverfes, non plus qu'à leurs fins
» de non-recevoir dont elles font déboutées, a
» mis & met l'appellation & ce dont eft appel au
» néant ; émendant, décharge l'abbé de St.-Mefmin
» des condamnations contre lui prononcées par
» ladite fentence ; au principal déclare nul & de
» nul effet le contrat de vente & l'acte paffés
» les 2 avril & 22 feptembre 1611 ; condamne
» le détenteur actuel des objets dont eft queftion à
» s'en défifter au profit de l'abbé de Saint-Mefmin ;

» condamne l'abbé de Raſtignac, ſuivant ſes offres,
» à rembourſer les 3000 liv., prix de l'aliéna-
» tion de 1611 ; & condamne le ſieur de Maizieres
» & les héritiers Duchon, à tous les dépens en-
» vers les abbé, prieur & religieux de Saint-
» Meſmin ».

Le ſecond arrêt qui a été rendu le 27 du même
mois, au rapport de M. Clément de Givri, a confirmé une ſentence du juge de Montbriſon, du 21
avril 1779, qui avoit déclaré nul & de nul effet le
contrat de vente paſſé par le chapitre de la même
ville, à *noble Pierre de la Mure, conſeiller d'état
pour le roi au pays de Forez*, le 16 avril 1619,
d'une directe, & de partie de la haute-juſtice de
Magnieux-Haute-Rive, ainſi que tous les actes
approbatifs ſubſéquens, & avoit condamné le poſſeſſeur de cette directe & de cette portion de juſtice,
à les délaiſſer au chapitre de Montbriſon, en rem-
bourſant par ce chapitre tout ce qu'il avoit reçu
pour prix principal, les frais & loyaux-coûts de
la vente, &c.

Voici comment le défenſeur des chanoines ter-
minoit ſon mémoire : « Il eſt impoſſible qu'il y ait
» Preſcription dans l'eſpèce, puiſque les objets
» aliénés ſont toujours reſtés dans les mains de
» l'acquéreur ou de ſes héritiers, juſqu'à ces der-
» niers temps ; que le tiers-acquéreur puiſſe preſ-
» crire, même contre l'égliſe, par une poſſeſ-
» ſion paiſible de quarante années, cela peut être
» lorſque ſon titre ne lui préſente aucune trace des
» nullités du titre primitif ; il eſt alors ſuppoſé
» de bonne foi, & il preſcrit. Mais il n'en eſt pas
» de même de la part de celui qui eſt partie dans

>> le titre nul, ni de la part de ſes héritiers, parce
>> que le fondement de leur poſſeſſion eſt vicieux ;
>> leur titre réclame perpétuellement contr'eux ;
>> & c'eſt le cas d'appliquer la maxime ſi triviale,
>> *melius eſt non habere titulum, quam habere vi-*
>> *tioſum.* La terre vendue étant toujours reſtée
>> dans les mains du premier acquéreur ou de ſes
>> héritiers, & le tiers-acquéreur n'étant pas pro-
>> priétaire depuis quarante années, il ne peut y
>> avoir lieu à la Preſcription >>.

Il paroît que le grand conſeil ſuit depuis long-
temps la même juriſprudence. Il y a dans le journal du palais un arrêt du 20 mars 1674, par lequel
ſur une demande formée en 1672 ſeulement, ce
tribunal a déclaré nulles différentes aliénations
de biens eccléſiaſtiques dont la plus récente étoit
de 1571.

Les héritiers de l'acquéreur ſe retranchoient,
comme on le devine bien, ſur la Preſcription centenaire : ils invoquoient la déclaration du mois de
mars 1666, & un arrêt du grand conſeil même par
lequel les habitans d'Argenteuil avoient été maintenus contre le cardinal de Retz, dans leur poſſeſſion immémoriale de ne payer la dixme que par
abonnement.

Le célèbre Vaillant écrivoit dans cette affaire
pour l'eccléſiaſtique qui réclamoit contre les aliénations faites par ſes prédéceſſeurs.

Il ſoutenoit d'abord que les héritiers de l'acquéreur ne pouvoient pas oppoſer la Preſcription centenaire, parce qu'aux termes de l'article 26 de
l'édit de février 1580, rapporté ci-deſſus, il falloit
déduire de leur poſſeſſion tout le temps qui avoit
couru juſqu'à cette époque.

Il répondoit à la déclaration de 1666, qu'elle n'avoit pour objet que les aliénations faites pour cause de subvention; qu'aucun des contrats des défendeurs n'étoit de cette qualité; & que si dans quelques-uns la cause de subvention étoit exprimée, on y voyoit en même-temps qu'elle étoit supposée.

A l'égard de l'arrêt rendu contre le cardinal de Retz, il l'écartoit par la distinction commune entre celui qui possède depuis un temps immémorial, sans que le titre de sa possession soit représenté, & celui contre lequel on produit un titre primordial dont le vice est frappant. L'arrêt qu'on oppose, disoit-il, est dans la première espèce. Mais pour la seconde, « nous avons un arrêt tout récent du » grand conseil, rendu au profit de M. l'évêque » de Saint-Pons, qui, s'étant pourvu contre des » contrats d'aliénations faits par ses prédécesseurs » depuis plus de cent ans, les a fait casser, & a » fait entériner les lettres de rescision par lui ob- » tenues contre ces contrats nuls & vicieux ».

Le parlement d'Aix suit une jurisprudence toute différente. A l'exemple de ce que jugeoient autrefois les chambres des enquêtes du parlement de Paris, il admet la Prescription centenaire, mais il rejette celle de quarante ans. « On y juge constam- » ment, dit M. Julien (1), que la nullité de l'alié- » nation d'un bien d'église par le défaut de forme, » est couverte par le laps de cent ans, & ne peut

____

(1) Commentaire sur les statuts de Provence, tom. 1', pag. 528.

» être couverte par un moindre espace de temps ».
L'auteur cite à ce sujet un arrêt de réglement
rendu le 29 novembre 1604, dans la cause du
doyen du chapitre de Gap, & prononcé par M. le
premier président du Vair. Cet arrêt, dit-il, « fit
» la distinction des baux emphytéotiques où les
» formes n'avoient pas été observées, qui avoient
» été faits depuis cent ans ou plus, & de ceux
» qui avoient été faits dans le cours des cent der-
» nières années. Les premiers furent maintenus,
» les seconds furent déclarés nuls ; & depuis, le
» parlement l'a toujours jugé de la même ma-
» nière ».

On trouve en effet dans le commentaire de
Mourgues sur les statuts de Provence, page 408,
quatre arrêts des 9 avril 1612, 7 janvier & 13 juin
1619, & du mois de mai 1626, qui ont confirmé,
à cause du laps de cent ans, les aliénations nulles
& vicieuses contre lesquelles l'église réclamoit.

Boniface, tome 1, livre 2, titre 6, chapitre 1,
en rapporte un du 16 juin 1653, qui a déclaré nul
un bail emphytéotique fait sans juste cause, &
sans formalités, près de quatre-vingt ans auparavant.

Le lendemain 20, dit le même auteur, un arrêt
rendu en faveur des carmes d'Aix, contre les
pénitens blancs, a cassé un semblable bail, qui
étoit cependant soutenu par une possession de 90
ans.

Boniface ajoute que, précédemment, le 19 janvier 1643, un autre arrêt avoit cassé, après 80
ans, une emphytéose accordée par un bénéficier à
son aïeul, sans les formalités requises.

Il y en a encore un, continue-t-il, du 24 mai 1647, qui a caflé un acte de la même efpèce, fait 54 ans avant la demande en refcifion, & confirmé par une tranfaction paflée 43 ans avant cette même demande.

On a tenté de faire adopter par ce parlement, une diftinction qui eft, dans cette matière, un vrai paradoxe. On a prétendu qu'il falloit mettre une différence entre les aliénations faites d'églife à églife; & celles qui étoient faites par l'églife au profit de perfonnes laïques. On convenoit bien qu'à l'égard de celles-ci, il falloit cent ans; mais on foutenoit que relativement à celles-là, 40 ans fuffifoient pour en prefcrire la nullité.

Mais cette diftinction a été rejetée par un arrêt du 30 juin 1760, rendu en faveur de l'abbefle de Saint-Honorat de Tarafcon, contre les Urfulines de la même ville. Dans cette efpèce, il y avoit en faveur des Urfulines, une poffeffion de plus de 90 ans. Cependant, il a été jugé qu'elles n'avoient point prefcrit (1).

M. de Cormis, tome 1, col. 174, chapitre 68, fait mention de divers arrêts plus anciens, qui ont décidé la même chofe entre l'abbé & les religieux de Montmajour. C'eft auffi, comme on l'a vu plus haut, ce qu'a jugé l'arrêt du parlement de Paris du 20 juin 1715, rendu entre l'abbé & les religieux de Saint-Mefmin. On en trouvera ci-après un femblable du parlement de Metz, du 5 juillet 1713.

Le parlement de Normandie paroît avoir fur

---

(1) Commentaire de M. Julien fur les ftatuts de Provence, tom. 1, pag. 530.

cette matière, la même jurifprudence que celui d'Aix. C'eft ce qui réfulte de différens arrêts rapportés par Bafnage, dans fon commentaire fur la coutume de cette province, article 521.

Il y en a un du 29 mai 1564, par lequel, dit cet auteur, « il fut jugé pour le curé de Saint-Sauveur » de Caen, contre les Croifiers de la même ville, » qu'après cent quatre - vingt - dix ans de poffef- » fion », ceux - ci n'étoient point recevables à revendiquer leur bien, fur le prétexe de défaut de folennités. On leur objectoit qu'après un fi long temps on devoit préfumer que toutes les formalités néceffaires avoient été remplies, & qu'il étoit poffible que les pièces juftificatives en fuffent perdues.

D'autres arrêts des premier mars 1605, 4 août 1606, 30 janvier 1607 & 21 juin 1657, ont jugé que la poffeffion de quarante ans eft infuffifante pour couvrir, en faveur de celui qui a traité avec l'églife, ou de fes héritiers, les nullités de l'aliénation dont le titre eft repréfenté.

C'eft ce que décident encore deux arrêts rendus depuis la publication du commentaire de Bafnage.

Le 19 novembre 1696, le fieur de Macarany, chanoine & chancelier de l'églife métropolitaine de Rouen, autorifé par un acte capitulaire, fieffa plufieurs héritages au nommé Langlois, pour 110 l. de rente foncière. On n'obferva concernant cet acte aucune des formalités prefcrites pour la validité de l'aliénation des biens eccléfiaftiques.

Le fieur de Macarany mourut en 1699. Le fieur Routier, fon fucceffeur, confentit à l'exécution de la fieffe : il y ajouta même la ceffion d'une demiacre de terre; & jufqu'en 1753 perfonne ne fongea à inquiéter Langlois ni fes héritiers.

Mais à cette époque, le fieur de Gouy qui depuis deux ans étoit pourvu du bénéfice de chancelier de l'églife de Rouen, affigna les héritiers Langlois pour lui remettre les fonds fieffés par le fieur de Macarany, attendu qu'ils avoient été aliénés induement, fans néceffité, fans befoin, fans formalité, & pour un prix bien au-deffous de leur valeur.

Les héritiers du fieffataire fe retranchèrent fur leur poffeffion de cinquante-quatre ans.

Le fieur de Gouy convint que cette poffeffion auroit pu les mettre à couvert, fi le titre n'en eût pas été repréfenté ; mais que ce titre étant produit, il ne pouvoit y avoir lieu à la Prefcription de quarante ans.

Et en effet, par arrêt du 19 juin 1755, rendu fur les conclufions de M. l'avocat général de Belbœuf, le contrat de fieffe fait au nommé Langlois fut déclaré nul, & le fieur de Gouy fut renvoyé en poffeffion des biens aliénés par cet acte.

Le fecond arrêt n'eft pas moins précis : par contrat du 18 décembre 1600, les religieufes de l'abbaye de Saint-Leger de Préaux vendirent au fieur Fribois de Beneauville la terre & feigneurie de Billy, confiftante dans le patronage de la paroiffe, un domaine de foixante acres de terre, un droit de dixme & des rentes feigneuriales.

Cette aliénation fut faite pour 600 liv, payables deux années après le contrat, en donnant remplacement, & 100 livres de vin. Le capital ne fut point payé & l'acquéreur en fit la rente.

Du reste, on n'obtint, pour faire cette aliénation, ni permission de l'évêque, ni lettres-patentes
du roi ; point d'information *de commodo & incom-
modo* ; point d'affiches, point de publication : en
un mot, toutes les solennités requises en fait
d'aliénation de biens ecclésiastiques, furent négligées.

En 1719, les religieuses de Préaux réclamèrent
contre le contrat de 1700 ; elles en articulèrent la
lésion & la nullité. Le sieur Fribois offrit une aug-
mentation de prix, à condition qu'on observeroit
les formalités nécessaires pour mettre ce contrat à
l'abri de toute contestation.

Cette affaire n'eut pas de suite. Le sieur Fribois
mourut : ses enfans firent aux religieuses, le 19
décembre 1729, un billet par lequel ils recon-
noissoient « être obligés à la faisance & continua-
» tion de 400 livres de rente foncière, pour & au
» lieu de 300 livres portées au contrat de fieffe
» du 18 décembre 1700, le présent avec ledit
» contrat ne valant que pour un seul & même, &
» ce pour cause de fieffe d'héritages situés en la
» paroisse de Billy ».

Ce billet ne fut pas revêtu de plus de formalités
que ne l'avoit été le contrat de 1700.

Le 18 décembre 1773, les religieuses de Préaux
demandèrent la nullité des deux actes, & appre-
nant que les biens étoient dans la possession du sieur
des Authieux, qui avoit épousé la fille du sieur
Fribois l'aîné, elles le firent assigner au bailliage
de Caen pour se voir condamner à les leur délaisser.

Le sieur des Authieux commença par demander

du temps pour rechercher fes titres ; enfuite, il mit le fieur Fribois de Beneauville en caufe, & dans une requête qu'il préfenta à cet effet le 24 mars 1774, il expofa que les religieufes de Préaux le pourfuivoient « pour rentrer en poffeffion des » objets fitués fur la paroiffe de Billy, qu'elles » avoient vendus en 1700 au fieur Fribois ».

Enfuite, il voulut méconnoître le titre dont il avoit avoué l'exiftence par cette requête : il fe renferma dans fa poffeffion de foixante-treize ans, & prétendit que dans tous les cas on prefcrit par quarante ans, même contre les nullités d'une aliénation faite par l'églife.

Les religieufes de Préaux invoquoient les arrêts de 1605, 1606, 1607, 1657 & 1755, dont nous avons rendu compte ; & pour en démontrer la jufte application à leur caufe, elles produifoient le contrat de 1700 & le billet de 1729.

Cependant les officiers du bailliage de Caen les déclarèrent non-recevables.

Sur l'appel, la caufe fut plaidée par MM. Thouret, le Danois & Thieulen. Après une difcuffion digne à tous égards de l'importance de l'objet litigieux, il intervint arrêt à la grand'chambre, le 28 novembre 1776, fur les conclufions de M. de Grécourt, avocat général, par lequel la fentence fut infirmée, le contrat de 1700 caffé avec tout ce qui s'en étoit enfuivi, les religieufes de Préaux réintégrées dans leur bien, & les fieurs Fribois condamnés aux dépens.

Le parlement de Metz a rendu le 5 juillet 1713, un arrêt qui prouve la conformité qu'il y a fur cette matière, entre fa jurifprudence & celle du parlement de Normandie. Il s'agiſſoit de ſavoir, dit Augeard, tome 2, §. 139, « ſi un abbé peut, » après ſoixante-dix ans, attaquer un contrat en » forme de tranſaction, portant aliénation d'une » partie des biens de la menſe abbatiale, paſſé par » un de ſes prédéceſſeurs au profit des religieux » de ſon abbaye, & homologué par arrêt, ſur le » fondement de la léſion, & du défaut de forma- » lités, de néceſſité & d'utilité ». L'arrêt a adopté l'affirmative.

A l'égard du parlement de Dijon, nous ne voyons pas qu'il ait jamais eu à prononcer ſur des aliénations vicieuſes, mais couvertes par une poſſeſſion de quarante ans. Le ſeul arrêt que nous trouvons de cette cour ſur cette matière, eſt dans le cas d'une poſſeſſion centenaire; & il juge, comme on le fait à Aix & à Rouen, qu'elle ſuffit pour mettre l'acquéreur à l'abri de toutes recherches.

Après avoir conſidéré la Preſcription comme un moyen d'acquérir les biens des eccléſiaſtiques, il faut examiner quels ſont ſes effets contr'eux, lorſqu'elle ne tend qu'à nous libérer envers eux.

DISTINCTION IV. *Quels ſont les effets de la Preſcription contre l'égliſe, lorſqu'elle n'a pour objet que la libération des dettes, des droits & des preſtations qui lui ſont dûs ?*

La règle générale eſt que ces droits ne ſe perdent que par quarante ans. Ils ſont comptés au nombre des biens de l'égliſe, & elle en a une eſpèce de poſſeſſion; elle doit donc jouir à cet égard, des

mêmes privilèges que pour les biens qu'elle pofsède proprement & véritablement; mais quarante
ans fuffiront pour les prefcrire. C'eft la difpofition
de la novelle 131, rappelée ci-deffus, diftinction I,
du chapitre 20, aux décrétales, *de cenfibus;* & d'une
foule d'autres textes, tant du droit canon que de
nos coutumes.

Sur ce principe, dit Dunod, par arrêt rendu au
parlement de Befançon le 27 février 1709, « le droit
» qu'avoit le religieux infirmier de Saint Claude,
» comme dépendant de fon office, de fe faire don-
» ner les langues & les filets des cochons qu'on
» tuoit à la boucherie publique de cette ville, fut
» jugé prefcrit, parce qu'il y avoit quarante ans
» qu'il n'en avoit pas ufé ».

Cette maxime reçoit cependant plufieurs exceptions, les unes en faveur de l'églife, les autres à
fon défavantage.

1°. On a vu plus haut, diftinction I, que différentes coutumes ont allongé ou abrégé le terme de
quarante ans. Leurs difpofitions ne s'appliquent pas
moins aux droits incorporels de l'églife, qu'à fes
biens immeubles.

2°. L'églife n'eft privilégiée que pour le fond de
fes droits. Quand il ne s'agit que d'arrérages échus,
elle fuit les mêmes règles que les particuliers.
Voyez le §. 1 de cette fection.

3°. Nous avons remarqué dans le §. 2 de la
même fection, que le parlement de Touloufe
n'admet aucune Prefcription, pas même celle de
cent ans, contre les rentes & redevances annuelles
dues à l'églife pour obits ou autres fondations.

Mais il faut remarquer que par la jurifprudence

de la même cour, le fonds affigné pour dire des meffes à perpétuité, eft fujet à la Prefcription entre les mains d'un tiers-acquéreur qui l'a poffédé pendant quarante ans fans rien payer. C'eft ce que prouvent deux arréts des 13 juillet 1645, & 29 mai 1646, rapportés par Albert, au mot *penfion*, article 6.

On en trouve un femblable du 20 août 1726, dans le journal du palais de Touloufe, tome 4, §. 258, page 364. Il a été rendu, dit le rédacteur, « fur le fondement que les fonds donnés à l'églife » (même à la charge de fervice), font fujets à » Prefcription, & que tout ce qui eft exigible eft » prefcriptible. Les rentes obituaires font mifes de » niveau avec les rentes feigneuriales, & ne font » pas fujettes à Prefcription par notre ufage ; mais » cela ne s'étend pas aux fonds mêmes, parce qu'il » eft de l'intérêt public, pour le repos des fa- » milles, qu'on ne puiffe pas être troublé dans fes » poffeffions après un certain temps ».

Le parlement de Touloufe n'étend pas non plus aux legs de fommes à une fois payer, quoique faits avec charge de fervices perpétuels, le privilège d'imprefcriptibilité qu'il accorde aux rentes obi- tuaires. C'eft ce qui réfulte d'un arrêt du 23 août 1668, rendu entre les carmes de Nîmes, & le ba- ron d'Aubaix, faifant profeffion de la religion pré- tendue réformée. Il eft rapporté par Graverole fur la Rocheflavin, livre 6, titre 72.

4°. Suivant un arrêt rendu au parlement de Bor- deaux le 4 août 1708, confirmatif d'une fentence des requêtes du palais de la même ville, « les re- » devances que font certains prieurés à des ab-

» bayes dont ils ont été démembrés, ne font point
» fujettes à la Prefcription », même immémoriale, parce qu'elles ont pour objet la reconnoif-
fance de la fupériorité. C'eft ce qu'attefte l'auteur
du journal du palais de Touloufe, tome 3, §. 139,
page 322.

Il a été jugé quelque chofe de femblable, comme
on le voit dans le même volume, §. 182, page
413, par un arrêt du parlement de Languedoc du
17 juillet 1711. Le fieur Peyret, abbé de Saint-
Pierre-de-la-Tour dans la ville du Puy, & en cette
qualité patron d'office de facriftain d'une des églifes
paroiffiales du même lieu, demandoit au pourvu
de cet office une redevance annuelle de quarante
livres de cire. Il rapportoit d'anciennes reconnoiffances qui prouvoient clairement qu'elle étoit dûe,
mais il étoit obligé de convenir qu'elle n'avoit pas
été payée depuis 1632 jufqu'au jour de la demande
formée en 1687. Le facriftain prétendoit ne pas
devoir cette preftation, & en tout cas il foutenoit
qu'elle étoit prefcrite. Il fe prévaloit beaucoup de
ce qu'il ne paroiffoit, par aucun titre, qu'elle eût
été impofée lors de l'inftitution de la facriftie.

Par l'arrêt cité, *rendu hautement & de onze voix
contre trois*, il a été jugé que le facriftain devoit
cette rente, que la grande quantité de reconnoiffances & le droit de patronage qui n'étoit pas contefté au fieur Peyret, fuffifoient pour faire préfumer qu'elle avoit été établie avec l'office de facriftain, en figne de fubjection; & que dès-là elle étoit
imprefcriptible.

Cette matière eft auffi traitée dans le *journal du
grand confeil*, publié en 1764.

On y demande partie **2**, **§.9**, fi une redevance due par un bénéfice, *en figne de fupériorité*, au chef-lieu dont il dépend, peut fe prefcrire par quelque laps de temps que ce foit? Et l'on répond que par arrêt rendu le 23 mai 1761, le grand confeil a condamné la partie qui prétendoit ne pas devoir la redevance, à payer les arrérages de vingt-neuf années, & à en paffer titre nouvel & reconnoiffance dans un mois, finon que l'arrêt en tiendroit lieu. La raifon de décider a été, dit M. Mouffier, que les redevances dues par les bénéficiers inférieurs, à ceux dont ils relèvent, font regardées comme un véritable cens, qui eft de fa nature, imprefcriptible.

Le §. 20 du même recueil préfente encore cette queftion. Une rente due à une abbaye en figne de fupériorité, eft-elle imprefcriptible? L'arrêt du 8 août 1761 condamne le refufant à payer à l'abbé la rente dont il s'agit, & à paffer titre nouvel, parce que, dit M. Mouffier, quand il eft établi qu'une redevance eft due *in fignum fuperioritatis*, elle n'eft fujette à aucune Prefcription.

C'eft ce que décide encore un arrêt du 22 du même mois, qu'on trouve dans le **§. 23.**

5°. L'action hypothèquaire fe prefcrit-elle contre l'églife par le même terme que contre les particuliers? Voyez Hypothèque.

6°. Les actions *courtes*, c'eft-à-dire, qui n'ont pas la durée de celles que le droit romain appeloit *longi temporis*, & font par conféquent au-deffous de dix ans, ne font pas prorogées à 40 ans en faveur de l'églife: elles fe prefcrivent à fon égard par le même temps que contre les féculiers. C'eft ce qu'établiffent

qu'établiffent Gonzales fur le chapitre 4, aux décrétales, *de Præfcriptionibus*, nombre 5 ; Covarruvias fur le chapitre *poffeffor*, partie 2 , §. 2, nombre 5, & Dunod, traité de la Prefcription des biens
d'églife, page 31.

Paffons aux queftions particulières que font naître les divers genres de Prefcriptions établies contre
l'églife.

DISTINCTION V. *Du cas où l'églife fuccède à un laïc contre lequel la Prefcription a commencé de courir.*

Lorfque l'églife fuccède à un laïc contre lequel
la Prefcription a commencé , cette Prefcription
fera - t - elle prorogée à quarante ans , comme fi
elle avoit commencé & couru fans difcontinuation
contre l'églife?

Les auteurs des notes fur Dupleffis, *de la Prefcription*, livre 1, chapitre 4, rappellent différentes
opinions des anciens gloffateurs fur cette queftion ;
& ils paroiffent fe ranger du parti de ceux qui
tiennent que l'églife eft foumife à la Prefcription
telle qu'elle eft établie contre le laïc, pour le
temps qui a couru contre lui ; mais qu'elle ufe de
fon privilège pour celui qui refte à courir contre
elle. Ainfi, felon ces auteurs, dans le cas d'une
Prefcription de dix ans qui a couru pendant cinq
ans contre le laïc auquel l'églife a fuccédé, elle
n'en aura plus que vingt.

On a tenté en 1665 de faire adopter cette opinion au parlement de Touloufe; mais elle y a été
rejettée par arrêt du mois de mai , après partage.

Supplém. Tom. XVI. S

L'année fuivante, un arrêt du 9 août a jugé de même, *avec moins de difficultés & fans partage.* Ce font les termes de M. de Catellan, livre 1, chapitre 9.

Ce magiftrat cite encore un arrêt du 28 juillet 1665, qui décide, « que l'églife ayant le droit du » créancier d'un vendeur fous faculté de rachat, » peut ufer de cette faculté pendant quarante ans, » à compter du jour de la vente ». On objectoit qu'agiflant du chef du débiteur, *ex perfonâ débitoris,* elle devoit fouffrir toutes les exceptions auxquelles il auroit été lui - même fujet; qu'elle ne faifoit qu'exercer l'action d'un particulier; & que cette action ne pouvoit pas avoir acquis par la ceffion qu'on lui en avoit faite, un privilège qu'elle n'avoit point primitivement; qu'en un mot, le débiteur étoit cenfé agir par l'organe de l'églife, & par conféquent qu'il ne devoit pas profiter d'un avantage perfonnel à l'églife même. Mais « on crut, dit M. » de Catellan, que l'églife, au moyen de la ceffion » qui lui avoit été faite par le créancier du vendeur, » étant devenue créancière de celui-ci avant le temps » de la faculté de rachat expirée contre le cédant, » elle avoit trouvé cette faculté dans les biens de » fon débiteur ; qu'ainfi cette même faculté lui » ayant été dès-lors hypothéquée pour fa dette, » elle devoit avoir, comme tout ce qui appartient » à l'églife, le privilège de ne pouvoir être pref- » crite contr'elle que par quarante ans ».

DISTINCTION VI. *Pour preſcrire d'égliſe à égliſe, la bonne foi eſt-elle néceſſaire, & en cas qu'elle le ſoit, peut-elle ſe préſumer, quand il y a un titre contraire à la poſſeſſion?*

Cette queſtion s'eſt préſentée pluſieurs fois au parlement de Toulouſe.

Par un ancien partage homologué en cette cour ſous le règne de François I, le collège d'Auch devoit avoir ſix neuvièmes de la dîme de la paroiſſe de Sarragachies, & le reſtant appartenoit à la fabrique de l'égliſe du même lieu. En 1699, le collège d'Auch s'eſt plaint de ce que la fabriqué avoit, au mépris de cet acte, uſurpé ſur lui un de ces ſix neuvièmes de dîme, & il a demandé qu'elle fût condamnée à lui délaiſſer. Les marguillers ont répondu qu'ils étoient depuis plus de quarante ans en poſſeſſion de quatre dixièmes; ils l'ont prouvé par des baux, & ils ont offert d'y ajouter la preuve teſtimoniale la plus complette. Mais par arrêt du 7 février 1702, le parlement de Toulouſe, ſans avoir égard à cette offre, a adjugé au collège d'Auch les concluſions de ſa requête, ſur le motif « que les marguillers n'avoient » pu preſcrire au préjudice du partage & de l'ar- » rêt (qui en avoit prononcé l'homologation), » attendu que la ſeule poſſeſſion ſans bonne foi » ne peut pas opérer la Preſcription d'égliſe à » égliſe, & qu'il ne peut y avoir de bonne foi » quand il y a un titre contraire ». Ce ſont les termes du magiſtrat qui a donné au public le *journal du palais de Toulouſe*, tome 3, §. CX.

S ij

Et il ne fe borne point là : il rapporte au même endroit une autre efpèce dans laquelle la queftion a été beaucoup plus approfondie.

Une fentence des requêtes du palais de Touloufe de l'année 1632, avoit condamné le fieur de Barras, chevalier de Malthe & commandeur de Salès, à payer la dîme au curé de Saint-Juft, fur le pied du dix-feptième ; & elle avoit été confirmée par arrêt en 1634.

Le 16 juillet 1704, le curé de Saint-Juft a fait affigner le commandeur de Salès, aux requêtes du palais, pour voir ordonner l'exécution de cette fentence & de cet arrêt.

La réponfe du commandeur a été qu'il étoit depuis plus de quarante ans en poffeffion paifible & continuelle de ne payer la dîme qu'au cinquantième ; qu'il ne paroiffoit pas que l'arrêt de 1634 eût prononcé ce que lui faifoit dire le curé ; & qu'au demeurant, la difpofition en étoit prefcrite.

Sur cela, fentence du 15 feptembre 1705, qui admet le commandeur à faire preuve de fa poffeffion quarantenaire.

Appel par le curé, & diftribution du procès au magiftrat d'après qui nous parlons ici.

« En jugeant les griefs, dit-il, nous avons été » partagés. Mon avis a été de réformer ; ce faifant, » maintenir le curé dans le droit de prendre la dîme » à la quote du dix-feptième ; parce que d'un côté » il nous a paru fuffifamment prouvé que le juge- » ment de 1632 avoit condamné le commandeur » à payer la dîme au dix-feptième, & que de l'autre, » nous avons cru qu'il n'avoit pu prefcrire contre » le titre ; car comme membre d'un corps ecclé- » fiaftique, il n'a pu prefcrire contre une autre

» églife fans bonne foi., & il n'a pu avoir de bonne
» foi, tandis qu'il y a eu un titre qui décidoit
» contre lui ».

Ici, le magiftrat cité rend compte des raifons
qu'oppofoit le compartiteur à ces motifs. Il prétendoit que par l'ufage du parlement de Touloufe,
la feule poffeffion de quarante ans fuffifoit à une
églife pour prefcrire contre une autre, quoiqu'il
n'y eût pas de bonne foi. Il ajoutoit que dans le cas
où la poffeffion de quarante ans s'accomplit fur la
tête de plufieurs perfonnes qui fe font fuccédées les
unes aux autres, on ne pouvoit pas oppofer de
mauvaife foi, parce qu'un bénéficier n'eft pas cenfé
avoir connoiffance du titre de fon prédéceffeur.

Sur ces raifons refpectives, le partage a été porté
de la grand'chambre à la première des enquétes ;
mais les opinions ne s'y font pas mieux accordées.
Enfin, l'affaire portée à la deuxième chambre, arrêt
qui juge, prefque tout d'une voix, contre la Prefcription, & par conféquent fuivant l'avis du rapporteur.

« On y a établi (dit ce magiftrat), comme une
» maxime conftante, que pour prefcrire d'églife
» à églife, il faut bonne foi. On a dit qu'à la vérité
» on s'eft départi de la difpofition du droit cano-
» nique, qui avec la bonne foi, veut encore un
» titre (1) qu'on s'eft départi encore de la jurifpru-
» dence autorifée par les arrêts de Cambolas,
» livre 2, chapitre 6, qui veut auffi titre & bonne
» foi, parce que la bonne foi avec une poffeffion
» de quarante années fait préfumer un titre ; mais

---

(1) Chapitre *fi diliginti*, aux décrétales *de Præfcriptionibus.*

» qu'on demande au moins la bonne foi , fuivant
» l'intention des canons , quand c'eſt d'égliſe à
» égliſe ; car il ſeroit fort extraordinaire que l'é-
» gliſe dont les lois ſont ſi ſévères pour refuſer la
» Preſcription à ceux qui n'ont pas la bonne foi ,
» pût elle - même être diſpenſée de bonne foi
» quand elle veut acquérir la Preſcription ».

DISTINCTION VII. *L'égliſe peut-elle être reſtituée contre la Preſcription ?*

Il n'y a aucune loi qui lui accorde ce privilège; mais on dit qu'elle eſt comparée aux mineurs, nommément quant à la reſtitution en entier (1); & que les mineurs peuvent ſe faire reſtituer contre la Preſcription même de quarante ans; d'où l'on conclut, qu'après la Preſcription , elle a quatre ans, ſuivant le droit romain, & dix ans, ſelon nos ordonnances, pour s'en faire relever par lettres du prince.

Mais Decius (2), Socin (3) , Alexandre (4), du Moulin (5) & d'autres ſoutiennent que la Preſ-cription de quarante ans devant donner la plus en-tière ſûreté *pleniſſimam ſecuritatem*, elle ne peut pas être effacée par la reſtitution , même en faveur des mineurs.

----

(1) Chap. 1 & 3, *de reſtitutionibus in integrum*, & chap. 8, *de re judicatâ*, aux décrétales.
(2) Conſil. 29 & 554.
(3) Conſil. 166, n. 23, lib. 2.
(4) Conſil. 151 & 263, lib. 2.
(5) Conſil. 18.

« Cette opinion, dit Dunod, me paroît fuivie
» dans l'ufage contre l'églife ».

Nous devons cependant obferver que l'article
2 du titre 12 de la coutume de Berry, femble la
prefcrire (1). Mais auffi cette coutume limite à
trente ans le temps néceffaire pour acquérir la
Prefcription contre l'églife. La faculté qu'elle accorde aux eccléfiaftiques de fe faire relever, ne
fait donc que la rapprocher, dans l'exécution, des
termes du droit commun.

DISTINCTION VIII. *Le bénéficier qui a laiffé prefcrire les biens de l'églife, par fa faute, en eft-il
refponfable envers fes fucceffeurs?*

Sans doute; fouffrir qu'on prefcrive contre nous
dit une loi citée dans le §. 2 de la fection 1 de cet
article, c'eft aliéner. Il ne faut donc pas s'étonner
que M. le premier préfident de Lamoignon, titre
des actions perfonnelles & hypothécaires, article 74,
affujettiffent les biens de ce bénéficier à une hypothèque tacite & légale pour le rétabliffement des
biens qu'il a laiffé perdre, & qu'il la faffe remonter
à la date de fa prife de poffeffion.

Sa décifion eft d'ailleurs conforme à un arrêt
du parlement de Franche-Comté du mois de juillet

---

(1) « Toutefois par ladite coutume n'a' été entendu être
» dérogé au bénéfice fpécial des églifes & mineurs de refti-
» tution en entier, ès cas efquels il doit avoir lieu, s'ils
» en font relevés par bénéfice du prince & par lettres
» royaux en la manière accoutumée. »

1689, rendu contre les héritiers du fieur Guibourg, chanoine de la métropole de Befançon. (1).

§. V. *De la Prefcription en matière bénéficiale.*

Il y a deux chofes à confidérer dans ce genre de Prefcription, le droit des collateurs & celui des pourvus de bénéfices.

1°. On a parlé fous les mots CONCORDAT GER-MANIQUE, FLANDRES, FRANCHE-COMTÉ, PA-TRONAGE & autres, des conditions néceffaires pour prefcrire le droit de nommer à un bénéfice.

Je n'ajouterai à ces détails, qu'un arrêt que j'ai vu rendre à la grand'chambre du parlement de Paris le 9 juillet 1777.

M. l'évêque d'Uzès fe prétendoit collateur libre d'une cure dont un feigneur laïc foutenoit avoir la préfentation. Ce dernier ne rapportoit point de titre primitif de fon droit de patronage, mais il avoit quantité d'actes poffeffoires, & ils étoient foutenus par diverfes reconnoiffances des vicaires généraux de l'évêque. Cependant la chaine de ces actes ne defcendoit que jufqu'à l'année 1596. A cette époque, l'évêque avoit donné, comme collateur libre, des provifions à un fujet déjà pourvu fur la préfentation du feigneur, & déjà en poffeffion. De-puis, le bénéfice n'avoit plus été conféré ni par le feigneur, ni par l'évêque. Il avoit toujours été réfigné en cour de Rome fans le confentement du

______

(1) Dunod, de la Prefcription des biens d'églife, pag. 30.

premier, & le second avoit toujours donné son *visa*
aux provisions émanées du saint-siège.

Sur l'allégation & la preuve de ces faits res-
pectifs , le premier juge prononça contre M.
l'évêque d'Uzès.

Sur l'appel M. l'avocat-général Séguier a dit que
le droit du patron étoit suffisamment établi par les
actes de possession produits dans la cause : que la
seule question à juger étoit de savoir s'il n'en avoit
pas été dépouillé par la Prescription : qu'à cet égard
il falloit d'abord convenir que la collation faite en
1596 par l'évêque ne pouvoit être d'aucun effet,
puisqu'elle n'avoit rien ajouté au droit du curé qui
déjà avoit pris possession en vertu du titre qu'il
tenoit du seigneur; que les *visa* accordés par
l'évêque, sur des provisions de cour de Rome,
n'étoient pas de vraies collations, & ne pouvoient
pas êtres considérés de la part de l'évêque comme
des actes possessoires; que l'usage de résigner la cure
sans le consentement du patron laïc, étoit un abus
qui ne pouvoit former de titre, ni au saint-siège
pour soutenir que ce bénéfice fût sujet aux résigna-
tions, ni à l'évêque pour l'affranchir du droit de
patronage, & s'ériger en collateur libre.

Par ces considérations, M. l'avocat-général a
conclu à la confirmation de la sentence, & l'arrêt
cité a suivi de point en point ses conclusions.

II. La Prescription considérée par rapport aux
pourvus de bénéfices, donne lieu à plusieurs questions importantes. Voyez Dévolutaire, Possession, Régale & Union.

§. VI. *De la Prescription contre les communautés laïques.*

Combien de temps faut-il pour prescrire contre les gens de main-morte laïques?

On convient assez qu'il faut quarante ans dans les coutumes où il est dit indistinctement que cet espace de temps est requis pour prescrire *contre privilégiés*. La généralité de ces termes fait présumer qu'en les employant, leur intention a été de rendre commun à tous les gens de main-morte, un privilège que le droit romain, considéré dans son dernier état, paroissoit limiter à l'église.

Toute coutume à part, & en thèse générale, trente ans suffisent. Les communautés laïques jouissent bien des privilèges des mineurs, mais on ne voit nulle part qu'elles en ayent de plus étendus : or, en terme de droit les mineurs sont soumis à la Prescription trentenaire.

On voit par le journal du parlement de Toulouse, que la question s'est presentée plusieurs fois dans cette cour.

Le 30 août 1720 il s'est agi de régler, par un interlocutoire, l'espace de temps que devoit embrasser la preuve d'une possession opposée par une communauté, à une autre, relativement à un droit d'usage. Le magistrat qui a rédigé le recueil d'après lequel nous parlons, dit qu'il « y a eu » plusieurs voix à n'ordonner que la preuve de » trente années de jouissance, & que cependant » on a jugé à la pluralité, qu'il falloit quarante » ans (1) ».

______

(1) Tom. 4, §. 117, pag. 157.

Mais peu de temps après, dans une efpèce femblable, l'opinion contraire a prévalu. On a or-
» donné que la communauté de Cers prouveroit
» contre la communauté de Villeneuve, que dans
» l'efpace de trente années, avant l'introduction
» de l'inftance, elle avoit joui du droit » de com-
pafcuité dont il s'agiffoit (1). L'arrêt a été rendu
le 5 juin 1723.

Cette difficulté a encore été agitée le 17 juin
1732, entre un commandeur de Malthe & la communauté des habitans de Saint-Vincent. « Le plus
» grand nombre des avis auroit été pour dire qu'il
» ne faut que trente années pour prefcrire contre
» une communauté d'habitans »; mais l'affaire a
été jugée d'après un autre moyen (2).

Enfin, le 19 juin 1738, il a été décidé en termes
précis « que la Prefcription de trente ans a lieu
» contre les communautés laïques (3) ».

L'auteur du journal ajoute que cette opinion eft
conforme à une déclaration du mois d'avril 1686,
donnée pour confirmer, moyennant finance, les
poffeffeurs des terres défrichées dans les marais &
garrigues du Languedoc, qui font fous la haute-
juftice du roi. Par cette loi, en effet, le fouverain
déclare ne pas entendre empêcher que les communautés qui n'auront pas fuffifamment de patu-
rages, ne puiffent obliger ceux par lefquels ont été
faits *depuis trente ans* des ouvertures & défrichemens
dans les garrigues, de les reduire en nature d'ufage
& de biens communaux.

____

(1) *Ibid.* §. 191, pag. 255.
(2) Tom. 1, §. 165, pag. 272.
(3) Tom. 2, §. 379, pag. 146.

Il paroît que c'eſt auſſi la juriſprudence du parlement d'Aix. Il a même jugé par arrêt du 20 janvier 1559, que la Preſcription de trente ans a lieu contre les confréries pieuſes (1), quoique l'opinion commune des docteurs étende à ces corps tous les privilèges de l'égliſe, du moins lorſqu'ils ſont duement autoriſés (2).

Peut-on preſcrire contre une communauté laïque, la propriété d'un bien, ou un droit qui en fait partie, nonobſtant le vice de l'acte d'aliénation ?

On a vu, plus haut, combien il y a d'avis & d'arrêts divers ſur cette queſtion, relativement à l'égliſe ; & ſans doute que chaque parlement la décideroit, à l'égard des communautés ſéculières ſuivant les principes qu'il s'eſt faits, par rapport aux gens de main-morte eccléſiaſtiques.

Auſſi le parlement de Toulouſe, qui juge actuellement que la poſſeſſion quarantenaire purge, en faveur du premier acquéreur, tous les vices de l'aliénation des biens de l'égliſe, ne fait-il nulle difficulté de prononcer de même à l'égard des communautés laïques. C'eſt ce que prouve entr'autres, un arrêt du 4 février 1724, rendu en faveur de deux particuliers, qui prétendoient couvrir, par une poſſeſſion de 91 ans, le défaut abſolu de formalité d'un acte par lequel on avoit concédé un droit d'uſage dans les montagnes d'une paroiſſe. Ils convenoient, dit l'auteur du journal du palais

____

(1) Œuvres de Duperrier, tom. 2, aux arrêts de M. de Thoron, ſom. 93.

(2) Dunod, de l'aliénation & de la Preſcription des biens d'égliſe, pag. 8.

de Touloufe, tome 4 §. 196, page 259; « ils
» convenoient tacitement du vice de l'acte, mais
» ils foutenoient que la feule poffeffion paifible
» pendant un auffi long-temps leur fuffifoit, ne
» s'agiffant pas de biens qui de leur nature fuffent
» inaliénables, comme feroient des communaux,
» & que les communautés laïques ne peuvent pas
» prétendre plus d'avantage en ce point, que
» l'églife contre laquelle on prefcrit par quarante
» ans ». C'eft, en effet, ce qu'a jugé l'arrêt cité.

§. VII. *De la Prefcription de la nobleffe, de nom &*

d'armes.

A l'article Noblesse nous avons parlé de la Prefcription, fuivant le rapport qu'elle a avec cette
matière.

Les mêmes principes doivent règler celle des
noms & des armes de famille.

Il eft conftant, en effet, que ces objets font hors
du commerce; inceffibles fans l'autorité du prince,
ils ne peuvent pas être prefcrits, parce qu'on ne
peut prefcrire que ce qui peut être acquis. Ajoutons que par les lois romaines (1), le temps feul
ne fuffit pas pour changer l'état & la qualité des
perfonnes.

Mais il eft bien différent d'ufurper par la Prefcription le nom & les armes d'un autre, ou de les
poffédér, foit depuis autant de temps que lui, foit
au moins depuis un temps immémorial. Dans ce
cas, en effet, l'une des deux familles ne peut pas

____

(1) Loi 1, C. *de rei dominic.*; loi 5, D. *de decurio-*
nibus.

exiger que l'autre rapporte le titre fondamental de sa possession ; ou plutôt la possession même forme le titre de celle-ci. C'est ce que Dumoulin exprime par cet axiome si connu, en parlant de la possession ancienne : *vim habet constituti, non dicitur Præscriptio, sed titulus.*

Si une possession de cent ans ne suffisoit pas dans cette matière, une possession de 500 ans, même de 1000 ans pourroit donc être également insuffisante, dans le cas où quelqu'un prouveroit qu'il portoit tel nom & telles armes cinquante ans avant un autre, il y a 1050 ans ! Cet homme seroit donc en droit de les lui faire abandonner ! Est-il rien de plus insensé ? Voilà pourtant où conduit l'abus des règles & des principes, où conduiroit le mépris de la possession centenaire.

Vous aviez, il y a cent ans, autant d'intérêt que vous pouvez en avoir aujourd'hui à me demander par quelle raison je portois les mêmes armes que vous ; vous n'avez pas réclamé. Si votre silence n'a rien ajouté au titre de ma possession, au moins en a-t-il été, de votre part, une reconnoissance, un aveu, une approbation. Vous êtes donc par votre propre fait, non-recevable dans la demande par laquelle vous attaquez ma possession ancienne. Si la possession centenaire tient lieu de titre en matière de noblesse, à plus forte raison, doit-elle en être un en matière de nom & d'armoiries.

Il y a sans doute plus d'un exemple de contestation sur ces objets. Nous n'en citerons qu'un, mais il est récent, & l'espèce est précise.

M. Bigot, président à mortier au parlement de Rouen, d'une ancienne noblesse, originaire de Verneuil en Perche, traduisit, en 1769, aux requêtes de ce parlement, M. Bigot de Sainte-Croix, qui venoit d'y être reçu, en qualité de préſident, & dont le père & l'aïeul avoient exercé la profeſſion d'avocat avec diſtinction, l'un à Paris, l'autre à Rouen.

Le préſident à mortier prétendoit que le préſident aux requêtes n'étoit point ſon parent, & que s'il portoit les mêmes armes, ce ne pouvoit être que par uſurpation; il demandoit qu'il lui fût fait défenſes de les porter davantage. Il prenoit même des concluſions préciſes, pour que M. de Sainte-Croix fût tenu de reconnoître, & de déclarer en juſtice qu'il n'étoit pas ſon parent.

M. de Sainte-Croix commençoit par écarter la queſtion de parenté; & il ſoutenoit que le préſident à mortier devoit être non-recevable dans cette demande, parce qu'il n'y avoit ni intérêt de fortune, ni intérêt d'honneur. Je ne fais valoir contre vous, diſoit-il, aucun droit ſucceſſif : je ne vous demande point de partage : par conſéquent point d'intérêt de fortune. Je ne ſuis pas d'un autre côté, d'un état à vous faire rougir d'avoir avec moi quelque lieu de parenté. Notre origine mutuelle eſt connue; on y voit des rapports, des rapprochemens, & dès-lors point d'intérêt d'honneur.

A l'égard des armoiries, M. de Sainte-Croix ſe renfermoit dans la poſſeſſion. Les armes qu'on lui diſputoit lui avoient été tranſmiſes par ſon père, qui les avoit portées ainſi que lui, *au vu & ſu* (ce ſont ſes termes), du préſident à mortier. Son père les tenoit de ſon aïeul, & la poſſeſſion de ſon aïeul étoit la continuation de celle de ſon biſaïeul & de ſon triſaïeul. Ce dernier avoit eu pour frère Claude Bigot, grand prieur de l'abbaye de la Sainte-Tri-

nité au Mont-Sainte-Catherine, près la ville de
Rouen. En 1672, il avoit fait une donation à l'hô-
tel-dieu de cette ville. Pour perpétuer la mémoire
de cette libéralité, qui étoit confidérable, on avoit
élevé dans l'églife de la Madeleine à Rouen, un
monument fur lequel on avoit pofé les armes du
fondateur. Il y avoit dix ans en 1769 que ce monument étoit détruit, & M. Bigot de Sainte-Croix
demandoit à faire preuve par enquête que ce monument étoit décoré des fes armes.

Il perdit fon procès aux requétes, & il le gagna
d'une voix unanime à la grand'chambre, où, par
un arrêt du 14 août 1771, M. le préfident Bigot
fut déclaré purement & fimplement non-recevable
dans fes demandes, & condamné aux dépens (1).

§. VIII. *De la Prefcription des crimes.*

Le briéveté de la vie de l'homme, les remords
& les craintes qui font le premier fupplice d'un
coupable, le danger de perdre la trace des preuves

---

(1) Cet arrêt m'ayant paffé par les mains, j'en ai retenu
le difpofitif; le voici :

« La cour, parties ouies, faifant droit fur le délibéré,
» fans avoir égard à la requête verbale de la partie de
» Perchel (M. Bigot, préfident à mortier), faifant droit
» fur l'appel de la partie de Lignières, (M. Bigot de
» Sainte-Croix) a mis & met l'appellation & ce dont eft
» appel au néant, corrigeant & réformant, a déclaré &
» déclare la partie de Perchel non-recevable tant fur la
» demande principale que fur fa demande incidente ; a
» condamné & condamne ladite partie de Perchel aux
» dépens des caufes principale & d'appel envers la partie
» de Lignières. »

de

de la justification d'un accusé, toutes ces considé-rations ont engagé les législateurs romains à mettre en principe que tout crime se prescrit par vingt ans, à compter du jour qu'il a été commis. C'est ce que paroît insinuer la loi 3, au digeste *de requirendis vel absentibus damnandis*; mais la loi 12, au code *ad legem corneliam de falsis*, lève tous les doutes & établit cela très-clairement.

Le droit canonique a adopté cette Prescription, comme on le voit dans le chapitre 6, aux décré-tales *de exceptionibus*.

On a remarqué dans le §. 13 de la section 2, que les coutumes de Bretagne & de Hainaut l'ont réduite à dix ans.

Mais dans toutes les autres provinces du royau-me, on l'a reçue, sans hésiter, telle qu'elle étoit réglée par le droit romain.

On a prétendu autrefois qu'elle devoit être étendue à trente ans dans les coutumes qui disent, comme celle de Bourgogne, tit. 14, art. 1, que « toutes les Prescriptions sont uniformes & ré-» duites à trente années »; mais ce système a été proscrit par un arrêt du parlement de Dijon du 22 décembre 1593, rapporté dans le commentaire de Taisand sur la coutume qu'on vient de citer, tit. 14, art. 1, note 5.

Et ce n'est pas seulement dans les tribunaux séculiers que cette Prescription est en vigueur : elle fait également la loi aux juges ecclésiastiques.

Fevret, dans son traité de l'abus, liv. 8, chap. 3, nomb. 15, observe que si les officiaux n'avoient point égard à la fin de non-recevoir qu'elle pro-duit, il y auroit lieu d'appeler de leur sentence comme d'abus, parce qu'elle porteroit atteinte à un point de jurifprudence établi par l'un & l'autre droit, & confacré par les arrêts de toutes les cours fouveraines du royaume.

D'Héricourt, lois eccléfiaftiques, part. 1, chap. 24, nomb. 44, attefte auffi que la Prefcription de vingt ans eft admife dans les tribunaux eccléfiaf-tiques, comme dans les féculiers, pour toute forte de crimes. Il ajoute feulement que dans le cas où les clercs ont encouru une cenfure pour un crime contre lequel les canons ont déclaré que cette peine auroit lieu de plein droit, ils doivent fe faire abfoudre même après les vingt ans que le crime a été commis, quoiqu'on ne puiffe faire au-cune procédure contr'eux pour raifon de ce délit, qui eft couvert par la Prefcription.

Y a-t-il des crimes fur lefquels cette Prefcription n'a point de prife ?

Il paroît que dans le droit romain ils y étoient tous fujets. Le mot *feré* (prefque) dont fe fert la loi 12, au code *ad legem corneliam de falfis*, ne fignifie pas que le légiflateur a voulu affranchir de la Prefcription de vingt ans, la pourfuite de quelques crimes. Le véritable fens de ce terme eft qu'il y a des crimes à l'égard defquels des lois par-ticulières ont introduit des Prefcriptions plus courtes. En effet, on a vu plus haut, fect. 2, §. 2, 4 & 5, qu'il ne faut pas, à beaucoup près, vingt ans pour prefcrire l'injure, l'adultère & le péculat.

Parmi nous, il y a quelques crimes exceptés de la Prefcription de vingt ans.

Tel eft d'abord le duel. L'article 35 de l'édit du

mois d'août 1679, porte que ce crime « ne pourra
» être éteint ni par la mort, ni par aucune Pref-
» cription de vingt ou de trente ans, ni aucune
» autre, à moins qu'il n'y ait ni exécution, ni
» condamnation, ni plainte, & pourra être pour-
» fuivi, après quelque laps de temps que ce foit,
» contre la perfonne ou contre fa mémoire. »

Cet article ajoute, que ceux qui fe trouveront
coupables de duel depuis l'édit de 1651, pourront
être recherchés pour les autres crimes par eux
commis auparavant ou depuis, nonobftant la Prefcription de vingt ou de trente ans, pourvu que le
procès leur foit fait en même-temps pour crime de
duel & par les mêmes juges, & qu'ils en demeurent
convaincus.

D'où il faut conclure, 1°. que s'il n'y a eu ni
plainte, ni condamnation pour crime de duel
pendant vingt ans, on peut, après ce délai, oppofer la Prefcription, comme pour tous les autres
crimes : 2°. que la conviction de l'accufé pour
crime de duel, empêche la Prefcription des autres
crimes qu'il peut avoir commis, foit avant ou après
l'accufation pour duel, pourvu que le procès lui
foit fait en même-temps & par les mêmes juges,
pour crime de duel, c'eft-à-dire, que les autres
crimes doivent être joints & pourfuivis en même-
temps que le crime de duel, fans quoi les autres
crimes feroient prefcrits par l'efpace de vingt ans,
& l'accufé ne pourroit plus être pourfuivi pour
raifon de ces crimes.

Suivant quelques auteurs, le crime de lèfe-
majefté eft encore excepté de toute Prefcription ;
& cette exception a lieu foit qu'il y ait eu plainte

ou condamnation, ou qu'il n'y en ait pas eu, parce que l'action de ce crime est imprescriptible. Quand il s'agit de venger la majesté du prince offensé, disent ces auteurs, on passe par-dessus toutes les règles, jusque là, que si le coupable vient à mourir pendant l'instruction de la procédure, ou qu'il soit mort depuis long-temps, on fait le procès au cadavre, s'il existe; ou s'il n'existe plus, on le fait à sa mémoire, que l'on condamne pour crime de lèse-majesté.

M. de Catellan, liv. 7, chap. 1, nous apprend que cette opinion fut approuvée par la grand'-chambre du parlement de Toulouse, lors d'un arrêt du 24 avril 1668. Il s'agissoit de savoir si alors le crime de duel étoit prescriptible : « On » jugea, dit le magistrat cité, qu'il falloit laisser » au crime de lèse-majesté au premier chef, le » droit singulier d'être excepté de toute Pres-» cription, ce qui est en effet extrêmement juste; » car puisque nulle Prescription ne met à couvert » les usurpateurs du domaine des rois, il seroit » bien plus mal-à-propos qu'aucune Prescription » pût mettre à couvert les coupables des crimes » qui les regardent. »

Albert, au mot *Prescription*, nous donne quelque chose de plus précis sur ce point. Il assure que par un *arrêt général* de 1608, le parlement de Toulouse a excepté de toute Prescription le crime de lèse-majesté.

Taisand, sur la coutume de Bourgogne, titre 4, article premier, nombre 5., dit pareillement que dans cette province, on excepte de la Prescription de vingt ans *le crime de lèse-majesté divine & hu-*

maine : mais il ne cite aucune autorité, aucun arrêt, aucun fait, qui justifient son assertion.

Et Dunod (1) soutient, avec plusieurs jurisconsultes, que tout usage à part, on ne doit pas excepter ce crime de la Prescription de vingt ans, parce que les ordonnances du royaume ne la font cesser que par rapport au duel.

La maxime qui permet de poursuivre le crime de lèse-majesté, après la mort du coupable, est ici indifférente. Car (& c'est une observation que fait Brodeau sur Louet, lettre C, §. 47, nombre 4), de ce que certaines lois déclarent que quelques crimes ne s'éteignent point par la mort de l'accusé, il ne s'ensuit nullement que le droit de les poursuivre puisse durer plus de vingt années. Il en est de cela comme des actions civiles que le droit romain qualifie de *perpétuelles* (2), & qu'il soumet cependant à la Prescription de trente ans.

On a prétendu dans le dernier siècle que la Prescription de vingt ans ne devoit pas arrêter la poursuite du crime d'un particulier qui s'étoit travesti en confesseur pour surprendre, par ce déguisement sacrilège, la bonne foi d'une personne du sexe, de qui il avoit ensuite extorqué une donation.

Mais par arrêt du parlement de Provence du 15 mars 1653, l'action criminelle fut déclarée prescrite, & « le premier président avertit les avocats » qu'ils n'eussent plus à mettre en doute que les

---

(1) Des Prescriptions, part. 2, chap. 9.

(2) Voyez le titre des instituts, *de perpetuis & temporalibus actionibus.*

T iij

» crimes ne foient prefcrits par le laps de vingt
» ans ». Ce font les termes de Boniface, tome 2,
partie 3, livre premier, titre 15, chapitre premier.

On a auffi voulu excepter le parricide, & cela
d'après la loi dernière, *ad legem pomponiam de
parricidis*, qui dit que l'accufation de ce crime eft
recevable à toujours, *accufatio paricidii femper
permittitur*. Mais le parlement de Páris n'a pas cru
que ce texte fût affez formel pour établir une pareille exception, & par arrêt du 18 décembre 1599,
rapporté dans les obfervations de Brodeau fur
Louet, lettre C, §. 47, il a été jugé que le parricide étoit fujet à la même Prefcription que les autres crimes.

Le parlement de Bordeaux a jugé de même par
un arrêt du 18 août 1668, qu'on trouvera ci-après.

On fent bien, d'après cela, que le crime d'incendie ne peut pas non plus être privilégié. Auffi
Papon, livre 24, titre 11, nombre premier, rapporte un arrêt du parlement de Paris du 2 décembre
1518, qui a renvoyé une femme accufée de ce
crime, quoiqu'elle s'en confefsât coupable.

Il eft vrai que par un arrêt du parlement de Bordeaux du mois d'août 1688, un particulier a été
admis, après plus de vingt ans, à prouver que fa
maifon avoit été incendiée par le fait d'un autre.
Mais, comme l'obferve la Peyrère en le rapportant, lett. P, nomb. 66, c'eft que dans ce cas il n'y
avoit point de délit &, qu'on n'articuloit contre
l'incendiaire qu'une fimple faute.

On exceptoit anciennement de la Prefcription de
vingt ans, le crime de fuppofition de part. Mais
un arrêt du parlement de Paris du 26 mars 1665,

rapporté par Soefve, a proscrit cette mauvaise jurisprudence.

L'arrêt général du parlement de Toulouse dont
nous avons déjà parlé, n'affranchit pas seulement
de la Prescription le crime de lèse-majesté, il étend
la même exception aux autres crimes atroces, tels
que l'adultère qualifié; & l'on trouve dans le recueil
d'Albert, à l'endroit cité, un arrêt du 21 mars
1657, par lequel cette cour a prononcé sur une
accusation intentée contre une femme d'avoir fait
tuer son mari vingt-sept ans auparavant, & d'en
avoir épousé le meurtrier douze ans après. Il y
avoit pourtant une circonstance bien forte en sa
faveur; on n'avoit informé que vingt - quatre ans
après le crime commis.

Mais on sent bien qu'une pareille jurisprudence
est trop contraire aux principes pour subsister long-
temps dans le tribunal qui l'a admise, & à plus
forte raison, pour servir d'exemple aux autres
cours.

Les crimes qui sont demeurés cachés & sans
poursuites, se prescrivent-ils comme ceux qui ont
été connus & poursuivis? pourquoi non? Le coupable des uns est, comme celui des autres, exposé
aux agitations & aux craintes que la loi regarde,
après vingt ans, comme une expiation suffisante du
crime. Il y a d'ailleurs même danger pour l'altéra-
tion ou la perte totale des preuves qui peuvent établir l'innocence de l'accusée. Ainsi, quoi qu'en
disent quelques anciens docteurs cités par Boniface
à l'endroit indiqué ci - après, on ne doit pas distinguer.

____

(1) Rousseau de la Combe, matières criminelles, part. 3.

Et dans le fait, les arrêts n'ont pas diftingué non plus. Poulain du Parcq, fur l'article 288 de la coutume de Bretagne, en rapporte un du parlement de Rennes du 15 janvier 1614, qui a déclaré la Prefcription acquife en faveur d'un accufé, quoiqu'on foutînt que fon crime n'étoit connu que depuis peu, & que le temps ne devoit courir que du jour de la connoiffance du délit & de fon auteur. Il ajoute que la même chofe avoit été jugée précédemment par un arrêt rendu en faveur d'un fieur de Grillemont.

M. de Catellan, liv. 7, chap. 1, rapporte un arrêt du parlement de Touloufe du 11 mars 1699, qui a admis la Prefcription de vingt ans en faveur d'un curé accufé d'avoir enlevé quelques feuillets de fon regiftre baptiftaire, ce qu'on n'avoit découvert que long-temps après.

Le recueil de Boniface, tom. 2, part. 3, liv. 1, tit. 15, chap. 2, nous en fournit un autre du 30 mai 1664, par lequel le parlement de Provence a jugé que la Prefcription du crime de faux commençoit du jour qu'il avoit été commis, & non du jour qu'on en avoit eu connoiffance.

Mais prenons garde d'étendre ce dernier arrêt hors de fon efpèce. Il ne s'y agiffoit que d'une accufation en faux principal ; & par cette raifon, elle a été déclarée prefcrite. Mais, fans doute, on auroit jugé bien différemment, s'il eût été queftion d'une infcription en faux incident. Cette action, en effet, n'eft jamais intentée que par forme

chap. 5, fect. 3, nomb. 4 ; Dunod, des Prefcriptions, part. 2, chap. 9.

d'exception ; or , il eſt de principe que toute exception doit durer autant que l'action principale contre laquelle elle eſt de nature à être propoſée (1) ; il ne peut donc pas y avoir de temps limité pour s'inſcrire incidemment en faux : cette faculté n'a point d'autres bornes que le temps réglé pour faire uſage de la pièce prétendue fauſſe. Tant qu'il ſera permis de produire cette pièce en juſtice , il le ſera également de l'arguer de faux , & de la faire rejeter du procès. Autrement , il faudroit dire que le temps peut changer le faux en vrai , ce qui ſeroit abſurde. Enfin , c'eſt ce qui a été jugé par arrêt du premier ſeptembre 1629 , rapporté dans les obſervations de Brodeau ſur Louet , lett. C , §. 47 , nomb. 9.

Mais du moins dans ce cas , la Preſcription de vingt ans n'a-t-elle pas lieu pour la punition du crime ?

Sans doute , elle a lieu ; & cela ne ſouffre nulle difficulté , lorſque ce n'eſt ni par les auteurs du faux , ni par leurs complices , qu'eſt faite la production de la pièce fauſſe.

Dans le cas contraire même , Dunod , part. 2 , chap. 9 , paroît décider que la Preſcription doit les mettre à couvert de la peine qu'ils ont méritée. C'eſt auſſi le ſentiment de Rouſſeau de la Combe , dans ſes matières criminelles , part. 1 , chap. 2 , ſect. 2 , nomb. 18. Mais ils ſont contredits par M. Julien dans ſon commentaire ſur les ſtatuts de Provence , tom. 2 , pag. 591. « Si celui qui ſe ſert

---

(1) Quæ temporalia ſunt ad agendum perpetua ſunt ad excipiendum.

>> de la pièce fauſſe, dit-il, en a été l'auteur, ou
>> s'il en connoît la fauſſeté, ne doit-on pas dire
>> que la production & l'uſage qu'il fait de la pièce
>> fauſſe eſt un nouveau crime, la continuation
>> ou plutôt la conſommation du crime de faux
>> pour laquelle il doit être puni ? Pourquoi le
>> crime d'apoſtaſie n'eſt-il preſcrit par aucun
>> temps, ſuivant la loi 4, au code *de apoſtaſis ?*
>> C'eſt parce qu'il ſe renouvelle & ſe réitère tous
>> les jours, tant que le coupable perſiſte dans
>> ſon apoſtaſie. >>

Que doit-on décider relativement à la ſimonie ?

Deux anciens arrêts ont jugé que non-ſeulement elle admet la Preſcription de vingt ans, mais même qu'après dix ans de poſſeſſion paiſible, le bénéficier ſimoniaque eſt à couvert de toute recherche. Le premier de ces arrêts a été rendu au parlement de Paris le 4 mars 1574 (1) ; le ſecond, au parlement de Grenoble le 13 mai 1609 (2).

Depuis, la queſtion s'eſt repréſentée dans une eſpèce où il y avoit en faveur du ſimoniaque & de ſon réſignataire, une poſſeſſion de vingt-un ans ; par arrêt du parlement de Paris du 15 février 1655, rapporté au journal des audiences, il a été jugé que le crime n'étoit pas preſcrit, & le réſignataire a été évincé par un dévolutaire.

Vedel ſur Catellan, liv. 1, chap. 31, dit qu'il pencheroit volontiers pour ce dernier préjugé. L'intérêt de l'égliſe (obſerve-t-il), exige qu'un

---

(1) Carondas dans ſes obſervations, *verb.* Bénéfices.
(2) Baſſet, tom. 1, liv. 6, tit. 16, chap. 1.

crime qui fait tant de ravages dans fon fein, ne puiffe être couvert par aucun laps de temps.

C'eft auffi l'opinion de M. Julien, à l'endroit déjà cité. « La fimonie, dit-il, n'eft point couverte » par la paifible poffeffion de plus de 20 ans, & » le bénéfice peut être impétré par dévolut, tant » que le fimoniaque en a la poffeffion, comme l'a » remarqué l'auteur des notes fur les définitions » du droit canonique, tit. *de la fimonie*, nomb. » 12, pag. 838. La raifon en eft que la fimonie fe » continue pendant tout le temps de la poffeffion » fimoniaque. »

Dunod, part. 2, chap. 9, adopte le même fentiment, & l'établit fur les mêmes raifons.

Il faut en dire autant de l'ufure. On trouve dans le journal des audiences un arrêt du 22 juillet 1713, par lequel il a été jugé que ce crime eft imprefcriptible, & en conféquence que des intérêts ufuraires qui avoient été payés volontairement pendant quarante années, devoient être reftitués par l'action appelée en droit *condictio indebiti*.

Le rédacteur du journal des audiences nous apprend, à cette occafion, que la même chofe avoit été jugée par « un arrêt en forme de régle- » ment, du 7 juillet 1707, au profit du fieur » Rohault, doyen de la nation de Picardie, contre » le fieur de Crequet, confeiller au préfidial » d'Amiens, quoique l'obligation contre laquelle » le fieur Rohault réclamoit, fût du 29 octobre » 1647, & qu'elle eût été approuvée & reconnue » par différens actes fubféquens. »

Brodeau fur Louet, lettre T, §. 6, en cite deux beaucoup plus anciens, auxquels il femble attribuer la même décision ; mais il n'en précise pas affez l'efpèce pour qu'on puiffe en faire une application sûre.

Remarquons au furplus que par les arrêts de 1655, de 1707 & de 1713 dont il vient d'être parlé, il n'a été prononcé aucune peine, foit contre le fimoniaque, foit contre les ufuriers. Ainfi le parlement de Paris femble avoir jugé dans ces ef-pèces, que la peine peut être prefcrite, fans que l'intérêt civil le foit.

En eft-il de même dans les autres crimes ? On convient bien que les confifcations, les réparations civiles, les dommages-intérêts qui s'adjugent par manière de peine, fe prefcrivent avec le crime dont ils réfultent, parce que ce font des acceffoires qui ne peuvent pas furvivre à leur principal.

Auffi la Peyrere, lettre P, nombre 67, rapporte un arrêt du parlement de Bordeaux, du 16 juillet 1666, qui décide que par la Prefcription de vingt ans, l'accufé eft déchargé, non-feulement de la peine corporelle, mais encore des amendes & des dépens auxquels il a été condamné par un jugement de contumace non exécuté en effigie. C'eft ce qui a encore été jugé, fuivant le même auteur, nombre 66, par un arrêt du 18 août 1668, dans le cas d'un parricide pour lequel on demandoit des dommages-intérêts après les vingt ans de la condamnation par contumace non exécutée. On prétendoit que l'ac-tion pour les dommages-intérêts duroit trente ans ; mais le parlement de Bordeaux décida, comme dans l'efpèce précédente, que le principal étant prefcrit, l'acceffoire l'étoit auffi.

C'eft ce qu'ont encore décidé deux arrêts du parlement de Paris, des 7 août 1681, & 6 juillet 1703, qu'on trouve dans le dictionnaire des arrêts, au mot Prefcription, nombres 35 & 36.

Mais la difficulté eft de favoir, fi l'on doit appliquer la même règle au cas où les dommages-intéréts forment un capital par eux-mêmes, comme lorfqu'ils naiffent d'un fait dont le criminel a profité, & pour lequel on auroit contre lui une action perfonnelle; d'un vol, par exemple, ou d'une ufurpation violente?

Cette queftion a fingulièrement partagé les opinions des docteurs & les décifions des tribunaux.

On dit pour l'affirmative, qu'on ne peut répéter ces chofes du criminel, fans le convaincre, & qu'il feroit abfurde de pouvoir prouver le crime fans le punir; qu'il réfulteroit de cette preuve une infamie, & que ce feroit une peine qu'il n'eft plus permis d'infliger; enfin, que la Prefcription de vingt ans faifant préfumer l'innocence en matière criminelle, comme celle de trente ans fait préfumer le titre & la bonne foi en matière civile, il en réfulte une préfomption *juris & de jure*, qui exclut toute preuve contraire.

Cette opinion (répond Dunod, partie 2, chapitre 9), «cette opinion eft contre les principes
» du droit, qui donne une action principale qu'on
» peut exercer pendant trente ans par la voie ci-
» vile, pour répéter ce qui a été volé ou ufurpé.
» Ce n'eft pas le crime qu'on pourfuit, ni la peine
» du crime qu'on demande, c'eft la reftitution de
» fon bien. La loi dit à la vérité, qu'après vingt
» ans, le criminel fera à couvert de la peine; mais

» ce n'eſt que par une fin de non-recevoir, qui
» ne le décharge pas de rendre ce qui ne lui appar-
» tient pas. Il ne doit pas être de meilleure con-
» dition que ceux qui ſe ſont emparés du bien
» d'autrui, ſans commettre un crime puniſſable ;
» & c'eſt aſſez pour lui d'éviter la punition qu'il
» méritoit. C'eſt une grace que la loi lui fait, qui
» ne doit pas tourner au préjudice de la partie in-
» téreſſée, ni être étendue au-delà de la diſpoſition
» & des vues de la loi. La mort, qui éteindroit le
» crime, n'empêcheroit pas la demande en reſti-
» tution de la choſe volée. Il n'y a point d'ab-
» ſurdité qu'il ſoit prouvé ſans qu'on puiſſe le
» punir, lorſque la loi en a remis la peine ; tout
» comme il n'y en a point à laiſſer impunis ceux
» auxquels le prince a fait grace, quoique leurs
» crimes ſoient prouvés. La preuve qui ne tend
» pas à la punition du crime, peut toujours être
» faite ; la ſentence qui ſuivra, n'emportera pas
» une infamie de droit ; elle n'impoſera par con-
» ſéquent aucune peine ».

Il ſeroit trop long de rappeler les noms & les
textes des auteurs qui ont pris parti entre ces
deux opinions. Contentons-nous de parcourir
les arrêts qui les ont reſpectivement adoptées ou
proſcrites.

Le parlement de Paris jugeoit autrefois que la
Preſcription de l'action criminelle n'éteignoit pas
l'action civile. Brodeau, lettre C, §. 47, rapporte
un arrêt du 22 mars 1572, qui, en déclarant preſcrit par vingt ans, le crime de vol dont une partie
étoit accuſée, renvoye devant le premier juge pour
procéder à fins civiles ſur la répétition des choſes

volées, & il ajoute qu'il en exifte plufieurs autres femblables.

Mais cette jurifprudence a été changée par un arrêt du 27 janvier 1596, rapporté dans les œuvres de M. Servin, tome 2, article 70. Il a été fuivi d'un autre du 22 janvier 1600, lors duquel M. le premier préfident avertit les avocats de ne plus mettre cette maxime en problême. C'eft ce que nous apprenons par les obfervations de M. le Prêtre. Serpillon, dans fon code criminel, page 829, en cite un femblable du 6 juillet 1603. Il y en a encore un du 11 février 1604, qui eft rapporté par M. Louet; & depuis on a tenu conftamment que la peine du vol & la reftitution de la chofe fe prefcrivent en même-temps.

Que juge là-deffus le parlement de Touloufe? S'il en faut croire M. de Catellan, livre 7, chapitre 1, on tient dans cette cour que « le crime » n'eft pas feulement éteint par la Prefcription » quant à la peine, mais qu'il l'eft quant à fes » autres fuites & aux dommages-intérêts, parce » que toute la dette eft préfumée payée ».

Mais il paroît que cela doit être entendu dans le fens de Dunod. Car l'obfervateur de M. de Catellan remarque un arrêt du parlement de Touloufe du 14 août 1691, par lequel il a été décidé que « quoique l'action en dommages-intérêts comme » acceffoire de la peine due au crime, foit pref- » crite par le laps de vingt ans, il n'en eft pas de » même de l'action qui tend à la reftitution des » chofes dérobées...... Le motif de cet arrêt » (continue-t-il), fut pris de la difpofition des » lois qui veulent que quoique le crime de vol foit

» éteint quant à la peine, il y ait lieu à la reftitu-
» tion des objets volés (1).... L'action en refti-
» tution du vol n'eft pas proprement acceffoire de
» l'action pénale, puifqu'on a le choix de l'une ou
» de l'autre, & qu'on peut laiffer la criminelle &
» prendre la civile ».

L'auteur du journal du parlement de Toulouse,
tome 1, §. 142, page 327, fait auffi mention de
cet arrêt, & il ajoute que depuis il en eft intervenu
deux femblables, le premier du 7 mai 1693, & le
fecond du 22 juillet 1709. « Il a paffé (dit-il en
» rendant compte des circonftances de celui-ci),
» à confirmer la fentence qui avoit jugé que la
» reftitution des chofes volées n'étoit pas pref-
» crite. On s'eft déterminé fur les principes du
» droit écrit, qui diftinguent l'action appelée *con-*
» *dictio furti*, de l'action pénale. On a trouvé que
» dans l'ufage du royaume, ces deux actions
» étoient tellement diftinctes, que dans tous les
» procès criminels le procureur du roi ou fifcal
» peut feul conclure à la peine, & la partie aux
» intérêts civils ».

Le parlement de Dijon paroît avoir toujours
conformé fa jurifprudence à ces principes. Par un
arrêt du 16 janvier 1666, il a jugé « que dans le
» cas de meurtre où le crime ne peut être féparé
» des réparations civiles, ces réparations font

____

(1) Actiones ex delictis defcendentes adverfùs hæredes
dantur, quatenùs ad eos pervenit. (Loi *in hæredem*,
D. *de dolo malo.*) Quia turpia lucra hæredibus extor-
quenda funt, licet crimina extinguantur. (Loi 5, D. *de*
calumniatoribus.)

» prefcriptibles

» preſcriptibles par le même temps que le crime ».
C'eſt ce qu'atteſtent Serpillon dans ſon code crimi-
nel, page 831 , & Taiſand , ſur la coutume de
Bourgogne , titre 14 , article premier.

Mais dans les cas où , comme le dit Dunod, les
dommages - intérêts forment par eux - mêmes un
principal, le parlement de Dijon ne les juge preſcriptibles que par trente ans. Raviot, ſur Perrier,
queſtion 210, nombre 10, en rapporte un arrêt
du 8 janvier 1673. Il en a été rendu un ſemblable
le 31 juillet 1694 : la partie contre laquelle il
avoit prononcé, en a pourſuivi la caſſation au conſeil ; mais la requête ayant été communiquée, &
les moyens qu'elle contenoit, réfutés, arrêt eſt
intervenu le 2 mars 1695, par lequel le roi étant
en ſon conſeil a ordonné que celui du parlement
de Dijon ſeroit exécuté ſelon ſa forme & teneur (1).
On a ſuivi en cela, les principes de droit romain
qui fait loi en Bourgogne dans le ſilence de la
coutume.

Le grand-conſeil en a décidé de même par arrêt rendu le 30 août 1677. On le trouve dans
le dictionnaire de Brillon, au mot Preſcription,
nombre 33.

Le parlement d'Aix a adopté la dernière juriſprudence du parlement de Paris. M. Julien, à
l'endroit déjà cité de ſon commentaire des ſtatuts
de Provence, page 594, en rapporte deux arrêts
des 25 février 1662 & 30 mai 1664. Boniface,

------

(1) Taiſand ſur la coutume de Bourgogne , tit. 14 , art. 1,
note. 5.

tome 2., partie 3, livre 2, titre 15, chapitre 3, nous en retrace un semblable du 22 mars 1645.

C'est aussi la jurisprudence du parlement de Rouen. Basnage, article 143, en rapporte un arrêt du 22 avril 1671, qui, après vingt ans, décharge un voleur de chevaux & de la peine & de la restitution à laquelle il avoit été condamné par une sentence, dont sa fuite avoit empéché qu'on ne jugeât l'appel.

Mais, comme le remarque le même auteur, lorsque la condamnation des intéréts civils est en dernier ressort, elle ne se prescrit que par trente ans; c'est ce que le parlement de Rouen a décidé par arrêt du 26 juin 1662.

Voyons maintenant s'il y a des causes qui peuvent suspendre, interrompre ou empêcher la Prescription dont il s'agit, & quelles sont ces causes ?

1°. On a vu plus haut, liv. 1, §. 7, qu'il ne faut pas mettre au nombre de ces causes la minorité de la partie intéressée à rendre plainte.

2°. Il en est de même de la guerre & des troubles, qui agitent l'état; & ce qu'il n'est pas indifférent de remarquer, c'est que quand il intervient, au retour de la paix, un édit ou une déclaration qui compte pour rien, en fait de Prescription, tout le temps qu'ont duré les hostilités, on ne comprend pas les actions criminelles dans la disposition de ces lois. Brodeau, lettre C, §. 47, dit que par l'arrêt du 18 décembre 1599, déjà cité plus haut, & par un autre du 27 juillet 1610, « il fut jugé que la » Prescription avoit couru pendant les troubles, » même entre personnes de divers partis; l'ar- » ticle 59 de l'édit de Nantes ne s'entendant que

» des Prefcriptions en matière civile, & non en
» matière criminelle ».

3°. Les pourfuites qui tendent à la découverte
& à la punition du crime, interrompent-elles la
Prefcription? Il eft certain que la plainte, l'information, le décret même, quand il n'eft pas exécuté,
ne produifent aucune interruption. Brodeau, fur
Louet, lettre C, §. 47, rapporte un arrêt du 10
février 1607, qui l'a ainfi jugé, dans l'efpèce d'un
crime commis en 1586, fuivi auffi-tôt d'un *information* qui avoit été *décrétée*, & pour lequel on
avoit encore informé en 1605 & 1606.

On trouve auffi dans le journal des audiences
un arrêt du 6 juillet 1703, qui décide que « la
» Prefcription du crime par le laps de 20 ans ne
» peut être interrompue . . . . par une fimple
» procédure faite pendant le cours de vingt ans ».

Nous pouvons encore appliquer ici un arrêt du
parlement de Bordeaux du mois d'août 1668, qui
a jugé « que la Prefcription commence du jour du
» crime commis ». C'eft ce qu'attefte l'annotateur
de la Peyrere, lettre P, nombre 67.

Telle eft auffi la jurifprudence du parlement de
Touloufe. Vedel fur Catellan, livre 2, chapitre 69,
en rapporte un arrêt du 3 février 1712, qui juge
que « la Prefcription de vingt ans concernant les
» crimes commis, ne laiffe pas de courir & de
» s'accomplir, quoique pendant les vingt années
» il ait été fait des pourfuites contre le prévenu,
» & qu'il ait été même rendu un arrêt portant que
» les recollemens vaudront confrontation » (1).

---

(1) « La raifon déterminante de cet arrêt, dit le même
» auteur, fut que quoiqu'en matière civile les pourfuites

En eft-il de même d'un décret qui a été exécuté ? Brodeau, à l'endroit que nous venons de citer, embraffe la négative : il prétend que dans ce cas, l'action criminelle eft perpétuée jufqu'à trente ans ; & il eft fuivi par Taifand fur la coutume de Bourgogne, titre 14, article 1, note 5 ; & par Baffet, tome 1, livre 2, titre 29, chapitre 5, &c.

Il paroît bien difficile d'admettre cette opinion. Qu'eft-ce qu'un décret ? Un fimple interlocutoire, un acte de pure inftruction : exécuté ou non exécuté, il ne change point de nature : il n'eft lui-même qu'une procédure imparfaite ; & fous cet afpect, il ne peut rien opérer contre la Prefcription.

Cela paroît d'autant moins douteux, que par un arrêt du parlement de Paris du 20 décembre 1613, il a été jugé que la Prefcription de vingt ans devoit avoir lieu en faveur d'un fratricide, quoique celui-ci eût été non-feulement décrété & emprifonné, mais même condamné à la queftion, & qu'il fe fût évadé avant de fubir cette rude épreuve (1).

Auffi trouvons-nous dans le commentaire de

» empêchent toute péremption d'inftance, il n'en eft pas
» de même en matière de crimes, dans lefquels la Pref-
» cription eft fans doute plus favorable, puifqu'elle tend
» à mettre le coupable à l'abri de la peine, & qu'il eft de
» maxime, que *pænæ molliendæ funt potius quàm*
» *exafperandæ, leg.* 42, ff. *de pæn.* Que d'ailleurs cette
» Prefcription de vingt ans eft introduite en faveur de
» l'innocence pour laquelle la loi penche toujours, fuivant
» l'orateur romain en l'oraifon, *pro Murena, homines*
» *in capitis periculis etiam alieniffimis favent.* »

(1) Brodeau, *loc. cit.*

Basnage sur la coutume de Normandie, article 143, un arrêt du parlement de Rouen du 8 juin 1660, qui juge formellement que l'exécution d'un décret de prise de corps n'interrompt pas la Prescription de vingt ans.

Un autre arrêt de la même cour, du 22 avril 1671, a encore admis cette Prescription en faveur d'un accusé qui s'étoit échappé dans le temps qu'on le conduisoit pour faire juger l'appel d'une sentence par laquelle il étoit condamné au fouet.

Enfin, le jugement même par contumace, quoique définitif, ne suffit pas pour interrompre la Prescription, & il n'y a qu'une exécution par effigie qui puisse étendre à trente ans la durée de l'action criminelle.

Brodeau, à l'endroit indiqué ci-dessus, nous retrace un arrêt du 4 mars 1623, qui déclare prescrite une accusation dont l'objet étoit un crime commis en 1594, & qu'avoit suivi en 1604, une sentence de condamnation par contumace qu'on avoit laissée sans exécution.

Le journal des audiences nous offre un arrêt semblable du 22 mars 1653.

Il en a été rendu un pareil à Rennes le 3 juillet 1664. Il est rapporté par Hévin, sur l'article 288 de la coutume de Bretagne.

Le parlement de Provence a jugé de même par arrêt du 11 mai 1735. André Perreimond avoit été accusé par le procureur juridictionnel du lieu de Valauris, de crime de vol avec effraction, & il étoit intervenu une sentence par contumace le 27 octobre 1714, qui le condamnoit à la mort. Plus de 20 ans après le crime commis, & 20 ans moins deux jours après cette sentence, Perreimond étant détenu dans les prisons d'Aix, sur une accusation de contrebande dont il fut absous, le procureur-général le fit recommander par acte du 26 octobre 1734, & il fut en conséquence renvoyé devant le juge de Valauris, qui le condamna une seconde fois à la mort. Il interjeta appel de la sentence & présenta une requête en cassation de la procédure. La cause portée à l'audience, son défenseur soutint que la condamnation par contumace n'ayant point été exécutée, il n'en étoit résulté aucune interruption, & qu'ainsi l'action criminelle étoit prescrite. En effet, par l'arrêt cité, la cour déclara le crime prescrit & l'accusation non-recevable. C'est à M. Julien que nous sommes redevables de la conservation de cet arrêt : il le rapporte dans son commentaire sur les statuts de Provence, tome 2, page 589.

La Peyrere, lettre P, nombre 66 & 67, en cite trois du parlement de Bordeaux des 28 avril 1664, 16 juillet 1666 & 18 août 1668, qui ont jugé identiquement la même chose.

Un autre arrêt de la même cour, du 20 août 1701, a été plus loin : il a jugé qu'un homme condamné à mort par un jugement de contumace qui étoit demeuré sans exécution, s'étant marié pendant les vingt ans, son mariage devoit, après ce terme, jouir des effets civils, parce qu'au moyen de l'inexécution de la sentence, on ne pouvoit pas dire qu'il eût jamais été mort civilement.

Cet arrêt est encore rapporté par la Peyrere, mais dans un autre endroit que les précédens. C'est sous la lettre C, nombre 187, édition de 1706.

L'additionnaire de cet auteur prétend, sous la

lettre P, nombre 67, qu'il en feroit différemment, si à la circonftance d'une condamnation par contumace non exécutée, fe joignoit celle du bris de prifon; & il rapporte un arrêt du même parlement de 1690, qui a jugé qu'en ce cas il n'y a point lieu à la Prefcription de vingt ans; parce que le coupable ne doit point tirer avantage de fon évafion, & qu'il eft devenu, par fa capture, un *gage de juftice*.

Mais, comme l'obferve Dunod, partie 2, chapitre 9, cette décifion paroît *fubtile & rigoureufe*.

Il y a encore bien plus de fubtilité & de rigueur dans un autre arrêt du même parlement que rapporte pareillement l'annotateur de la Peyrere, & qu'il date du 17 août 1690. Selon ce jugement, il fuffit qu'on ait été arrêté & mis fous la garde d'un huiffier, avant l'expiration de vingt ans, pour qu'on ne puiffe plus invoquer la Prefcription réfultante de ce terme.

Lorfque la fentence par contumace a été exécutée en effigie, nul doute que la Prefcription de vingt ans ne doive ceffer. L'accufateur ayant fait exécuter la fentence autant qu'il dépendoit de lui, on ne peut lui rien imputer, & la diligence qu'il a faite perpétue fon action jufqu'à trente ans. C'eft ce qui a été jugé par plufieurs arrêts. Brodeau fur Louet, lettre C, §. 47, en rapporte un du 29 mars 1642, dans l'efpèce duquel il y avoit trente-un ans que le crime avoit été commis, & vingt-huit ans que l'exécution avoit été faite par effigie : la cour a jugé que la Prefcription n'étoit pas acquife, & l'accufé a été renvoyé devant le premier juge pour fubir toute la rigueur de l'inftruction criminelle.

C'eft ce qu'ont encore jugé deux arrêts des 22

feptembre 1624 & 6 avril 1625 : ils font rapportés par Bafnage, fur l'article 143 de la coutume de Normandie.

Le même auteur en cite un femblable rendu au parlement de Rouen le 27 juillet 1645.

La Peyrere, lettre P, nombre 67, affure que la jurifprudence eft la même fur ce point au parlement de Bordeaux : « nous pratiquons, dit-il, que » quand il y a eu exécution en effigie, il faut » trente ans ».

Dans les cas où il n'y a pas lieu à cette manière d'exécuter, la fignification de la fentence produit le même effet. « Il a été jugé au parlement de » Bordeaux en 1703, dit l'additionnaire de l'au- » teur cité, que quand il y a eu fentence de ban- » niffement fignifiée, il faut trente ans pour pref- » crire ».

Mais de quel moment doit courir la Prefcription de trente ans, qui, fuivant ce qu'on vient d'établir, eft la feule admife dans le cas de l'exécution en effigie, ou de la fignification qui en tient lieu?

Puifque la Prefcription de vingt ans fe compte du jour du crime, il fembleroit, au premier abord, qu'il en dût être de même de celle de trente ans, qui, dans le cas propofé, en prend la place.

Cependant il eft reconnu généralement que cette dernière Prefcription ne commence à courir que du jour de l'exécution. Pourquoi cela? C'eft, répond M. Julien, dans l'ouvrage déjà cité, page 594, « parce que les jugemens définitifs forment une » obligation contre la partie condamnée, & que » de cette obligation il naît une action perfon- » nelle qui dure trente ans ».

Cette Prescription, dit encore le même auteur,
« n'a lieu que du jour de l'exécution, parce que
» ce n'est que de ce jour que le jugement acquiert
» la publicité, & est censé avoir été prononcé à
» l'accusé ».

Il en seroit de même, suivant de la Combe, si
la sentence étant contradictoire, le condamné
s'étoit ensuite évadé. On a cependant prétendu que
dans ce cas il ne pouvoit pas y avoir de Prescription; mais le contraire a été formellement décidé
par un arrêt du 10 avril 1615. L'espèce en est très-
particulière. Un homme condamné à mort pour un
crime capital, est renvoyé sur les lieux pour être
exécuté; pendant qu'on le conduisoit au supplice,
il trouve le moyen de s'évader. Quarante ans
après, il est repris. Le juge du lieu, à la requête
des personnes intéressées dans l'affaire, informe de
sa fuite, à l'effet de mettre à exécution l'arrêt
rendu quarante ans auparavant; l'appel de cette
procédure ayant été porté à la Tournelle, M. l'avocat général le Bret fit voir que la Prescription de
trente ans avoit suffi pour anéantir & la condamnation prononcée contre cet homme, & son évasion
postérieure dont on prétendoit lui faire un nouveau
crime. « Car, dit ce magistrat, si en matière civile
» l'action *ex judicato* se prescrit par trente ans,
» pourquoi ne feroit-on pas le semblable en ma-
» tière criminelle, qui est de bien plus grande im-
» portance, attendu la maxime générale qui veut
» qu'en telles affaires la Prescription de vingt ans
» suffise »? C'est pourquoi ses conclusions furent
à ce qu'on mît l'appellation & ce au néant, & à ce
que les prisons fussent ouvertes à l'appelant. C'est
aussi ce qui fut jugé par l'arrêt. Il a été recueilli par

M. le Bret lui-même, au nombre de ses décisions notables, livre 6, décision 3.

Quels sont les effets de cette Prescription ? Cette question est de la plus grande importance : elle mérite d'être approfondie.

D'abord, la Prescription a-t-elle un effet rétroactif en faveur du condamné par contumace, & l'habilite-t-elle à recueillir les successions qui lui sont échues avant l'expiration de trente ans ?

Il y a quatre arrêts pour la négative : l'un du parlement de Paris du 15 mai 1665 (1); l'autre du parlement de Bordeaux du 28 août 1669 (2); le troisième du parlement de Toulouse du 14 février 1681 (3); le quatrième, du parlement de Dijon du 9 août 1686 (4). Le premier est même d'autant plus remarquable, qu'il étend l'incapacité du criminel jusqu'aux enfans nés après sa condamnation.

Et il ne faut pas croire que ces arrêts soient contrariés par celui du parlement de Bretagne du 3 juillet 1664, qui est rapporté dans les notes d'Hévin sur l'article 288 de la coutume de cette province, ni par celui du parlement de Bordeaux du 16 juillet 1666 qu'on trouve dans la Peyrere, lettre P, nombre 67. Car s'ils ont admis des condamnés par contumace à recueillir des successions

---

(1) Soefve, tom. 2, centur. 3.

(2) La Peyrere, lett. S, nomb. 212.

(3) Catellan, liv. 2, chap. 68.

(4) Raviot, quest. 288. Cet arrêt est dans l'espèce d'un fidéicommis qui s'étoit ouvert après la condamnation par contumace. On a jugé que le coupable avoit fait place au degré suivant, & que la Prescription de son crime n'avoit point d'effet rétroactif.

échues avant & après leur condamnation, mais antérieurement à l'époque où la Prescription avoit été acquise, c'est parce qu'il n'y avoit eu contr'eux aucune exécution ni par effigie ni autrement.

On sent la différence de cette hypothèse d'avec la précédente : & Poulain du Parcq l'expose très-bien dans sa note sur le passage cité d'Hévin. « Par » l'article 28, dit-il, du titre *des défauts & contu-* » *maces* de l'ordonnance de 1670, les cinq ans » de la contumace ne commencent que du jour » de l'exécution des jugemens de condamnation. » Ainsi ce délai ne peut courir pendant que le » jugement n'est pas effigié; & la Prescription de » vingt ans survenant avant que les cinq ans de la » contumace aient commencé de courir, l'accusé » n'a pas perdu, un seul moment, son état de ci- » toyen. On ne peut donc pas l'en priver, lorsque » le jugement non exécuté est éteint par la Pres- » cription. — Au contraire, quand le jugement de » contumace a été exécuté par effigie ou par ta- » bleau, la privation du droit de citoyen, & de » tous les effets civils, a son exécution. Ainsi » dans cette partie on ne peut pas douter que le » jugement n'ait toujours subsisté, parce que la » Prescription contre un jugement n'a pu courir » pendant qu'il a eu son exécution. La peine ca- » pitale prononcée par le même jugement n'ayant » point eu d'exécution par la fuite de l'accusé, » il est évident que cette partie du jugement a été » sujette à la Prescription, sans que cette Pres- » cription ait pu s'étendre à la privation des effets » civils & du droit de citoyen, laquelle a toujours » eu entière exécution pendant que la Prescrip- » tion couroit contre la peine ».

Mais que déciderons-nous par rapport aux fuc-cessions échues après que la Prescription de trente ans est entièrement acquise & consommée ? Voici une espèce célèbre dans laquelle cette question a été traitée avec profondeur & jugée avec éclat.

Du mariage de Louis Tillette, chevalier, sei-gneur d'Acheux, & de Marguerite Fleurton, sont nés plusieurs enfans.

François Tillette d'Acheux, qui étoit l'aîné, fut condamné à mort par sentence de contumace ren-due au bailliage d'Amiens le 29 mai 1688 ; & le 3 juillet suivant, cette sentence fut exécutée par effigie.

Trente ans après cette condamnation, François Tillette d'Acheux ayant prescrit la peine, revint dans le pays, & chercha à s'y marier.

Le sieur de la Boissiere, l'un de ses frères, forma opposition à ses bans; mais une sentence de la sé-néchaussée ordonna qu'il seroit passé outre à la cé-lébration du mariage, & sur l'appel qu'en inter-jeta le sieur de la Boissiere, elle fut confirmée avec amende & dépens par arrêt du 13 août 1720.

Cet arrêt n'étoit pas, dans le sieur d'Acheux, une preuve de l'extinction de la mort civile. Aussi ayant voulu faire valoir la Prescription pour se mettre en possession des biens de sa mère & de ses frères décédés postérieurement à l'époque où elle s'étoit trouvée acquise, le sieur de la Boissiere qui avoit le droit d'aînesse, a soutenu qu'il étoit non-recevable comme mort civilement; & le sieur d'Acheux a été en effet déclaré tel par sentence du bailliage d'Amiens du 9 février 1735.

Le sieur d'Acheux a interjetté appel de cette

fentence; & il s'eft efforcé de faire voir que la mort civile doit fe prefcrire par trente ans.

« Il faut, difoit-il, diftinguer deux fortes d'intérêts, l'intérêt particulier & l'intérêt public. L'intérêt particulier eft la réparation due à l'offenfé; l'intérêt public eft la punition du coupable, & quoique la punition ne foit pas exécutée par la fuite de l'accufé, la partie publique ne laiffe pas d'être fatisfaite.

» Quelque part que foit l'accufé, on fe repréfente fes inquiétudes & fes allarmes; on fe fait une image de fa misère & de fes peines; on ne doute pas que fa confcience & fes remords ne le jugent & ne l'exécutent fans ceffe, s'il eft criminel; & on conçoit qu'un homme ainfi agité eft, en quelque manière, plus à plaindre de voir jour & nuit le glaive de la juftice fufpendu fur fa tête, que fi un prompt fupplice avoit mis fin à fes jours malheureux.

» Cet état eft fi terrible aux yeux de la raifon & de l'humanité, qu'on a cru devoir le limiter à vingt ans; & fi alors le condamné à mort eft à l'abri de la peine, ce n'eft pas pour avoir eu le bonheur de furvivre vingt ans à fon crime, c'eft au contraire pour avoir eu le malheur d'en fupporter le poids en foi-même pendant un fi long temps. On préfume qu'une fi longue pénitence l'a fuffifamment corrigé. Cette préfomption eft fi jufte, que l'églife même dans fa plus grande févérité, n'impofoit aux homicides volontaires qu'une excommunication de la même durée, après laquelle elle les rétabliffoit dans la communion comme purifiés. Combien donc une expiation de trente années doit-elle paroître fuffifante? Quoi qu'il en foit, il eft certain qu'après un tel laps de temps, le condamné à mort n'a plus rien à craindre ni de la partie civile, ni du miniftère public.

» Ces deux intérêts étant enfin appaifés & fatis-faits, quelle apparence qu'il y ait encore quelque peine à fubir par le condamné à mort ainfi reftitué à la vie? En vain voudroit-on fuppofer qu'il de-meure perpétuellement dans les liens de la mort civile. Cette idée ne peut être accueillie que de ceux qui font plus prêts à décider qu'à raifonner, & qui croyent que plus leur décifion eft rigou-reufe, plus elle doit paroître grave & réfléchie.

» En effet, qu'eft ce que la mort civile? Pour ne point parler de celle des religieux dont il ne s'agit pas ici, la mort civile eft l'état de ceux qui font condamnés à la mort ou à d'autres peines qui em-portent la confifcation des biens; états qui les rend incapable d'efter; en jugement, de contracter, de fuccéder, de tefter; incapables, en un mot, de tous les actes de la fociété civile (1). Mais cet état, il a fa caufe : c'eft la condamnation qui elle-même le produit, ou le crime du condamné, s'il eft con-vaincu dans les formes; ou fa contumace, fi fon procès lui a été fait par défaut. Dans ce dernier cas qui eft notre efpèce, la loi veut que fi le con-damné ne fe repréfente point dans les cinq ans du jour de l'exécution figurative, il foit réputé mort civilement dès ce même jour; & pourquoi? C'eft qu'après les cinq ans, la condamnation eft réputée contradictoire, & que le condamné étant regardé comme mort à la nature, il feroit abfurde de ne le

____

(1) Domat, lois civiles, liv, prélimin. tit. 1, fect. 1, n. 12.

pas regarder comme mort à la fociété. Il eſt donc évident que la mort civile en foi n'eſt autre choſe qu'une fiction : ici, même, elle n'eſt qu'un fecond degré de fiction.

» Or tout l'effet qu'on peut attribuer à une fiction, doit aſſurément fe borner à celui de la vérité : cette propofition fera d'autant moins conteſtée, qu'il eſt certain en droit que la mort civile n'équipole point à la mort naturelle, ce qui eſt fi vrai, qu'elle ne fait point ouverture au douaire (1); ainſi dès que le condamné ceſſe d'être regardé comme mort à la nature, il eſt d'une conféquence néceſſaire qu'il renaît à la fociété. S'il peut en toute fûreté paroître parmi les citoyens; fi fon crime eſt prefcrit & fa condamnation anéantie; fi ni partie publique, ni partie privée ne peut plus l'inquiéter, il eſt donc lui-même au nombre des citoyens, & il en peut faire tous les actes du jour qu'il y eſt réintégré; ou bien il faudroit dire que la fiction eſt plus puiſſante que la vérité dont elle n'eſt que l'ombre; que l'effet fubfiſte après la ceſſation de la cauſe; que le plus ne renferme pas le moins; & qu'enfin, le condamné qui a prefcrit contre fa condamnation, eſt toujours néanmoins fous le joug de cette condamnation, quoique prefcrite. Tant d'abfurdités peuvent-elles entrer dans un efprit raiſonnable?

» Il n'y a que l'imprefcriptibilité du crime qui rend la mort civile imprefcriptible. C'eſt une exception qui confirme la règle générale; ou plutôt c'eſt une feconde règle qui n'eſt qu'une fuite & une conféquence de la première; ainſi les condamnés

---

(1) Voyez fur cette aſſertion, l'article DOUAIRE.

pour crime de lèfe-majefté demeurent perpétuellement dans la mort civile, parce que ce crime, le
plus énorme de tous, eft imprefcriptible de fa nature : mais comme c'eft le feul de cette efpèce, il
eft certain que le condamné pour tout autre délit,
peut efpérer que le temps le fera rentrer en grace
avec la loi; c'eft pourquoi le condamné à mort
pour crime même de parricide n'eft pas privé de
cette efpérance. Si après qu'il a prefcrit contre fa
condamnation, il demeure déchu du droit de fuccéder, ce n'eft point qu'il foit incapable des effets
civils en général, mais c'eft qu'il eft indigne d'exercer celui-ci fpécialement, & de participer jamais
au bien d'une famille dans laquelle il a dérangé
l'ordre de fuccéder; car au furplus on n'a jamais
contefté qu'il ne pût contracter & faire tous les
autres actes de citoyen.

« Quand on veut approfondir les caufes de ces
» différences, on découvre bientôt qu'elles font
» fondées fur de grandes raifons.

» Les hommes naiffent à leurs familles, qui
» elles - mêmes font à l'état; & de même que
» chaque famille a fon chef, de même toutes les
» familles enfemble reconnoiffent un chef commun
» dans la perfonne du fouverain qui eft le père de
» tous. Ainfi, quiconque oferoit attenter à la per-
» fonne facrée du légitime fouverain, commettroit
» celui de tous les crimes qui a le plus d'étendue
» dans fes effets, & qui par conféquent doit être
» le plus févèrement puni : d'un côté comme le
» coupable jette le trouble dans tout l'état, il eft
» jufte que jamais l'état ne lui ferve d'afyle; c'eft
» un monftre qui n'a plus de patrie, contre qui
» tous les fouverains doivent s'armer, & pour qui

» l'univers

» l'univers entier ne doit plus être qu'un principe:
» d'un autre côté, comme le souverain, en tant
» que souverain, ne meurt jamais, & qu'il n'y a
» point de Prescription contre lui, il eſt naturel
» que les coupables du crime de leze - majeſté
» trouvent en lui un éternel vengeur. Ce font là
» les cauſes de l'imprescriptibilité de ce crime.

» Ils n'en eſt pas même du crime de parricide;
» à la vérité, ce mot feul fait horreur, mais enfin
» le coupable de ce forfait atroce ne répand le
» deuil que dans fa propre famille. Qu'il en foit
» donc à jamais retranché, que jamais il n'y fuc-
» cède; qu'il ne puiſſe même demander ni rece-
» voir des alimens de fes proches; que par-là, il
» foit forcé, s'il fe peut, de venir tendre la gorge
» au couteau de l'exécuteur : tout cela eſt juſte.
» Mais puiſque la loi lui fait grace après trente
» ans; pniſqu'alors il peut reparoître impunément
» dans la fociété civile; puiſqu'il faut qu'il vive
» enfin, ce feroit une abſurdité de prétendre qu'il
» lui fût interdit d'agir & de contracter comme
» les autres citoyens : voilà pourquoi il eſt en effet
» capable de contracter, encore qu'il fon indigne
» de fuccèder; fon indignité à cet égard, n'étant
» point une indignité abſolue, mais feulement une
» indignité relative.

« Par une fuite de ce raiſonnement, le condam-
» né qui eſt dans le cas du fieur d'Acheux, peut
» non-feulement contracter, mais fuccéder après
» la Preſcription : ajoutons qu'il eſt du bien public
» que cela foit ainſi, parce qu'il feroit très - dan-
» gereux pour la fociété d'y laiſſer rentrer des
» hommes à qui toutes les voies pour fubſiſter

» feroient fermées ; & elles le feroient pour ces
» derniers , fi dépouillés de tous biens par leur
» condamnation , & déchus encore de ceux aux-
» quels ils auroient pu fuccéder depuis trente ans,
» ils demeuroient privés de l'efpérance de toute
» fucceffion future, & de l'exercice des autres
» effets civils. Par - là des vieillards ordinaire-
» ment fans vigueur & fans talens, après avoir
» paffé la meilleure partie de leurs jours dans la
» mifère & dans l'obfcurité , fe verroient fans
» moyen de s'en procurer, &, ce qui feroit plus
» trifte encore, fans action pour demander en juf-
» tice le pain qu'ils pourroient gagner s'il leur
» étoit retenu : car la privation des effets civils
» iroit jufques-là (1). Qu'elle fituation affreufe ?
» L'efclavage fi peu connu & fi abhorré dans nos
» mœurs eft bien moins dur , puifqu'il fuppofe un
» patron chargé du foin de nourrir & de défendre
» fon efclave ; & ici l'homme feroit tellement
» dégradé, qu'il ne lui feroit pas même permis de
» fe plaindre de l'injuftice des autres hommes. La
» fragilité humaine pourroit-elle tenir contre de
» telles épreuves ? De quelle grace l'homme ré-
» duit à cet état n'auroit - il pas befoin pour réfif-
» ter aux tentations dont il deviendroit la proie ?
» La plus forte feroit fans doute de tourner fes

(1) Fauffe maxime. La mort civile ne peut pas empêcher
l'exercice des actions qui naiffent du droit des gens . Voilr
pourquoi un arrêt du parlement de Dijon du 21 février
1684, rapporté par Perrier, queft. 156, a jugé que le comte
de Buffeuil, trente-trois ans après l'exécution figurative d'un
arrêt qui l'avoit condamné à mort, pouvoit efter en jugement, fans être affifté d'un curateur aux caufes.

» mains contre lui - même pour s'arracher une vie
» qui feroit tout fon malheur. Seroit-il donc éton-
» nant qu'une réfolution plus lâche encore lui fît
» tenter quelqu'action plus contraire à l'ordre pu-
» blic ? Ne croiroit-on pas que la loi veuille expo-
» fer des hommes, dont le falut lui eft cher, à de
» fi grands dangers : la loi eft fage; & puifqu'elle
» permet aux condamnés à mort de reparoître
» après un certain temps parmi les citoyens, di-
» fons avec confiance que fon intention eft qu'ils
» en puiffent faire tous les actes ; autrement la
» vie qu'elle leur laiffe feroit plutôt un dernier
» trait de colère qu'un don de fa miféricorde; ce
» ne feroit qu'un fardeau dont elle voudroit les
» accabler.

» Telles font les véritables idées qu'il faut fe
» former fur la mort civile & fur les différentes
» mefures de peines qui appartiennent à chaque
» différens degrés de crime.

A ces raifonnemens, le fieur d'Acheux ajoutoit l'autorité de M. le Bret, de M. Bifnon, & fur-
tout celle de M. Talon ; il citoit un plaidoyer de
ce magiftrat dans une caufe jugée par arrêt du 11
mars 1632, fur la queftion de favoir fi un condamné
à mort par un jugement exécuté en effigie, étoit
recevable, après trente ans, à demander partage
dans la fucceffion de fon père & de fa mère ; & il
obfervoit que fi M. Talon avoit conclu, & l'arrêt
jugé contre ce particulier, c'étoit parce qu'antérieurement à fa condamnation, il avoit fait profeffion dans un couvent.

» Mais (continuoit le défenfeur du fieur d'A-
» cheux) qu'eft - il befoin de chercher des préju-

» gés si loin quand nous en avons un infiniment
» décisif dans l'espèce présente? c'est l'arrêt de la
» cour du 13 août 1720, qui a confirmé les sen-
» tences de la sénéchaussée de Ponthieu, lesquelles,
» sans avoir égard aux oppositions formées par le
» sieur de la Boissière au mariage du sieur d'A-
» cheux, ont ordonné qu'il seroit passé outre à la
» proclamation des bans, & à la célébration de ce
» mariage : c'est donc chose jugée avec le sieur de
» la Boissière lui - même, que la Prescription de
» trente ans a réintégré le sieur d'Acheux, son
» frère, dans tous les droits de cité; car le mariage
» est assurément l'acte le plus respectable de la so-
» ciété civile.

» En un mot, la Prescription dont il s'agit est
» tout-à-la-fois si certaine & si efficace, qu'il n'est
» point d'usage en chancellerie d'accorder en ce
» cas aucune lettre d'abolition, de réhabilitation
» ni autres ; attendu que le laps de trente ans
» éteint la condamnation du crime avec tout ce
» qui en dépend, & que les lettres du prince ne
» pourroient produire plus d'effet que cette grace
» légale : c'est ce qui est attesté par les secrétaires
» du roi les plus employés du grand collège.

» On oppose que la Prescription pour acquérir
» des droits civils, supposeroit dans celui qui la
» prétend, une habilité à acquérir & une capacité
» de posséder ces mêmes droits; car, dit - on,
» nulle Prescription sans possession ; or, le con-
» damné à mort, loin qu'il ait une possession des
» droits civils, est au contraire dans une incapa-
» cité absolue d'en posséder aucun : donc il ne peut
» les acquérir par la Prescription.

» On répond que cette Prescription n'eſt pas
» tant une acquiſition qu'une libération d'une choſe
» onéreuſe dont on eſt chargé. Ce n'eſt pas preſ-
» crire un tel droit, mais c'eſt preſcrire une telle
» charge, une telle ſervitude.

» Le ſieur d'Acheux chargé d'une condamna-
» tion de mort, a preſcrit contre elle par l'eſpace
» de trente ans, en ne la point exécutant.

» Or, dès l'inſtant que ſa mort civile aceſſé par
» la Preſcription, dès cet inſtant même il a été
» rendu à la vie civile, car il n'y a point de milieu
» entre ces deux états. Ainſi, en rentrant dans la
» vie civile, il a repris tous les droits qui en ſont
» inſéparables ; & voilà ce qui fait voir que pour
» les recouvrer, il n'a point été néceſſaire qu'il en
» eût auparavant ni la poſſeſſion, ni même la ca-
» pacité.

» En effet, cette incapacité ne peut ſe diviſer de
» la mort civile parce qu'elle n'en eſt qu'une dé-
» pendance, & qu'elle fait même partie de la peine
» du condamné à mort : ainſi vouloir que la priva-
» tion des effets civils ſubſiſte après qu'il a été
» preſcrit contre la mort civile, c'eſt admettre l'ef-
» fet après la ceſſation de la cauſe ; c'eſt dire que le
» condamné à mort eſt encore ſujet à la peine, en
» avouant qu'il a preſcrit contre la peine : contra-
» diction qui eſt le comble de l'abſurdité. De deux
» choſes l'une, ou la peine eſt éteinte, ou elle ne
» l'eſt pas. Au premier cas, tout ce qui eſt peine
» eſt évanoui ; au ſecond cas, ce qui eſt peine
» doit encore être ſubi. Il faut donc que le ſieur de
» la Boiſſière, pour réuſſir dans ſa prétention, nous
» faſſe voir que ſon frère eſt encore eſclave de la

» peine, *mancipatus carnifici*, comme parlent les
» criminaliftes ; fi fon fyftême ne va pas jufques-
» là, il ne mène à rien ; s'il va là, qu'il en tire lui-
» même la conféquence ».

Tels étoient en fubftance les moyens du fieur
d'Acheux.

M. Sicaud, défenfeur du fieur de la Boiffière,
les a réfutés, 1°. par les ordonnances du royaume,
2°. par les difpofitions du droit romain, 3°. par la
jurifprudence des arrêts, 4°. par le fuffrage de MM.
les avocats généraux & des auteurs.

« 1°. L'ancien ufage du royaume (difoit - il),
» expliqué dans les capitulaires de Charlemagne,
» n'étoit pas de condamner à mort par contu-
» mace ; on banniffoit feulement l'accufé, on fai-
» foit une annotation de fes biens ; & s'il laiffoit
» paffer l'année de cette annotation fans fe pré-
» fenter, & fe juftifier, fes biens étoient confif-
» qués fans retour.

» Lorfqu'il a été introduit de condamner à mort
» par contumace, on a confervé pendant long-
» temps l'ufage de ne donner qu'un an au con-
» damné pour fe repréfenter; après quoi, en quel-
» que temps que le condamné fe préfentât, quoi-
» qu'il parvînt à fe juftifier, il perdoit les fruits de
» fes biens qui avoient été faifis; & s'il étoit pris
» au lieu de fe préfenter, on l'exécutoit fans nou-
» velle procédure.

» Par l'article 28 de l'ordonnance de Moulins
» du mois de février 1566, au lieu d'un an, on
» a accordé cinq ans aux condamnés par coutu-
» mace pour fe repréfenter, à compter du jour de
» la condamnation ; mais faute par eux de fe re-

» préfenter, on a ordonné qu'ils perdroient, non-
» feulement les fruits de leur héritage , fuivant
» ces anciennes ordonnances, mais auffi la pro-
» priété de tous leurs biens adjugés par juftice,
» fans pouvoir être répétés ni du roi, ni des fei-
» gneurs hauts-jufticiers , ni des parties civiles.
» Il a néanmoins été réfervé au roi de les recevoir
» à efter à droit, & fe purger après les cinq ans,
» & même de leur remettre la rigueur de cette
» ordonnance.

» Me René Chopin dit , fur la coutume d'An-
» jou , livre 5, chapitre 2 , titre 5 , nombre 22 ,
» que cet article de l'ordonnance de Moulins étoit
» obfervé étroitement au palais , & qu'en confé-
» quence les condamnés à mort par contumace,
» n'étoient pas rétablis dans leurs biens après les
» cinq ans, encore qu'ils fe repréfentaffent & fe
» foumiflent à prouver leur innocence, ainfi qu'on
» le voit par l'exemple d'un arrêt prononcé à l'au-
» dience de la tournelle le 14 juillet 1582.

» En mettant les condamnés dans la néceffité
» d'avoir recours au prince afin d'avoir des lettres
» pour efter à droit, & fe purger après les cinq
» ans , l'ordonnance de Moulins décide qu'ils font
» morts civilement. *Cette faculté*, dit Bornier fur
» l'article 29 du titre 17 de l'ordonnance de 1670,
» *ne pouvoit leur revenir que par la grace du prince*,
» *d'autant qu'ils avoient perdu la vie civile, qui en*
» *étoit le principe.*

» On regardoit en effet les condamnés à mort
» par contumace, comme étant mort civilement,
» s'ils ne s'étoient pas repréfentés dans les cinq ans,
» & ils n'avoient après cela que deux moyens pour

» revenir à la vie civile ; l'un étoit de demander
» au roi des lettres pour efter à droit, *& fe purger,*
» s'ils étoient innocens ; & l'autre étoit d'obtenir,
» s'ils étoient coupables, des lettres de grace,
» qui les remiffent dans leur premier état.

» C'eft ce que la déclaration du 26 novembre
» 1639 fait connoître clairement en prononçant,
» par l'article 6, l'incapacité de fuccéder contre
» les enfans procréés par ceux qui fe marient,
» après avoir été condamnés à mort, même par
» défaut. *Si avant leur décès, ils n'ont été remis*
» *au premier état fuivant les voies prefcrites par*
» *les ordonnances.*

» De ce qu'en haine du crime, & à caufe de
» l'infamie que la condamnation produit, la dé-
» claration de 1639 frappe les enfans des per-
» fonnes condamnées à mort, jufqu'à leur faire
» fupporter une partie de la mort civile, quoi-
» qu'ils foient innocens ; il s'enfuit qu'elle re-
» garde les perfonnes condamnées à mort, comme
» étant dans l'état de mort civile, & incapables
» de toute fucceffion à caufe de leur condamna-
» tion.

» Ces termes, *avant leur décès,* embraffent
» toute la vie des condamnés, & il en réfulte qu'ils
» reftent morts civilement pendant toute leur vie,
» quelque longue qu'elle foit, à moins qu'ils
» n'aient été remis *au premier état,* de la manière
» dont la déclaration le prefcrit.

» Il ne peut y avoir d'équivoque fur ce que la
» déclaration exige, pour que ces condamnés
» foient remis en leur premier état, parce qu'elle
» dit précifément que ce doit être *fuivant les voies*

» *preſcrites par les ordonnances.* De - là il ſuit que
» c'eſt dans les ordonnances uniquement qu'il faut
» prendre les moyens de cette reſtitution.

» Les moyens qu'on trouve dans les ordonnances pour remettre les condamnés *à mort dans
leur premier état*, c'eſt de ſe repréſenter dans les
cinq ans, & ſe juſtifier. C'eſt de prendre après les
cinq ans des lettres pour eſter à droit, & ſe purger.
C'eſt obtenir, quand ils ſont coupables, des lettres
de pardon, de rémiſſion ou d'abolition, ſelon la
nature du crime, avec reſtitution en leur premier
état.

» On ne trouve point dans les ordonnances que
la Preſcription de trente ans puiſſe produire cet
effet, & on ne peut imaginer qu'elle le produiſe.
Premièrement, ce n'eſt pas une déclaration d'innocence, un moyen de ſe juſtifier, une juſtification,
une abſolution ; c'eſt ſeulement, comme on l'explique en 1665, dans la cauſe de la Morineau, rapportée au journal des audiences, une exception,
un aſſoupiſſement des lois, une exemption de la
peine de mort, un paſſage de l'appréhenſion de
mort à l'aſſurance de la vie, un aſyle, un bou-
clier qui met à couvert de toutes les attaques, de
toutes les priſes, de tous les foudres que la juſtice
lève & lance ſur les têtes criminelles.

» Secondement, il ne ſeroit pas excuſable de
comparer la Preſcription de trente ans à une grace
telle que le prince peut l'accorder en vertu de ſa
pleine puiſſance, puiſqu'on ne peut dire qu'elle
efface l'infamie, qu'elle procure aux condamnés
la reſtitution des biens qui ont été confiſqués, &
des amendes qui ont été perçues ; qu'elle les faſſe

rentrer dans les fucceffions directes ou collatérales qui ont paffé à d'autres fujets pendant les trente ans.

» Si la Prefcription de trente ans ne peut remettre les condamnés à mort dans leur premier état, il s'enfuit, aux termes de la déclaration de 1639, qu'elle ne peut les reftituer à la vie civile, & qu'ainfi, nonobftant cette Prefcription, ils reftent, pendant toute leur vie, dans l'état de mort civile, à moins qu'ils n'aient été juftifiés, ou aient obtenu des lettres du prince, pour être remis dans leur premier état.

L'ordonnance de 1670 ne permet pas d'en douter. Jufques-là, il s'étoit levé beaucoup de difputes fur l'étendue & les effets de la mort civile des condamnés à mort. L'article 29 du titre 27 de l'ordonnance de 1670, a fait une loi générale qui eft de réputer mort civilement du jour de l'exécution de la fentence, celui qui aura été condamné à mort par contumace, & qui décédera après les cinq ans, fans s'être repréfenté.

» L'ordonnance dit *celui qui décédera*; & par-là, elle embraffe, comme la déclaration de 1639, la vie entière des condamnés, quelque longue qu'elle puiffe être; ainfi dans le cas où les condamnés ne fe repréfentent pas dans les cinq ans, ils demeurent morts civilement pendant toute leur vie.

» Tout eft confommé, dit un criminalifte moderne (1) par le défaut de repréfentation des condamnés pendant les cinq ans.

» C'eft ce qui fait que dans ce cas l'ordonnance

---

(1) Bruneau, pag. 196.

refuſe à la veuve , aux enfans, aux héritiers du condamné, la faculté de ſe pourvoir de plein droit en juſtice , pour purger la mémoire du condamné (article 2 , titre 27).

› C'eſt ce qui fait que par l'article 28 du titre 17, après ce délai de cinq ans, les ſentences de mort ſont réputées contradictoires , & il eſt ordonné qu'elles vaudront comme arrêt ; elles doivent par conſéquent avoir perpétuellement leur exécution pour la mort civile , à moins qu'il n'y ait quelqu'exception.

› C'en eſt une de ſe juſtifier , & c'eſt pour cela que par l'article 28 du titre 17, le roi, ſuivant l'ordonnance de Moulins , s'eſt réſervé la faculté de recevoir les condamnés par contumace à eſter à droit après les cinq ans, en leur accordant des lettres *pour ſe purger.*

Les condamnés à mort peuvent auſſi, ſuivant le titre 16 de l'ordonnance de 1670, avoir recours à la clémence du roi pour obtenir des lettres de pardon, de rémiſſion ou d'abolition, qui les remettent dans leur premier état.

› A l'exception de ces deux cas, c'eſt-à-dire , à moins que les condamnés à mort n'ayent été juſtifiés ſur des lettres d'eſter à droit , ou qu'ils n'ayent été remis dans leur premier état par des lettres du prince , s'ils décèdent ſans s'être repréſentés pendant les cinq ans de la contumace, il faut dire qu'ils ſont reſtés pendant toute leur vie dans l'état de mort civile.

› La Preſcription de trente ans ne pouvant, comme on vient de l'expliquer , ſervir de juſtification, ou être comparée à la grace du prince, il s'enfuit qu'elle ne peut rendre aux condamnés à mort la vie civile qu'ils ont perdue, faute de s'être représentés dans les cinq ans de la contumace.

» Comment cette Prefcription pourroit-elle rendre la vie civile, lorfque dans les cas où il n'y a pas de condamnation à mort, après que le condamné a fatisfait à la peine, il a befoin de lettres de réhabilitation en fes biens & bonne renommée.

» *Il en a befoin*, dit Bornier fur l'article 5 du titre 16, *après avoir fatisfait à la peine, pour effacer la note d'infamie, & l'incapacité d'agir civilement* qui lui refte. La fatisfaction pour la peine, de quelque façon qu'elle foit faite, par exécution réelle ou par Prefcription, n'ôte donc ni l'infamie ni l'incapacité d'agir civilement : elles reftent après cette fatisfaction, & il n'y a que le prince qui puiffe les effacer.

» L'application de ces principes à l'efpèce préfente eft fenfible. Il n'y a pas ici à difputer, pour favoir fi la Prefcription de trente ans a remis le fieur d'Acheux dans le premier état.

» Il ne s'eft pas repréfenté pendant les cinq ans pour fe juftifier, & par-là il doit être réputé mort civilement du jour de l'exécution de la fentence de 1688. Après les cinq ans, il n'a pas demandé des lettres d'efter à droit pour fe purger ; il ne rapporte point de lettres du prince qui l'ayent remis en fon premier état ; il ne peut dire par conféquent qu'il foit dans fon premier état ; il n'y eft pas effectivement.

» Pourroit-on en douter, lorfque de fon aveu fait dans fa requête du 31 janvier 1735, & fur l'appel de la fentence du 9 février dont il s'agit, il eft refté pendant trente ans dans l'état de mort civile ; que cette incapacité lui a fait perdre la fucceffion de fon père & d'une tante qui font décédés dans les trente ans. Il ne peut d'ailleurs prétendre que l'infamie réfultante de la fentence de 1688, foit effacée, la nature de fa condamnation oblige même d'obferver qu'il y a d'autres taches fubfiftantes.

» Donc aux termes de l'ordonnance de Moulins, de la déclaration de 1639, & l'ordonnance de 1670, il eft actuellement dans l'état de mort civile, quoiqu'il fe foit libéré de la peine de mort par la Prefcription de trente ans. Donc il a été juftement déclaré non-recevable dans la demande qu'il a formée au bailliage d'Amiens, pour être admis au partage des biens de fa mère & de fes frères & fœurs qui font décédés depuis trente ans, après la fentence de 1688.

» 2°. C'eft dans le droit romain que le fieur d'Acheux cherche le fonds de la Prefcription qu'il oppofe, & il argumente de ce qu'a l'exemple des Grecs, on y a reçu la Prefcription de vingt ans contre le crime, & la Prefcription de trente ans contre la condamnation. Il cite Démofthènes pour les Grecs, Cicéron pour les Romains ; il fait auffi quelques raifonnemens fur la loi *quærela*, au code, *ad legem Corneliam de falfis*, fur la loi troifième au code, *de Præfcriptionibus 30 vel 40 annorum*.

» A juger du fentiment de Démofthènes & de Cicéron, par le rapport qu'en a fait le fieur d'Acheux, il ne peut en tirer aucun avantage, parce que l'un auroit parlé du malheur, des remords, des inquiétudes, du défefpoir qui accompagnent l'accufé dans *fa fuite*, l'autre auroit parlé du cas où *il eft queftion de la fûreté de la vie :* ces idées ne s'appliquent qu'à la peine de la mort naturelle dont il ne s'agit pas ; elles ne décident rien pour la mort civile dont il s'agit uniquement.

» La loi *quærela* ne peut fervir au fieur d'Acheux , parce qu'elle n'a lieu que pour de fimples actions criminelles, dont l'extinction qui fe fait par la Prefcription de vingt ans, laiffe l'accufé au même état qu'il étoit avant le crime; il n'en eft pas de même lorfqu'il eft intervenu un jugement définitif qui a été exécuté par effigie; alors il faut trente ans pour prefcrire, & cette Prefcription n'éteint ni le crime ni le jugement. Voyons ce qu'elle peut opérer dans le droit romain pour les condamnations que le jugement prononce , ou pour les effets qu'il produit.

» Il eft de principe dans le droit romain , & ce principe eft reçu chez toutes les nations, que pour s'affranchir *d'un droit paffif, d'une telle charge , d'une telle fervitude,* par la Prefcription de trente ans , il faut en avoir poffédé la libération pendant trente ans. Le fieur d'Acheux convient que par la fentence de 1688 , il eft tombé dans l'état de mort civile , que pendant les trente ans il n'en a pas poffédé la libération. De-là il fuit qu'il ne s'en eft pas affranchi par le laps de ces trente ans.

» Il dit qu'il n'a pas exécuté fa condamnation pendant trente ans , & il prétend que par-là il s'eft libéré , non-feulement de la mort naturelle , mais auffi de la mort civile.

» La maxime du droit romain , *tantum præfcriptum quantum poffeffum* (autant prefcrit que poffédé) , qu'on fuit en France & chez toutes les nations, fert de folution à cet argument. Il eft vrai que le fieur d'Acheux n'a pas exécuté fa condamnation pour la peine de mort naturelle pendant trente ans ; voilà ce qui fait qu'il s'en eft affranchi à perpétuité par la Prefcription de trente ans ; mais il a perpétuellement exécuté fa condamnation pour la mort civile pendant les trente ans ; c'eft ce qui fait que cette Prefcription ne peut lui fervir pour l'affranchir de la mort civile.

» Le droit romain fournit d'autres argumens auxquels il n'eft pas poffible de réfifter. Il eft décidé par la loi 29, ff. *de pœnis*, que le condamné à mort perd la vie civile à l'inftant de fa condamnation, & que cette peine précède la mort naturelle, quelquefois pendant long-temps (1).

De là il fuit que la peine de mort naturelle & celle de la mort civile, font deux fortes de peines diftinguées, dont l'une peut fubfifter fans l'autre, quoiqu'elles ayent le même principe : par une fuite néceffaire, l'homme condamné à mort peut prefcrire contre la mort naturelle fans prefcrire contre la mort civile.

» D'Argentré, dans fa première confultation, applique cette loi aux fentences de mort rendues par contumace, qui, fuivant notre ufage, s'exécutent par effigie, & il dit que, quoique les condamnés ne meurent pas, ils font tenus pour morts, efclaves de la peine, incapables de tous effets civils, de tous droits, de tous honneurs ; que

___

(1) Qui ultimo fupplicio damnantur, ftatim, & civitatem, & libertatem amittunt, itaque hic cafus præoccupat mortem & non nunquam longum tempus occupat.

cette peine eſt perpétuelle, qu'elle eſt immuable, qu'elle ſuit les condamnés en tous lieux, à moins qu'ils ne ſe juſtifient ou ne ſoient reſtitués par lettres du prince.

» Par la loi première, au digeſte *de bonorum poſſeſſione contrà tabulas*, §. 8 & 9, on voit que chez les romains les condamnés aux mines ou ſeulement à la déportation, avoient beſoin de la reſtitution du prince, pour jouir des effets de la vie civile. *Si reſtituti ſint.*

» Aux termes de la loi 3, au code, *de generali abolitione*, l'indulgence du prince n'affranchiſſoit que de la peine, *pœnæ gratiam facit*, ce qui s'entend, ſuivant Denis Godefroy, de la peine corporelle (*pœnam corporalem*), de là il ſuit que les autres peines reſtoient ſur les condamnés : la loi le décide formellement, en diſant que la peine d'infamie n'eſt pas effacée, *nec infamiam criminis tollit.* Elle dit même que l'indulgence du prince note les condamnés, *quos liberat, notat.*

» Il eſt certain néanmoins que parmi les romains, le prince pouvoit reſtituer les condamnés en entier ; cela eſt établi par la loi première, au code, *de ſententiam paſſis & reſtitutis ;* mais pour qu'un condamné fût reſtitué en entier, il falloit, ſuivant cette même loi, que le prince eût parlé en ces termes : *Honoribus & ordini tuo, & omnibus cæteris te reſtituo.* (je vous reſtitue dans vos honneurs, dans votre rang, & à tous effets). Il eſt dit dans la loi 5, au même titre, que le condamné aux mines ne pouvoit obtenir la reſtitution de ſes biens qui avoient été juſtement confiſqués, à moins que le prince ne la lui eût accordée ſpécialement, *niſi*

ſpeciale

speciale beneficium super hoc fuerit impetratum.

» Le sieur d'Acheux ne s'étant pas justifié, & n'ayant pas obtenu des lettres du roi pour être rétabli dans l'état dont il jouissoit avant la sentence de 1688, il s'ensuit, à raisonner de sa situation par les dispositions du droit romain, que pour être libéré de la peine de mort naturelle par la Prescription de trente ans, il ne l'est pas des autres peines que son crime a produites, singulièrement de la mort civile.

3°. Après ces détails, M. Sicaud passe à la jurisprudence des arrêts, & fait voir que celui du 15 mars 1655 rappelé ci-dessus, a décidé la question, quoique pour une succession échue avant la Prescription acquise, puisqu'il a jugé que cette Prescription n'efface point la mort civile, & ne produit que l'impunité du crime.

Le sieur d'Acheux, (continuoit M. Sicaud), veut que tout soit éteint par la Prescription, & les peines, & la sentence & le crime ; par les arrêts, il est décidé que la sentence subsiste & doit subsister à perpétuité ; que le crime ne pourroit être aboli que par des lettres du prince, & que n'y ayant pas de lettres du prince, la mort civile, l'infamie, la flétrissure subsistent. L'arrêt même du 11 mars 1632 qu'il cite, en est une preuve, puisque, lors de cet arrêt, M. le premier président étant aux opinions, demanda si le condamné avoit obtenu des lettres ; à quoi son avocat ayant répondu que non, il fut déclaré non-recevable à recueillir les successions de ses parens décédés après les trente ans.

4°. M. Sicaud fait voir ensuite que pour bien entendre les sentimens de messieurs les avocats généraux, Servin & le Bret, qu'oppofe le fieur d'Acheux, il faut obferver que dans une fentence de condamnation à mort, il y a la peine de mort, la confifcation, l'amende, les intérêts civils, les dépens, l'incapacité des effets civils, & l'infamie qui en réfultent.

« Comme ce font diverfes peines jugées telles, dont l'une peut fubfifter fans l'autre, il faut dire qu'on peut s'affranchir des unes par la Prefcription de trente ans fans fe libérer des autres, & que cela dépend de l'exécution, ou inexécution; il faut dire en conféquence :

Premièrement, que tout ce que le condamné à mort n'exécute pas pendant trente ans, & tout ce qui n'eft pas confervé par des pourfuites, peut être éteint par la Prefcription.

Secondement, que tout ce qu'il exécute pendant les trente ans, ou qui eft confervé par des pourfuites, ou des minorités, ne laiffe pas de fubfifter pendant les trente ans qu'il exécute la mort civile : donc il n'en acquiert pas la libération par la Prefcription de trente ans, qui le libère des peines corporelles.

M. Sicaud montre après cela que Bardet ne rapporte pas fidellement le fentiment de M. Talon dans la caufe jugée en 1732; que fon erreur eft prouvée par l'arrêt dont le fieur de la Boiffiere avoit levé une expédition ; que d'ailleurs dans Bardet même, & dans la caufe de Guerou, jugée par arrêt du 23 juillet 1626, M. Talon dit que le condamné demeure *perpétuellement incapable des effets civils, s'il n'eft entièrement reftitué & payé.*

» A ces hommes illuftres, il faut·joindre M. l'avocat-général le Nain, dont les vertus de tout genre ont fait l'objet de notre amour & de notre respect. Qui pourroit avoir oublié l'attention qu'il avoit d'instruire le barreau sur tout ce qui pouvoit regarder l'intérêt public? Il le fit dans une cause jugée par arrêt du 25. mars 1709, rapporté au journal des audiences.

» Il s'agissoit de la capacité des enfans d'un homme condamné à mort qui s'étoit marié dans les cinq années de la contumace, & étoit décédé sans s'être représenté dans les cinq ans.

» Deux questions furent proposées entre plusieurs autres ; l'une étoit de savoir si les enfans sont incapables de succession collatérale, ainsi que de la succession de leur père condamné? Nulle différence, dit M. le Nain, dans le principe, parce qu'un *condamné à mort qui décède après les cinq ans, perd le droit de cité ;* & l'ordonnance de 1639 dit, *toutes successions.*

Une seconde question fut de savoir, si pour assurer leur état, les enfans pouvoient prescrire le crime de leur père par trente ans. M. le Nain dit que si la Prescription de trente ans avoit été acquise par le défunt, la question seroit plus difficile, quoiqu'on pût dire, que si *on prescrit la peine du crime, on ne prescrit point pour acquérir le droit de cité.*

« M. de Catellan, tom. 1, livre 2, chapitre 68, dit que l'absolution du condamné à mort a un effet retroactif pour les successions échues pendant la contumace ; mais lorsqu'il demande si la Prescription de trente ans aura le même effet, il résout le contraire, & les raisons qu'il en rend sont, que la Prescription de trente ans est une exception que le temps fournit au prévenu, pour le mettre à couvert de toute pourfuite ; que ce n'eft pas une innocence juftifiée, que c'eft un payement de la peine due au crime, lequel eft préfumé fait par les craintes & les inquiétudes du prévenu pendant les trente ans. Il le compare à celui qui *prefcrit une créance ordinaire*. Toutes ces raifons concourent à décider que le condamné à mort eft incapable des fucceffions échues depuis la Prefcription de trente ans ; & elles confirment une partie des moyens du fieur de la Boiffiere.

» Le Brun, dans le traité des fucceffions, livre 1, chapitre 2, fection 3, diftinction 3, nombre 11, Bafnage fur l'article 132 de la coutume de Normandie, & Domat, partie 2, livre 1, titre 1, fection 2, article 36, font du même fentiment.

» On trouve dans les ordonnances, & dans toutes les lois la néceffité d'en conferver la vigueur, l'inconvénient de remettre pleinement les condamnés à mort dans leur premier état après trente ans ; l'utilité de laiffer les familles dans l'ordre de fuccéder où elles fe trouvent après trente ans ; chacune de ces raifons & toutes enfemble, peuvent avoir produit depuis quelque temps l'ufage de ne point accorder de lettres après trente ans.

» C'eft pour le fieur d'Acheux une reffource inutile d'alléguer cet ufage, puifqu'il ne peut en réfulter autre chofe, finon qu'on doit le juger dans l'état où il fe trouve. Aux termes de l'ordonnance de 1670, il eft actuellement dans l'état de mort civile, pour ne s'être pas repréfenté pendant les cinq ans de la contumace ; il eft par conféquent incapable de toute fucceffion ».

Telle étoit la défenfe du fieur de la Boiffiere. Elle étoit trop victorieufe pour ne pas emporter tous les fuffrages ; & en effet, par arrêt du 6 mars 1738, rendu à la grand'chambre au rapport d'un magiftrat célèbre, **M.** Servert, la fentence du bailliage d'Amiens a été confirmée avec amende & dépens (1).

---

(1) M. Richer, dans fon traité de la mort civile, pag. 545, applaudit avec raifon à la juftice & à l'exactitude de cette décifion. Mais il foutient que la jurifprudence du parlement de Touloufe y eft contraire. Voyons comment il le prouve.

Il y en a, dit-il, trois arrêts. « Le premier, qui eft du » 16 juillet 1666, paroît d'abord avoir jugé contre notre » fentiment : mais la condamnation n'avoit point été exé- » cutée par effigie ; ainfi il n'y avoit point de mort ci- » vile.

» Le fecond, qui eft du 28 août 1669, a jugé préci- » fément contre notre fentiment, puifqu'il a décidé que la » Prefcription acquife par un condamné à mort, ne le » rend pas, il eft vrai, habile à fe faire adjuger les fuc- » ceffions échues pendant trente ans : mais qu'après ce » temps expiré, il acquiert la capacité de recueillir celles » qui font échues depuis.

» Le troifième, qui eft du 23 août 1731, eft pareillement » contre notre opinion. Ainfi il faut tenir pour conftant que » la jurifprudence du parlement de Touloufe eft contre » nous. »

Cela n'eft pourtant pas auffi *conftant* que M. Richer l'avance.

D'abord, des trois arrêts fur lefquels il s'appuie, les deux premiers ne font pas du parlement de Touloufe ; mais de celui de Bordeaux : on les trouve l'un & l'autre dans le recueil de la Peyrere, lettre P, nombre 67, & lettre S, nombre 212.

Enfuite, le fecond arrêt ne paroît pas même avoir jugé ce que lui prête M. Richer. Ecoutons la Peyrere : « Arrêt » du 28 août 1669, au rapport de M. Batatet, à la feconde » des enquêtes : Martin Moreau ayant été condamné à » fouffrir mort par défaut, pour raifon d'un meurtre, &

Il paroît que le fieur d'Acheux avoit preffenti cet arrêt. Car, dans l'intervalle de l'inftruction au jugement, il avoit pris une voie qui ouvroit une queftion nouvelle. Le 4 avril 1737, il s'étoit conftitué prifonnier à la conciergerie du palais, pour purger la contumace.

» exécuté en effigie, vient après trente ans, & demande » à fes frères la portion en la fucceffion de fes père & » mère, qui lui étoit échue pendant fa contumace : jugé » qu'il ne pouvoit avoir part aux fucceffions échues pen » dant fa contumace, ains feulement à celles qui lui pour » roient échoir depuis trente ans ». Cet arrêt a-t-il vraiment décidé que Martin Moreau avoit droit aux fucceffions *qui lui pourroient échoir depuis les trente ans* ? Il eft difficile de fe le perfuader. Que demandoit Martin Moreau ? Des *fucceffions échues pendant fa contumace*, la fucceffion *de fes père & mère*, rien de plus. Les juges n'ont donc pas pu étendre leur décifion à des objets qui n'étoient pas conteftés. Peut-être n'ont-ils fait que réferver à Martin Moreau le droit de faire valoir fes prétentions fur les fucceffions qui s'ouvriroient à l'avenir, les défenfes & exceptions de fes adverfaires fauvés ; peut-être auffi la Peyrere, en employant les mots, *ains feulement aux fucceffions qui lui pourroient échoir depuis les trente ans*, n'a-t-il voulu que donner fa propre opinion fur un point qu'il n'avoit probablement pas examiné. Ce qui fortifie notre conjecture, c'eft que dans un autre endroit, fous le n°. 67 de la lettre P, il parle encore de cet arrêt, & n'en fait tomber la décifion que fur les fucceffions échues avant les trente ans. Voici fes termes : « La Prefcription de vingt » ou trente ans acquife par un condamné, ne le rend pas » habile à reprendre les fucceffions échues pendant ledit » temps de vingt ou trente ans. Ainfi jugé par arrêt du 28 » août 1669. »

En voilà certainement plus qu'il n'en faut pour élever dans tout efprit raifonnable, les doutes les mieux fondés fur la véritable décifion de cet arrêt, & empêcher qu'on ne l'employe comme autorité fur la queftion qui nous oc-

On comprend en effet que s'il étoit parvenu à
se justifier, sa mort civile n'auroit plus subsisté, &
il n'auroit plus eu besoin de tirer avántage de la
Prescription de son crime.

Cette voie extraordinaire ne rencontra d'abord
aucun obstacle. Dès le lendemain 5, il obtint un
arrêt sur requête, qui ordonna qu'il seroit transféré dans les prisons d'Amiens pour être fait droit
sur sa demande.

Les juges d'Amiens l'admirent effectivement à
purger la contumace, & lui firent subir interrogatoire. Quelques jours après, ils déclarèrent nulle
l'information sur laquelle il avoit été condamné,
& ordonnèrent qu'on informât de nouveau.

Le sieur d'Acheux appela de la seconde partie
de cette sentence, & sur son appel, il intima M. le
procureur-général.

De son côté, M. le procureur-général forma
opposition à l'arrêt du 5 avril 1737, qui avoit ren-

---

cupe : du moins faudroit-il, avant d'en faire usage, le vérifier sur les registres du parlement de Bordeaux.

Reste l'arrêt du parlement de Toulouse du 23 août 1731,
Mais, 1°. M. Richer n'en indique point l'espèce; il ne
dit pas même de qui il la tient, & une chose certaine,
c'est qu'il n'est rapporté dans aucun des recueils d'arrêts
qu'on a de ce parlement. 2°. Nous le trouvons cité dans les
mémoires faits en 1737 pour le sieur d'Acheux, mais il
n'y est présenté que comme ayant jugé qu'*après vingt ans
le crime & les actions pécuniaires sont également prescrits*. 3°. Enfin, ce seul arrêt quel qu'il soit, ne peut pas
former une jurisprudence *constante*; & dès-là, il n'est pas
vrai, comme l'assure M. Richer, qu'il soit *constant* que
le parlement de Toulouse ait sur notre question des maximes
opposées à celles du parlement de Paris.

voyé le fieur d'Acheux au bailliage d'Amiens, &
il fe rendit appelant de tout ce qui avoit été fait
dans ce fiège d'après ce même arrêt.

La caufe portée à l'audience de la Tournelle, il
fut queftion de favoir fi la Prefcription de trente
ans qui avoit mis la partie publique dans l'impuiffance de faire aucune pourfuite contre le fieur
d'Acheux, devoit par réciprocité empêcher le fieur
d'Acheux de faire preuve de fon innocence, & fi
la fociété avoit prefcrit contre lui fon incapacité,
comme il avoit prefcrit contr'elle fon impunité. Le
miniftère public foutenoit l'affirmative fur l'un &
l'autre point.

Pour tâcher, au contraire, d'établir la négative,
M. Simon de Mofa, défenfeur du fieur d'Acheux,
diftinguoit les deux difpofitions de la fentence du
bailliage d'Amiens, dont étoit appel.

« La première difpofition (difoit-il) qui déclare
l'information nulle, eft jufte.

» Une information dans laquelle le greffier n'a
point figné les dépofitions des témoins, & où les
témoins ne font point interpellés de déclarer s'ils
font parens, aliénés, ferviteurs, ou domeftiques
des parties, eft nulle, & ne peut être regardée
comme une information. Perfonne n'ignore que
toute formalité en matière criminelle eft de rigueur, & que la nullité de la procédure eft de droit,
s'il y en a quelqu'une qui n'ait pas été obfervée,
foit que l'ordonnance l'ait prononcée ou non.

» Ce qui rend un criminel digne de mort, c'eft
qu'il a, pour ainfi dire, contracté avec la loi, &
qu'il s'eft foumis, dès qu'elle a été publiée, à
toutes les peines qu'elle prononce.

» Mais la loi s'eft aufli impofé les conditions

fous lefquelles elle le condamnera; ces conditions font les formalités.

» Et ces formalités font encore plus de rigueur en matière d'abfence, que lorfque l'accufé eft préfent; pourquoi? Parce qu'étant préfent, il peut fe défendre; il faut donc lui remplacer, fi on peut, cet avantage.

» Si ces formalités effentielles manquent, il n'y a point d'acte, point de procédure, point de jugement. Il exifte un être phyfique, un parchemin, mais fans force & fans vertu, incapable de produire aucun effet; tout eft nul de plein droit.

» Le rien ne produit rien, ce qui eft nul n'a point d'effet; il n'y a donc ni condamnation, ni peine de la condamnation : la loi n'en a point prononcée; au contraire, elle n'a pu, puifqu'elle n'en prononce que dans le cas d'une procédure valable. Elle feroit donc en contradiction avec elle-même, ainfi il n'y a ni contumace, ni mort civile. Qu'on ne dife pas que c'eft fubtilité toute pure, cela eft inconteftable, ces principes font écrits dans l'ordonnance.

» Il ne refte donc plus qu'une plainte rendue il y a près de cinquante ans, plainte ifolée qui ne peut être le fondement d'aucune inftruction; elle eft prefcrite; le miniftère public, les parties civiles, tous font fans action pour pourfuivre la vengeance du crime qu'on fuppofe.

» Il eft donc contre la règle & contre les principes d'avoir ordonné qu'il feroit fait une nouvelle information.

» On doit accorder au fieur d'Acheux la liberté qu'il demandoit; & en effet dès qu'un homme eſt innocent, rien n'eſt plus juſte que la demande qu'il forme pour être mis en liberté; comme, au contraire, rien n'eſt plus injuſte que de ne pas la lui accorder : or le ſieur d'Acheux eſt innocent du délit porté dans la plainte de 1688, il l'eſt à ſes yeux, & dans l'intérieur de ſa conſcience, qui ne lui reproche rien, il l'eſt aux yeux de la juſtice, dès qu'il n'y a point de charge contre lui qui puiſſe le faire regarder comme coupable.

» Il n'y a point de milieu entre être innocent & être coupable; pour être coupable, il faut qu'il ſoit convaincu par des charges : or ici il n'y a point de charges, l'information eſt nulle, elle ne peut faire preuve, elle ne peut le charger; la conſéquence néceſſaire eſt qu'il eſt innocent; la preuve complette de ſon innocence conſiſte en cela même, qu'il n'y a point de preuves qu'il ſoit coupable; l'innocence eſt toujours préſumée quand il n'y a point de preuve de délit : n'y a-t-il pas de l'injuſtice, de l'inhumanité à ne pas accorder la liberté à un innocent, à un homme contre lequel il n'y a & 'ne peut y avoir aucune preuve qu'il ſoit coupable?

» Mais, dit-on, le ſieur d'Acheux n'eſt plus à temps pour ſe repréſenter & ſe mettre en priſon, en conformité de l'article 18 du titre 17 de l'ordonnance de 1670 : il a laiſſé écouler plus de trente ans depuis la ſentence de contumace & de ſon exécution : il a bien preſcrit contre la peine qui eſt prononcée, mais la ſentence a, par le même laps de temps, preſcrit contre lui la mort civile qui étoit attachée à la peine : il n'a plus d'être civil pour eſter à droit, il ne l'a pu que dans les cinq ans du jugement de contumace, ou du moins il a dû se préfenter dans les trente ans.

» Qu'il foit permis de dire que ces propofitions font contraires à l'humanité. Y auroit-il donc un temps où l'innocent injuftement condamné ne feroit plus recevable à juftifier fon innocence? Nous voyons que parmi les romains, il n'y avoit jamais de Prefcription en matière criminelle contre les accufés, & qu'au contraire la Prefcription étoit ouverte aux accufés contre la peine & la pourfuite du crime. Nos lois éclairées par la religion feroient-elles donc moins juftes que celles qu'on a faites dans les ténèbres du paganifme ? Non, & il ne fera pas difficile de s'en convaincre.

» Premièrement; par l'arrêt de la cour du 5 juin 1737, qui a ordonné fur la requête même du fieur d'Acheux, qu'il feroit transféré dans les prifons d'Amiens : c'eft une approbation manifefte de la démarche du fieur d'Acheux, & une reconnoif-fance de l'effet qu'elle devoit avoir. Car fi en fe repréfentant, il n'avoit pas anéanti toute la contumace, s'il n'eût pas été à temps pour l'effacer par la repréfentation de fa perfonne, on n'auroit pas ordonné qu'il feroit transféré dans les prifons d'Amiens ; ce n'étoit fûrement pas pour la vindicte publique : il n'y a plus de vindicte publique, lorfqu'un efpace de trente ans a couvert un jugement de condamnation exécuté. Ce ne pouvoit donc être que pour donner à un citoyen, à un gentilhomme, le moyen de fe juftifier aux yeux de la juftice, d'un crime dont il avoit été calomnieufe-ment accufé ; pour le mettre à portée de fe maintenir dans un état entier, auquel la fentence de contumace ne peut donner atteinte. Or, puifqu'il ne pouvoit fe maintenir dans cet état, fans détruire & la fentence & toute la procédure de contumace, l'arrêt de la cour, en ordonnant qu'il feroit tranf-féré dans les prifons d'Amiens (ce qu'il n'a pu faire que dans la vue de lui procurer le moyen de fe juftifier), a donc reconnu que la repréfentation de fa perfonne détruifoit & anéantiffoit la fentence de contumace, & toute la procédure qui avoit été faite depuis ce décret.

» Le miniftère public parfaitement inftruit des règles & des principes, a été partie dans cet arrêt; c'eft fur fes conclufions qu'il a été rendu : il a reconnu de même par l'arrêt, que la fentence de contumace étoit effacée par la repréfentation de la perfonne du fieur d'Acheux, lorfqu'il fe remettoit dans les prifons du juge qui avoit jugé la contu-mace, puifqu'il a donné fes conclufions pour le faire transférer dans les prifons d'Amiens. Par quelle fatalité ce miniftère public toujours un en foi & in-divifible, pourroit-il fe trouver contraire à lui-même, jufqu'au point de faire entendre que le laps de trente ans depuis la fentence empêche le fieur d'Acheux qui s'étoit remis dans les prifons de la conciergerie, fût transféré dans celles d'Amiens; ce qui ne pouvoit être que pour purger la contu-mace, pourroit-il dire d'un autre côté qu'il n'étoit plus à temps pour la purger, & qu'elle étoit acquife par le laps de trente années.

» En fecond lieu, il ne faut que lire l'ordon-nance de 1670, pour connoître qu'il n'y a point de temps fixe après lequel l'accufé ne puiffe plus purger la contumace en fe remettant en état. L'ar-ticle 18 du titre 17, porte expreffément, *fi le con-tumax eft arrêté prifonnier, ou fe repréfente après le jugement, ou même après les cinq années dans les prisons du juge qui l'aura condamné, les défauts & contumaces seront mis au néant en vertu de notre présente ordonnance, &c.*

» Ces termes, *ou même après les cinq années*, ne reçoivent aucune restriction ; ils sont même exprimés dans l'ordonnance, à l'effet exprès que les accusés aient à perpétuité une porte ouverte pour justifier leur innocence.

» Qu'on ne dise point que les accusés n'ont cette ressource que pendant les cinq ans qui suivent le jugement de contumace, & qu'après les cinq ans ils ont besoin de lettres du prince pour ester à droit, suivant l'article 28 du même titre 17 de l'ordonnance; ce seroit une fausse application de cet article, qui ne parle que des condamnations pécuniaires, amendes & confiscations, & nullement des peines publiques contre lesquelles l'article 18 admet toujours le retour en faveur des contumax qui se représentent pour anéantir, par leur représentation, toute la contumace. L'article 28 porte que si le contumax ne se représente dans les cinq ans, les condamnations pécuniaires, amendes & confiscations sont réputées contradictoires, si le contumax n'obtient des lettres du prince pour ester à droit.

» Ces lettres ne sont nécessaires & n'ont d'effet que pour anéantir les condamnations pécuniaires, amendes & confiscations prononcées, mais non pas pour anéantir le jugement de contumace : si le contumax veut recouvrer ses biens, meubles & immeubles confisqués, il ne le pourra pas, par le seul effet de la représentation de sa personne, & par le seul effet de l'anéantissement du jugement de contumace, il a befoin des lettres du prince pour efter à droit; mais s'il ne veut qu'effacer le jugement de contumace, fans toucher aux condamnations pécuniaires, amendes & confifcations, il ne faut confulter que l'article 18, qui ne fait aucune différence entre les cinq ans & le temps poftérieur pour être reçu à fe repréfenter & à purger la contumace par fa repréfentation. Il eft recevable même après les cinq ans à fe repréfenter, fans qu'il lui foit enjoint d'obtenir des lettres du prince pour efter à droit : il lui fuffit de fe repréfenter pour anéantir tout défaut & contumace, fans qu'il y ait aucune condition fans laquelle la contumace ne feroit point effacée.

» Cet article & l'arrêt de la cour du 5 juin 1737, répondent parfaitement à cette prétendue Prefcription acquife par le laps de trente années depuis le jugement de contumace contre l'accufé condamné; puifqu'il n'y a point de temps préfix audelà duquel l'accufé ne foit plus en état de fe repréfenter, & de *mettre au néant* les défauts & la coutumace ; & l'arrêt de la cour reconnoît qu'il a cette faculté, & qu'elle n'a jamais pu être prefcrite contre lui, en cela même qu'il ordonne qu'il fera transféré dans les prifons d'Amiens.

» L'ordonnance ne fait point de différence pour la repréfentation, foit avant, foit après les cinq ans; elle n'en fait point après les cinq ans dans aucune époque : par les termes *après les cinq ans*, elle comprend tout le terme de la vie de l'accufé fans aucune reftriction.

» Et quelles feroient les conféquences d'un principe contraire? Si la Prefcription excluoit le contumax de fe repréfenter après les trente ans; s'il étoit vrai que la condamnation exécutée par effigie eût acquis la force de chofe jugée contre laquelle on ne pût revenir, le public auroit donc acquis contre le condamné une Prefcription trentenaire, pour le forcer de demeurer irrévocablement *fervus pœnœ*; le condamné auroit donc acquis lui-même le nom être par Prefcription, quelqu'innocent qu'il ait pu être dans le principe. Il fera donc déterminé qu'il doit demeurer à perpétuité condamné comme coupable : il pouvoit, avant l'expiration des trente ans, manifefter victorieufement fon innocence, & fe reftituer à la vie civile en fe repréfentant. L'expiration des trente ans aura donc rendu fa condamnation à mort irrévocable. Il y aura donc un temps au-delà duquel l'innocent ne pourra plus élever fa voix pour manifefter fon innocence. Qui ofe propofer un principe dont on tire des conféquences fi contraires à toute humanité, à toute juftice ? L'innocence ne fera-t-elle plus recevable à fe purger d'une accufation calomnieufe ? Cela choque la raifon & le bon fens.

» Et d'ailleurs quelle Prefcription pourroit avoir acquife une fentence de condamnation formée fur une information nulle ? A-t-on pu affeoir une condamnation fur une telle information ? La condamnation n'eft-elle pas nulle dès fon principe, en cela même qu'il y a défaut de preuves ? (La nullité de l'information n'opère-t-elle pas le même effet que fi jamais il n'y avoit eu d'information). Or, fi la condamnation eft nulle dès fon principe, elle n'a pu acquérir par le laps de trente ans un degré de force & de validité qu'elle n'avoit pas.

» Ajoutons même que l'allégation qu'un accufé fait de fon innocence, eft une exception contre l'action qu'on veut faire naître contre luï du crime. Or, l'exception, dans le principe de droit, n'eſt jamais ſujette à Preſcription, *quod temporale eſt ad agendum, perpetuum eſt ad exipiendum :* d'où il ſuit que jamais on ne peut oppoſer au ſieur d'Acheux aucune Preſcription pour l'empêcher de montrer ſon innocence ; que par conſéquent on ne peut lui interdire, par le moyen de la Preſcription, la faculté de ſe repréſenter à cet effet, & de purger ſa contumace par ſa repréſentation.

» Dire qu'après trente ans l'accuſé n'a plus d'être civil pour eſter à droit, & que par conſéquent il ne peut pas ſe repréſenter, c'eſt vouloir abuſer des termes, & chercher à s'abuſer ſoi-même : le contumax, pendant les cinq ans après le jugement, a-t-il moins perdu l'être civil ? N'eſt-il pas mort civilement par l'exécution du jugement, de même que s'il y en avoit trente que le jugement eût été rendu ? Acquiert-il un dégré de mort plus ineffaçable après le laps de trente ans ? Eſt-il plus mort qu'il ne l'étoit auparavant ?

» L'inconvénient d'ouvrir une voie aux criminels pour éviter la rigueur des lois, toutes les fois qu'ils trouveront moyen de laiſſer écouler trente ans, ſans porter la peine de leur crime, ne mérite ici aucune attention ; ſi le ſyſtême du ſieur d'Acheux ouvre une voie aux coupables pour éluder la punition, le ſyſtême contraire accableroit l'innocence en l'empêchant de ſe juſtifier.

Or, il n'y a perſonne qui ne ſente au fond de ſon cœur, combien il ſeroit injuſte de fermer à l'innocent condamné la voie de ſe juſtifier ; quelle honte ſeroit-ce pour l'humanité, ſi les lois avoient

fixé

fixé un délai au-delà duquel fes plaintes & fa juftification feroient inutiles & rejetées !

» La crainte de fauver un coupable ne doit jamais l'emporter fur le devoir d'écouter l'innocent dans fa juftification.

» Le fieur d'Acheux fe repréfente pour fe juftifier de l'accufation calomnieufe d'un crime pour lequel il a été condamné fur une procédure nulle; fa voix fera-t-elle étouffée, parce qu'il n'eft plus dans les cinq ans, parce qu'il n'eft plus dans les trente ans depuis le jugement ? On ofe dire qu'une pareille propofition bleffe la religion, révolte la nature & l'humanité.

» On fait au fieur d'Acheux une autre objection pour foutenir qu'il ne peut pas fe repréfenter. On lui dit qu'il ne peut pas fe repréfenter devant un juge qui ne peut ni le condamner ni l'abfoudre; que le juge ne le peut condamner à caufe de la Prefcription, & qu'il ne peut l'abfoudre, parce que, fuivant la maxime de droit, celui qui ne peut condamner, ne peut pas abfoudre.

» Il ne faut que préfenter la maxime de droit telle qu'elle eft pour répondre à cette objection; c'eft la loi 37, *ff. de diverfis regulis juris.* Elle ne dit point, *qui condamnare poteft, abfolvere non poteft;* mais, *nemo qui condamnare poteft, abfolvere non poteft.* La véritable traduction de cette loi, eft que quiconque a le pouvoir de condamner, doit néceffairement avoir le pouvoir d'abfoudre : or, il eft conftant que le juge devant lequel le fieur d'Acheux fe repréfente a le pouvoir de condamner, & par conféquent qu'il a auffi celui d'abfoudre. Il eft vrai que ce juge ne peut pas condamner le fieur d'Acheux à caufe de la Prefcription; mais il ne s'enfuit pas qu'il n'ait pas dans fon miniſtère le pouvoir de le condamner, s'il y avoit des preuves contre lui. C'eſt ſur le pouvoir en général ſeulement que frappe la maxime de droit, & non pas ſur ce que le juge ne peut faire relativement à un tel cas.

» Par exemple, un juge qui a le pouvoir de condamner & d'abſoudre, ne peut pas condamner, s'il n'y a point de preuve. Il ſeroit ridicule de dire qu'en ce cas, il ne peut pas abſoudre, parce qu'il eſt vrai de dire qu'il auroit le pouvoir de condamner, s'il y avoit des preuves ſuffiſantes. Il en eſt de même lorſque le juge ne peut pas condamner à cauſe de la Preſcription, il ne s'enſuit pas qu'il n'ait pas le pouvoir d'abſoudre; de ce que la Preſcription l'empêche d'exercer le pouvoir de condamner, il ne s'enſuit pas qu'il n'ait pas ce pouvoir, parce qu'il l'auroit, ceſſant la Preſcription; c'eſt là préciſément le cas d'appliquer la maxime de droit, *nemo qui condamnare poteſt, abſolvere poteſt;* puiſque le juge auroit le pouvoir de condamner ceſſant la Preſcription, il ne peut pas ne pas avoir le pouvoit d'abſoudre.

» Ainſi, on ne peut pas dire que le ſieur d'Acheux ſe repréſente devant un juge qui ne peut ni le condamner, ni l'abſoudre; le juge a conſtamment le pouvoir de le condamner, & il le pourroit, ceſſant la Preſcription; par conſéquent il a le pouvoir de l'abſoudre; d'où il ſuit que la propoſition qui lui eſt oppoſée ne peut produire aucune induction qui le rende non-recevable à ſe repréſenter pour purger la contumace.

» Dès qu'il lui eſt permis de ſe repréſenter, il ſuit néceſſairement qu'en ſe repréſentant, il anéantit toute la procédure de coutumace; qu'il n'auroit plus contre lui que l'information décrétée, si elle étoit valable, & que l'information étant radicalement nulle, il est nécessairement innocent, par cela même qu'il n'y a point de preuve qu'il soit coupable.

» On ne peut s'attacher à aucune présomption pour laisser même le moindre soupçon contre lui; ce n'est point par des présomptions qu'on peut attaquer l'innocence d'un citoyen, il faut des preuves, & des preuves démonstratives, juridiques, & faites dans les formes prescrites par les ordonnances; si les preuves n'existent point, si elles ne sont valables, les présomptions ne peuvent être qu'en faveur de son innocence. On n'a pas besoin de prouver qu'on est innocent, & au contraire, il faut qu'il soit prouvé clairement qu'on est coupable; combien ne doit-on donc pas être surpris que le ministère public, obligé par état à ne connoître de coupable qu'autant que la preuve est manifeste & que les informations sont valables & concluantes, ait néanmoins voulu faire tomber sur le sieur d'Acheux la présomption du crime, en conséquence d'une information radicalement nulle? La sévérité de son ministère ne peut pas l'autoriser à cela.

» Le ministère public, comme le juge, ne peut le présumer qu'innocent, dès qu'il n'est pas prouvé qu'il est coupable : or, dans l'espèce présente, nulle preuve que le sieur d'Acheux soit coupable; l'information faite en 1688 est nulle, & doit être regardée comme n'ayant jamais existé : la conséquence nécessaire est qu'il est innocent; donc point de préfomption qu'il foit coupable : le crime ne fe préfume point; on n'eft point coupable s'il n'eft prouvé qu'on l'eft ; le corps du délit aura beau être certain, s'il n'y a point de preuve contre queiqu'un, il ne peut y avoir d'imputation de crime : tout fe réunit alors pour juftifier l'innocence.

» On ne doit point être étonné que le fieur d'Acheux, quoiqu'affuré de fon innocence, s'oppofe à la nouvelle information qui eft ordonnée par la fentence du juge d'Amiens.

» S'il s'étoit trouvé vis-à-vis d'une information valable fur laquelle on l'auroit décrété, il auroit eu un intérêt fenfible de faire voir la fauffeté des dépofitions des témoins, & de montrer fon innocence dans un interrogatoire où il auroit renverfé ces dépofitions : c'eût été le parti qu'il auroit pris, fi l'information eût été valable.

» Mais l'information étant nulle, il n'y a plus de dépofition contre lui : pourquoi voudroit-on l'obliger de fe faire un nouveau fantôme pour le combattre? Une information valable, quoique prefcrite & impuiffante pour lui faire fubir la peine du crime, eût été un monument qu'il auroit eu intérêt de détruire; un honnête homme, & fur-tout un gentilhomme, doit effacer les impreffions qu'on pourroit prendre contre lui par l'imputation qui lui eft faite d'un crime, quoiqu'il ne foit plus permis d'en faire la recherche; mais une information nulle, & declarée telle par les premiers juges, n'eft rien; c'eft comme s'il n'y en avoit point eu; & n'y en ayant point, ce feroit un acte illufoire que de demander qu'on fît la preuve de faits énoncés dans une plainte rendue il y a près de cinquante ans, puifque le fieur d'Acheux feroit fans action pour en demander la réparation, comme le miniſtère public & les parties civiles, s'il y en avoit, feroient fans action pour en pourfuivre la vengeance.

» D'ailleurs y a-t-il perfonne au monde qui voulût rifquer l'intégrité de fon état & fa réputation fur une information de faits, dont il faudroit que des témoins euffent gardé la mémoire préfente depuis cinquante ans pour en pouvoir dépofer fidelement.

» Le fieur d'Acheux n'ayant contre lui qu'une plainte ſtérile, anéantie par un laps de temps auffi long; plainte deſtituée de toutes preuves dès fon principe, la préfomption de fon innocence lui eſt irrévocablement acquife après un auffi long-temps; il eſt à l'abri non-feulement des peines, mais même de tout reproche.

» Il ne doit pas, pour conferver l'intégrité de fon état qu'une information nulle & une contumace anéantie n'ont pu troubler, effuyer les longueurs d'une nouvelle inſtruction, dans les horreurs d'une prifon, où, accablé d'infirmités & d'années, il laifferoit en mourant cette intégrité d'état à fa famille, fans en avoir recueilli lui-même le fruit; il n'a déjà que trop fouffert, par le dérangement de fa fortune, pour un crime imaginaire, dont il ne fut jamais auteur ni complice.

» Il eſt temps de le rendre à fa famille, à lui-même. On ofe dire que l'état déplorable dans lequel il eſt, l'exige de la juſtice; gémiffant en prifon à l'âge de foixante-dix-huit ans, fans aucun décret qui fubfiſte contre lui, fans aucune preuve qui puiffe détruire la préfomption de fon innocence, il a droit d'efpérer que la cour le tirera d'une fituation auffi trifte & auffi cruelle ».

Telle a été la défenfe du fieur d'Acheux. M. l'Avocat général d'Agueffeau, fon feul adverfaire, a établi en premier lieu, que quand il s'agiffoit de l'intérêt public, M. le procureur général étoit toujours en droit de former oppofition aux arrêts contradictoires rendus avec lui, & qu'il ne pouvoit être queftion en pareil cas que de favoir fi les moyens d'oppofition étoient juftes.

Il a établi en fecond lieu que les condamnés par contumace, aux termes de l'article 29 du titre 17 de l'ordonnance de 1670, étant réputés morts civilement du jour de l'exécution figurative de la fentence, lorfqu'ils ne s'étoient point conftitués prifonniers ou qu'ils ne s'étoient pas repréfentés dans les cinq ans de la contumace, ne pouvoient après ce temps, fuivant les articles 18 & 28 du même titre, fe préfenter pour fe purger fans avoir des lettres du prince.

Troifièmement, il a prouvé que les condamnés par contumace ne pouvoient, après les trente ans, être admis à purger la contumace, par la raifon qu'on ne peut les condamner au moyen de la Prefcription de l'accufation acquife par le laps de trente ans, & qu'en tout temps M. le procureur général s'oppoferoit à ce qu'un condamné à mort renonçât à cette Prefcription, parce qu'il n'eft pas le maître de fa vie, *nemo auditur perire volens*.

Eh ! comment (a ajouté M. l'Avocat général), concevoir qu'il peut, après ce temps, fe repréfenter? S'il le peut, il faut l'envifager comme innocent ou comme coupable. Point de milieu.

S'il eſt innocent, il ſemble d'abord qu'on doive ſe porter avec empreſſement à l'abſoudre. Cependant pour pouvoir l'abſoudre il faut qu'on puiſſe le condamner s'il eſt coupable. Il faut qu'il y ait réciprocité : autrement, tout l'avantage ſeroit de ſon côté : or, il n'eſt pas poſſible qu'on ne puiſſe le juger que dans le cas qu'il ſeroit innocent. Delà, la maxime *qui non poteſt condamnare non poteſt abſolvere* : la réponſe qu'on y a faite eſt plus ſubtile que ſolide. Pour entendre cette maxime dans ſon véritable ſens, il faut préciſément qu'un juge ait le pouvoir, dans la même accuſation, d'abſoudre ou de condamner l'accuſé. C'eſt dans ce point qu'on doit ſe renfermer. Il faut que les pouvoirs d'abſoudre ou de condamner ſoient égaux de part & d'autre ; & qu'il n'y ait que l'innocence qui empêche de condamner, & le crime d'abſoudre. Examinons donc ce qui pourra arriver s'il eſt criminel, & c'eſt cette dernière hypothèſe qui doit décider.

S'il eſt coupable, en ſe repréſentant, il fait tomber la contumace, aux termes de l'ordonnance, &, à cauſe de la Preſcription, on ne peut prononcer contre lui aucune peine. Il n'eſt pas en ſon pouvoir de renoncer à cette Preſcription ; il eſt cependant coupable, & on ne peut pas le condamner.

Ainſi, qu'il fût criminel ou non, il faudroit toujours l'abſoudre. De-là, qu'elles conſéquences, puiſque l'accuſé ſera toujours ſûr de tout anéantir au bout de trente ans.

M. l'avocat général a ajouté que la mort civile n'eſt pas une fiction, une peine comminatoire, que c'étoit la mort naturelle exécutée autant qu'elle pouvoit l'être.

D'après ces confidérations, arrêt du 7 feptembre 1737, qui reçoit M. le procureur général oppofant à l'arrêt fur requête du 5 juin, & appelant de tout ce qui a été fait en exécution de cet arrêt au bailliage d'Amiens; faifant droit égale fur le tout, fans-s'arrêter à l'appel du fieur d'Acheux, évoque le principal, & y faifant droit, déclare le fieur d'Acheux non-recevable dans fa demande à fin de purger la cohtumace, & en conféquence ordonne que les prifons lui feront ouvertes.

Il refte fur toute la matière que nous venons de traiter, une difficulté très-importante; c'eft de favoir s'il faut que les vingt ou trente ans foient complets, pour que les Prefcriptions dont nous avons parlé aient lieu, ou s'il fuffit que le premier jour de la vingtième ou trentième année foit commencé?

Vedel fur Catellan, livre 7, chapitre 1, embraffe le premier parti, mais fans examen, fans difcuffion, & fur le feul fondement d'un axiome de droit qui ne peut être appliqué qu'à un petit nombre de cas (1).

Auffi Raviot, queftion 256, nombre 30, rapporte un arrêt du parlement de Dijon du 25 juin 1670, qui juge formellement le contraire. C'eft même ce qu'avoit précédemment enfeigné Julius Clarus, queft. 52, nombre 3; & Serpillon, dans fon code criminel, page 828, dit que *c'eft la jurifprudence des arrêts nouveaux.*

----

(1) *Annus inceptus pro habetur completo.* Voyez fur cet axiome Voet, au digefte, tit. *de diverfis temporalibus exceptionibus;* & Dunod, *des Prefcriptions,* part. 1, chap. dernier.

§. IX. *De la Prescription des instances & des ju-*
gemens.

I. On ne doit pas confondre, en fait d'instances,
la Prescription avec la péremption.

Une instance est périmée, de droit commun,
par le laps de trois ans; & dans la coutume de
Hainaut, par le terme de quatre années.

Mais elle n'est prescrite qu'après une cessation
de procédures pendant tout le temps requis, soit
par le droit civil, soit par les coutumes, pour la
Prescription des actions personnelles.

Nous ne nous arrêterons pas ici aux règles qui
gouvernent la matière des péremptions d'instances:
elles sont détaillées sous le mot Péremption.

Quant à la Prescription, elle s'encourt par le
terme dont on vient de parler, dans les cas & dans
les lieux où le laps de trois & de quatre ans n'opère
point de péremption.

Ainsi quoique le parlement de Flandres n'ad-
mette point de péremption, il ne laisse pas, comme
tous les autres tribunaux, de recevoir la Prescription d'instance & de lui donner tout son effet.
Voyez Péremption.

Autre exemple. La mort de l'une des parties où
d'un de leur procureur empéche la péremption.
Cependant il est certain que la Prescription d'instance a lieu dans ce cas.

Mais de là naît une question. La Prescription
doit-elle courir du jour de la dernière procédure,
ou seulement de celui où la péremption a été interrompue? On a quelquefois voulu soutenir ce der-

nier parti. Mais (comme l'obferve M. Julien dans
fon commentaire fur les ftatuts de Provence, tome
2, page 605), « le fentiment contraire eft mieux
» fondé. On ne doit pas confondre la Prefcription
» avec la péremption d'inftance. La partie qui,
» après la dernière procédure, demeure trente ans
» dans l'inaction, eft cenfée avoir abandonné fon
» droit; après trente ans, tout eft péri & prefcrit,
» dit Brodeau fur Louet, lettre P, fommaire 10,
» nombre 3. Les affignations, les jugemens, tout
» fe prefcrit par trente ans, indépendamment du
» décès des parties ». M. Julien ajoute qu'il en a
été ainfi jugé par un arrêt de la cour des aides de
Provence du 6 février 1737, & par un autre du
parlement d'Aix du 22 avril 1761. Voici comment
il rapporte l'efpèce de celui-ci.

« La mère de la demoifelle Bernard avoit intro-
» duit une inftance au fiège de Toulon, dont là
» dernière procédure étoit du 14 juillet 1724.
» Cette mère étant décédée le 5 juin 1726, la fille
» vint, le 5 mai 1756, demander la reprife de cette
» prétendue inftance. C'étoit après plus de trente
» ans, à compter du jour de la dernière procédure
» du 14 juillet 1724, & après vingt-neuf ans &
» onze mois, à compter du jour du décès de la
» partie. L'arrêt, en confirmant la fentence du
» lieutenant de Toulon, qui avoit débouté la de-
» moifelle Bernard de fa demande en reprife d'inf-
» tance, jugea que tout étoit prefcrit, parce qu'il
» falloit compter les trente ans du jour de la der-
» nière procédure & non du jour du décès de la
» partie ».

Cette queftion ne peut jamais fe préfenter dans

les tribunaux qui n'admettent point du tout la péremption. Mais en voici une autre qui peut s'élever
dans toutes les juridictions possibles. Après qu'une
instance est prescrite, le droit contesté par cette
instance peut-il n'être pas prescrit?

Oui, il est possible que ce droit ne soit point
passible de Prescription. Il peut aussi arriver que des
circonstances particulières qui n'ont pas pu empêcher l'instance de se prescrire, aient néanmoins conservé le fond du droit. Enfin, la Prescription de
l'instance n'anéantit par elle-même que l'instance.
Et celui qui l'a laissé encourir, demeure toujours
maître d'intenter une nouvelle action pour faire décider si l'objet litigieux est prescrit ou ne l'est pas.

C'est ce qu'a jugé un arrêt du parlement de
Franche-Comté, du 4 septembre 1703, rendu
entre le sieur Lengroignet & les habitans du Val
de Montmartin. « Par cet arrêt, dit Dunod, (1)
» l'instance fut jugée périe (dans un cas où il y
avoit cessation de procédures depuis trente ans),
« & cependant les actions reservées au sieur Len-
» groignet, pour se pourvoir de nouveau ».

Il en a été jugé de même au parlement de
Flandres, par arrêt du 20 juillet 1758, entre les
prévôt, doyen & chapitre de saint Géry de Cam-
braî, demandeurs en reprise d'une instance com-
mencée en 1689, d'une part; & M. l'archevêque
de Cambrai, demandeur en renvoi pardevant ses
bailli & hommes de fiefs, d'autre part; le dispo-
sitif de cet arrêt est ainsi conçu : « La cour déboute
» lesdits prévôt, doyen & chanoines de leur de-

---

(1) Des Prescriptions, part. 2, chap. 11.

» mande en reprise d'erremens de l'instance en la-
» quelle est intervenu l'arrêt du 28 octobre 1689,
» laquelle la cour déclare éteinte & prescrite ; les
» déboute en conséquence de l'évocation par eux
» requise de l'instance pendante pardevant les
» bailli & hommes de fiefs de l'archevéché de Cam-
» brai, dont s'agit au procès, sauf auxdits prévôt,
» doyen & chanoines à opposer pardevant lesdits
» bailli & hommes de fiefs, tant contre ladite sai-
» sie que contre la bannalité prétendue par ledit
» archevêque, tels moyens qu'ils aviseront bons
» être ».

On voit par ces derniers termes, que la cour a voulu faire entendre que quoique l'instance élevée sur la bannalité fût prescrite, le droit de contester de nouveau cette servitude ne l'étoit pas.

Il est constant qu'un procès instruit & distribué à un rapporteur en cour souveraine, n'est pas sujet à la péremption ; mais se prescrit-il, si on le laisse sans poursuite pendant trente ans ?

Boniface, tome 4, livre 9, titre 1, chapitre 18, dit que cette question s'est présentée de son temps au parlement d'Aix, mais que les parties y ont trouvé respectivement des doutes, qui les ont portées à transiger.

M. Julien, sur les statuts de Provence, pré-tend que ces doutes n'étoient que de vains scrupules de la part de celui qui alléguoit la Prescription. Si les arrêts se prescrivent, dit-il, lorsqu'on les laisse pendant trente ans sans suite & sans exé-cution, comment pourroit-il en être autrement des instances ?

Mais on répond à cela, que la Prescription ne

doit pas courir contre ceux à qui l'on ne peut imputer aucune négligence. Que le refpect dû aux magiftrats fouverains ne permet pas aux parties de leur faire des fommations de juger ; que dès-là, il n'eft pas naturel de leur oppofer le défaut d'un jugement qu'il n'a pas été en leur pouvoir de fe procurer ; enfin, qu'en pareil cas, la loi préfume toujours que fi un procès eft demeuré indécis pendant un auffi long efpace de temps, c'eft que des occupations plus importantes n'ont pas permis à la cour de le juger.

Ces raifons ont déterminé la jurifprudence du parlement de Paris en faveur de l'opinion qu'elles appuient. C'eft ce que prouvent deux arrêts, l'un du 14 août 1649, rendu, de l'avis de toutes les chambres, l'autre du 3 juillet 1760, au rapport de M. l'abbé de Malézieux.

Il y avoit dans l'efpèce du fecond, une particularité remarquable. Le procès n'avoit été rediftribué que plus de quarante ans après que le rapporteur étoit monté à la grand'chambre, & l'on prétendoit en conclure que les motifs qui font ceffer la Prefcription, ne pouvoient pas s'appliquer à cette efpèce, parce qu'il y a eu de la négligence de la part de ceux qui n'avoient pas demandé un autre rapporteur. Mais la cour ne s'eft pas arrêtée à cette circonftance.

II. Nous avons déja dit que les arrêts & à plus forte raifon les fentences fe prefcrivent.

Il eft en effet de principe que fi celui qui a obtenu un jugement, laiffoit paffer tout le temps de la Prefcription ordinaire fans y donner fuite, ce jugement n'auroit plus d'effet, & l'action qui en réfultoit & qu'on appelle en droit *judicati* ou de jugé, feroit prefcrite, parce qu'étant perfonnelle, & dérivant du *quafi contrat* formé en juftice, (1) elle ne peut être ni d'une autre nature, ni plus privilégiée que fi elle venoit d'un contrat proprement dit. (2)

Cette vérité a été reconnue même par les rédacteurs des chartres générales de Haynaut. L'article 12 du chapitre 53 foumet les arrêts à la Prefcription de vingt-un ans, qui dans cette province tient lieu de la Prefcription trentenaire.

Le journal du parlement de Touloufe, tome 3, §. 91, nous retrace un autre arrêt de la même cour du 16 juillet 1705, qui juge « que quoi-» qu'une fentence n'ait jamais été fignifiée, ce-» pendant fi on a demeuré trente ans fans l'exé-» cuter, la Prefcription peut être oppofée, parce » que l'exécution des fentences & des arrêts peut » être prefcrite, & l'action qu'ils donnent ne dure » que trente ans ».

Mais quand le jugement a été fignifié, la Prefcription court-elle du jour du jugement même, ou feulement de celui de la fignification qui en a été faite?

Cette queftion a été traitée au parlement de Tou-loufe, dans une efpèce que rapporte M. de Catel-lan, livre 7, chapitre 25. Il s'agiffoit d'une fomme pour laquelle le créancier avoit obtenu un jugement par défaut. Le débiteur contre lequel il vouloit faire

---

(1) *In judicio quafi contrahimus ;* loi 3, §. 2, D. *de peculio.*

(2) Loi *milit.* §. dernier, D. *de re judicatâ.*

exécuter ce jugement, se prévaloit du défaut de poursuites pendant trente ans, à compter du jour que la condamnation avoit été prononcée. Le créancier répondoit que la Prescription avoit été interrompue par la signification du jugement, & que les trente ans n'auroient pu courir que du jour de cette signification.

Ces raisons respectives ont occasionné un partage à la grand'chambre. Mais l'affaire ayant été portée à la première des enquêtes, il y est intervenu un arrêt le 10 mai 1662, en faveur de la partie qui alléguoit la Prescription.

« On crut, dit M. de Catellan, que les pour-
» suites finissoient au jugement de condamnation,
» & que la signification ne devoit pas être com-
» prise parmi les poursuites, mais regardée comme
» une simple notification du jugement, nécessaire
» au créancier pour mettre le jugement à exécu-
» tion, & compter le temps que le créancier peut
» avoir pour y former opposition ».

Mais la question s'étant représentée depuis, le parlement de Toulouse l'a décidé autrement. L'arrêt est du 3 septembre 1720. En voici l'espèce :

Un jugement du 13 juillet 1678, qui n'avoit été signifié que le 9 octobre suivant, avoit condamné les consuls de la ville de Foix à payer dans six ans une somme de 1500 livres. Les six ans écoulés, le créancier garda le silence, jusqu'au 25 septembre 1714, qu'il fit signifier de nouveau le jugement, avec sommation de payer. Les consuls de Foix alléguèrent la Prescription.

On convenoit, dit l'auteur du journal du palais de Toulouse, tome 4, §. 118, page 158, on convenoit que les trente années pour preſcrire ne devoient être comptées qu'après l'échéance des ſix ans de délai. Mais la queſtion étoit s'il falloit compter du jour de la condamnation, ou de la ſignification. Au premier cas, la Preſcription étoit complette; au ſecond, il y manquoit treize jours.

« Le plus grand nombre des juges) continue » le magiſtrat cité, qui étoit rapporteur de l'affaire), » ont cru que les trente ans ne devoient être » comptés que du jour de la ſignification, par cette » raiſon que les délais accordés par les condamna- » tions contre les débiteurs ne courent que du jour » de la ſignification; comme il eſt porté par l'ordon- » nance de 1667, titre de l'exécution des juge- » mens, articles 1, 12 & 17, & que les délais doi- » vent être communs contre le débiteur & le » créancier ».

On auroit pu ajouter, ce ſemble, que la ſignification d'un jugement eſt un commencement d'exécution, & qu'elle doit par conſéquent interrompre la Preſcription, & que ſi le débiteur peut encore preſcrire, ce n'eſt que du jour de l'interruption, parce qu'elle le reporte, comme nous l'avons dit plus haut, ſection 1, §. 7, au même point que s'il n'avoit pas commencé de preſcrire.

§. X. *Des Preſcriptions & fins de non-recevoir, en matière de commerce maritime.*

Cette matière eſt traitée dans le titre 12 du livre premier de l'ordonnance de la Marine, du mois d'août 1681.

L'article premier porte que les maîtres & patrons
ne

ne pourront par quelque temps que ce foit prefcrire le vaiffeau contre les propriétaires qui les auront établis. Cette décifion eft fondée fur ce qu'on ne peut prefcrire qu'en poffédant de bonne foi, *nomine proprio & animo domini ;* ce qu'on ne peut fuppofer dans le maître ou capitaine de navire qui n'en eft que le gardien ou le dépofitaire.

Suivant l'article 2, les maîtres & patrons ne peuvent former aucune demande pour leur fret, ni les officiers, matelots & autres gens de l'équipage pour leurs gages & loyer, un an après le voyage fini.

Quoique le légiflateur n'ait parlé dans cet article que des maîtres ou capitaines, on doit en étendre les difpofitions au propriétaire ou armateur du navire, attendu que c'eft à lui que le fret appartient réellement, & que fi le capitaine eft autorifé à en pourfuivre le recouvrement, c'eft comme procureur-né du propriétaire, & comme repréfentant celui-ci de la même manière qu'il l'a repréfenté en ftipulant & réglant le fret, foit par la charte partie ou par les connoiffemens.

Avant l'ordonnance dont nous parlons, on jugeoit au parlement de Touloufe que l'action en payement du fret duroit trois ans, comme le prouve un arrêt du 12 feptembre 1672, rapporté par Graverol fur la Rocheflavin.

Ceux qui ont fourni le bois & les autres chofes néceffaires à la conftruction, équipement, & avitaillement des vaiffeaux, les charpentiers, calfateurs, & autres ouvriers employés à la fabrique & radoub ne peuvent former aucune demande pour le prix de leurs marchandifes, ni pour leurs peines & falaires après un an à compter, à l'égard des marchands, depuis le jour de la délivrance de leurs marchandiſes, & à l'égard des ouvriers, depuis le jour que leurs ouvrages ont été reçus. Telles ſont les diſpoſitions de l'article 3.

Et l'article 4 établit une pareille Preſcription en faveur des maîtres, patrons ou capitaines : on ne doit recevoir aucune action contr'eux en délivrance de marchandiſes chargées dans leur vaiſſeau, un an après le voyage accompli.

Comme il eſt intéreſſant, pour la ſûreté & l'activité du commerce, que l'action en payement du dommage arrivé à la marchandiſe ou au vaiſſeau n'ait qu'une durée fort courte, l'art. 5 a ordonné que le marchand ne pourroit former aucune demande contre le maître ni contre ſes aſſureurs pour dommage arrivé à ſes marchandiſes lorſqu'il les auroit reçues ſans proteſtation, ni le maître à intenter aucune action pour avaries contre le marchand, après qu'il auroit reçu ſon fret ſans avoir proteſté de ſa part. Et par l'article 6, le légiſlateur a voulu que les proteſtations ne produiſiſſent aucun effet, ſi, dans le mois, elles n'étoient ſuivies d'une demande en juſtice.

Ces diſpoſitions ont été employées avec ſuccès à la défenſe de deux aſſureurs dans l'eſpèce ſuivante :

Le navire *le comte d'Artois* portoit des marchandiſes aſſurées par les ſieurs Pollet & Herrewin ; il en contenoit auſſi beaucoup d'autres. Le 22 mars 1771, il échoua à l'entrée du port de Dunkerque. Les habitans de cette ville s'empreſſèrent de porter des ſecours ; ils prêtèrent leurs voitures & leurs chevaux pour tranſporter les marchandiſes, qui furent toutes retirées du navire. Mais il y en eut d'avariées ; & fans aucune proteftation contre les affureurs pour ce dommage, le fieur Devink fit tranfporter la plus grande partie de fes marchandifes dans fes magafins, il en fit tranfporter auffi dans les magafins de l'amirauté ; & il a prétendu qu'il avoit fait avertir fes affureurs de l'échouement, par un courtier auquel ils avoient promis de payer la perte, en fe regardant comme bien avertis.

Le procureur du roi de l'amirauté, chargé de faire vendre les marchandifes, les fit annoncer, & la vente fe fit publiquement. Toutes ces opérations entraînèrent des délais, & ce ne fut que le 24 juillet, que le greffier de l'amirauté rendit fon compte, d'où il réfulta que la perte étoit de 46 l. 14 f. 3 d. pour cent. Le fieur Devink préfenta le fien à différens affureurs qui l'approuvèrent, & payèrent le montant des avaries. Il n'en fut pas de même des fieurs Pollet & Herrewin. Ils ne voulurent point approuver le compte du fieur Devink ; les coaffureurs avoient fait ce qu'ils avoient voulu ; leurs arrangemens étoient étrangers aux fieurs Pollet & Herrewin ; le délai fatal étoit expiré ; ils foutinrent le fieur Devink non-recevable. Traduits à l'amirauté, leurs moyens ont été fondés fur le défaut de proteftations & de demande régulière dans le temps fixé par l'ordonnance ; ceux du fieur Devink, fur la promeffe faite au courtier, & fur l'ufage. *Sentence de l'amirauté de Dunkerque, qui a condamné les fieurs Pollet & Herrewin à payer le montant des avaries, & aux dépens.*

Sur l'appel au parlement de Paris, les fieurs Pollet & Herrewin, ont oppofé au fieur Devink

les Prescriptions & fins de non-recevoir, établies
par les articles 5 & 6.

Les moyens du sieur de Devink ont été, comme
en cause principale, que les autres assureurs n'a-
voient fait aucune difficulté de lui payer le montant
des avaries que ses marchandises avoient souf-
fertes, quoiqu'ils n'eussent été avertis que verba-
lement, ou par lettres ; que le sieur Devink n'avoit
point reçu ses marchandises ; qu'il les avoit fait
transporter dans les magasins de l'amirauté ; qu'elles
y avoient été vendues, à la requête du ministère
public, aux risques des assureurs appelés à la
vente ; & que, par cette raison, il avoit dû être
dispensé de faire des protestations par écrit, &
de former une demande qui n'en étoit que la suite.

Il insistoit sur l'avertissement donné aux sieurs
Pollet & Herrewin ; c'est, disoit-il, le courtier
Thevenet, qu'on doit regarder comme un homme
public, qui leur a donné connoissance de l'échouement du navire ; & ce courtier, digne de foi, en
a donné son certificat ; enfin, le sieur Devink
rapportoit d'autres certificats de négocians & de
courtiers, qui attestoient que l'usage étoit de
n'exiger aucune formalité de la part de l'assuré,
lorsque les assureurs étoient avertis du malheur
arrivé au navire.

Mais comme la loi est toujours supérieure aux
considérations, & que les formalités prescrites par
l'ordonnance avoient été constamment négligées
dans cette affaire, le parlement, par son arrêt du
27 juillet 1779, a prononcé ce qui suit.

« Notredite cour faisant droit sur le tout, met
» l'appellation & ce dont a été appelé au néant ;
» émandant, sans s'arrêter aux requêtes dudit De-

» vink, dont il eſt débouté, ayant aucunement
»·égard à celles deſdits Herrewin & Pollet, con-
» damne ledit Devink à payer ; ſavoir, audit
» Pollet la ſomme de 420 livres, & audit Her-
» rewin celle de 175 livres, pour la prime de
» trois & demi pour cent, convenue ſur la ſomme
» de 12000 livres à l'égard dudit Pollet, & celle
» de 5000 livres à l'égard dudit Herrewin, ſui-
» vant la police d'aſſurance du 30 janvier 1777,
» par rapport aux marchandiſes de café, indigo
» & autres chargées au Cap-François, pour le
» port de la ville de Dunkerque, à bord du na-
» vire *le comte d'Artois*.... avec les intérêts.... En
» conſéquence, condamné ledit Devink & par
» corps, à rendre & reſtituer auxdits Pollet &
» Herrewin, dans trois jours.... la ſomme de
» 7700 livres 12 ſous par eux conſignée, comme
» contraints, au greffe de l'amirauté de Dun-
» kerque.... pour le montant des condamnations
» contre eux prononcées par la ſentence du 16
» mars 1778, avec les intérêts de ladite ſomme,
» à compter du jour de la conſignation juſqu'au
» parfait rembourſement. Sur le ſurplus des de-
» mandes, fins & concluſions, met les parties hors
» de cour, & condamne ledit Devink en tous les
» dépens des cauſes principales, d'appel & de-
» mandes.... »

Après la délivrance des marchandiſes, le maître
ou capitaine ne peut alléguer d'autres cas fortuits
que ceux qui ſont mentionnés dans ſon rapport.
Art. 7.

Toute demande pour raiſon d'abordage doit,
ſuivant l'article 8, être formée vingt-quatre
heures après le dommage reçu, ſi l'accident arrive

dans un port, havre ou autre lieu où le maître puiſſe agir.

La Preſcription qui s'obtient en ſi peu de temps eſt fondée ſur ce que les accidens maritimes étant très-fréquens, il pourroit ſe faire qu'un navire après avoir été abordé par un autre, ſouffrît dans un intervalle aſſez court, d'autres avaries dont on diſſimuleroit la cauſe pour les faire regarder comme un effet ou une ſuite naturelle de l'abordage.

Lorſque des taverniers ont fourni de la nourriture aux matelots par l'ordre du maître ou capitaine, il faut qu'ils demandent leur payement dans l'an & jour, ſinon ils ne doivent plus être reçus à former cette demande. C'eſt ce qui réſulte de l'article 9.

Et l'article 10 porte que les Preſcriptions établies par les articles précédens ne doivent point avoir lieu lorſqu'il y a cédule, obligation, arrêté de compte ou interpellation judiciaire.

Fin du tome ſeizième.

De l'imprimerie de COUTURIER, imprimeur-libraire, quai des auguſtins, au coq.

9 782329 444222